The Meaning of Life

Letters from Extraordinary People
and their Answer to Life's Biggest Question

The *Meaning* of Life

인생의 의미에 답한
100인의 편지

"왜 살아야 할까요?" 삶의 이유를 찾기 위한
9년간의 편지 프로젝트

JAMES BAILEY

제임스 베일리 지음 ● 정아영 옮김

넥스툰

일러두기

1. 도서는 《 》로, 글이나 신문, 잡지는 〈 〉로, 영화와 방송 프로그램, 앨범은 『 』로, 그림과 음악은 「 」로 표기했다.
2. 국내 출간된 책이나 출시된 영화 등은 국역본 제목만 표기했고, 그렇지 않은 책이나 영화 등은 원제를 병기하고 이에 가깝게 번역했다.
3. 노래나 앨범 등은 원어 발음대로 표기하고 원제를 병기했다.
4. 외래어의 경우 국립국어원 외래어 표기법을 따랐으며, 이와 다르게 굳어진 용어는 예외를 두었다.

목차

프롤로그

2015년 9월, 나는 직장도 연인도 잃고 돌아가신
할아버지의 카라반에서 홀로 지내며, 인생의 의미를
생각하고 있었다. 20대 중반에 이러고 있을 줄은
꿈에도 몰랐다. 이쯤에는 좋은 직장에 들어가 돈도 벌고,
사회인으로서의 삶을 만끽할 줄 알았는데. 하지만 내가
가진 건 달랑 졸업장과 산더미 같은 빚뿐이었다.

나는 길을 잃었다. 완전히.

다들 대학 시절이 '인생 최고의 시기'라는데, 내겐
아니었다. 기대와 달랐다. 그렇다면 미래는 어떨까?
대학이 인생의 절정이라면, 그 이후의 삶은 뭘까?

할아버지는 내가 대학 3학년 때 돌아가셨다. 나는 졸업
후 할아버지가 남겨주신 돈으로 세계 여행을 떠났고,
타지마할과 만리장성, 호주 그레이트 배리어 리프를
봤다. 하지만 '나 자신'은 찾지 못했다. 내가 누구인지,
뭘 원하는지 더 큰 의문만 안고 돌아왔다. 이후 수많은
일자리에 지원했지만, 번번이 거절당했다. 대학졸업자
채용 프로그램을 통해 겨우 호텔 매니지먼트 일을 하게
됐지만, 서비스 점수를 빌미로 갑질하는 고객들을 상대할
자신이 없어 그마저도 6개월 만에 그만뒀다.

내 모든 문제를 해결할 방법은 호주로 날아가 여행 중
홀딱 반했던 '그 여자'를 만나는 것밖에 없는 듯했다. 인기
호주 드라마 『네이버스Neighbors』를 보며 자라서인지,
호주에서의 삶에 대한 막연한 기대도 있었다. 호주에서
삶을 꾸리는 것이 내 운명일지도 몰랐다. 그러나 그 꿈도
오래가지 못했다. 오래가고 자시고 할 것도 없이 런던
히드로 공항 활주로를 벗어나기도 전에 산산조각났다.
비행기에 오르기 직전 그 여자로부터 다른 사람을 만나고
있다는 메시지를 받은 것이다. 나쁜 소식을 곱씹으며 앉아
있기에 비행시간은 무척 길었다. 실연당한 채로 보낸
멜버른에서의 2주는 더 끔찍했다. 호주에 가느라 돈은
몽땅 썼고, 돌아갈 곳은 없고, 그 와중에 단란한 가족과
연인들 사이에 끼어 퍼핑빌리 증기기관차를 타고 있자니

그야말로 죽을 맛이었다.

> **나는 뭐든 할 수 있고, 원하는 건 다 이룰 수 있다는
> 말을 듣고 자랐다. 하지만 그때의 난 모든 것에
> 실패하고 있었다. 일도, 사랑도.**

앞으로 뭘 해야 할지도 알 수 없었다. 잉글랜드 도싯에
있던 카라반으로 이사했다. 사람들에게는 소설을 쓸
거라고 말했지만, 플롯 아이디어조차 없었다. 그보다
몇 해 전, 축구를 하다 의식을 잃고 쓰러진 적이 있다.
부정맥 진단을 받았고, 그 일로 부정맥 돌연사 증후군에
관한 통계와 기사를 보며 삶이 갑자기 끝날 수 있음을
깨달았다. 수술을 잘 받은 뒤에도 삶의 유한성에 대한
자각은 늘 한편에 자리했고, 하루하루를 최대한 알차게
보내야 한다고 다짐하곤 했다. 그런데도 그때 나는
카라반에서 친구들의 인스타그램이나 엿보고, 낮에는
주로 TV 앞에 있었다.

여름휴가를 즐기던 사람들도 모두 돌아가 카라반
파크는 텅 비었다. 눈에 들어오는 모든 것이 나를
한심하게 느끼게 했다. 축구 경기를 틀면 나와 나이가
비슷하거나 더 어린 선수들이 보였다. 어릴 때 내가
우상으로 삼았던 선수들도 이와 비슷한 나이였구나

싶었다. 카라반에 있던 단 한 장의 음반, 밴 모리슨Van Morrison의 『문댄스Moondance』를 듣고 또 들었다. 내가 가장 좋아하는 앨범 중 하나인데, 밴 모리슨이 스물네 살에 발표한 것이라는 사실을 알게 됐다. 게다가 세 번째 앨범이었다. 지구에서 24년을 사는 동안 나는 뭘 했을까? 프리미어 리그에서 뛰지도 못했고, 역사에 길이 남을 곡을 쓰지도 못했다. 소설은커녕 내가 쓰는 거라곤 짝사랑 상대에게 보내는 메시지뿐이었다(결국 그 친구는 나를 모든 SNS 계정에서 차단했다). 아름다운 쥐라기코스트에서 부서지는 파도를 바라보며, 뭘 어떻게 해야 할지 생각했다.

**대체 어디에서 삶의 목적과 의미를 찾아야 할까?
그런 게 정말 소용이 있을까?**

나는 모든 것에 의문을 품었고, 밀레니얼 세대답게 구글에서 답을 구했다. 구글에 "인생의 의미란 무엇인가?(What is the meaning of life?)"라고 물으니, 9,790,000,000건의 검색 결과가 나왔다. 그렇게 수많은 에세이, 기사, 유튜브 영상, 다양한 사전적 정의를 비롯해 숫자 42(《은하수를 여행하는 히치하이커를 위한 안내서》에서 모든 것에 대한 궁극적 질문의 답으로 제시된 숫자—역주)를 다룬 각종 참고 자료를 살펴봤고,

9

그러다가 1930년대에 이뤄졌던 흥미로운 프로젝트를
발견했다.

윌 듀런트Will Durant는 작가이자 역사가, 철학자로, 특히
1926년에 발표한 《철학이야기》로 유명했다. 저명한 서양
철학자들을 소개하고 그들의 사상을 풀어 쓴 책인데, 이
책이 나온 지 얼마 되지 않아 미국은 대공황에 휩싸였고,
사람들은 듀런트에게 인생의 의미를 묻는 편지를 보내기
시작한다. 1930년에는 누군가 자신이 살아야 할 이유를
내놓지 않으면 죽어버리겠다고 듀런트를 협박하는 일도
벌어졌다. 그 사람이 어떻게 됐는지는 알 수 없고, 어쨌든
그 일로 듀런트는 몹시 괴로워했다. 이듬해 듀런트는
당대의 예술, 정치, 과학, 종교 분야 저명인사 100인에게
편지를 보내 '인생의 의미'가 무엇인지, 어떻게 그 의미를
찾았는지 이야기해달라고 요청하기로 결심한다. 듀런트는
"바쁘시겠지만 짧게라도 답장을 써주시길, 가능하다면
여유를 내어 조금 더 자세히 써주시길 부탁드립니다"라고
썼다.

상당수가 답하기 어렵다고 양해를 구했지만, 아이비리그
대학 총장들, 노벨상 수상자들, 심리학자들, 소설가들,
교수들, 시인들, 과학자들, 예술가들, 운동선수들로부터
답장이 왔다. 듀런트는 이 답장들을 엮어 1932년에 《내가

왜 계속 살아야 합니까》를 출간했다. 나는 이 책의 킨들
버전을 다운로드받아 마하트마 간디Mahatma Gandhi,
버트런드 러셀Bertrand Russell, 싱클레어 루이스Sinclair
Lewis 같은 굉장한 사상가들의 편지를 읽었다. 이들
각각의 대답은 몹시 흥미로웠다. 그러다가 불현듯,
듀런트의 실험을 재현해 나만의 답을 찾아보자는 생각이
들었다.

누군가는 분명 나를 도와줄 답을 갖고 있을 터였다.

편지는 정성을 담아 일일이 손으로 써야 눈에 띌
것 같았다. 어차피 카라반에 프린터가 없으니 다른
선택지도 없었다. 당연히 아무 종이에나 쓸 순 없다.
카라반 구석에 메모 용지가 있긴 했지만, 낡고 바랜 데다
낙서 자국도 있어 적합하지 않았다. 노트북을 켜 영국
문구업체 페이퍼체이스 웹사이트를 훑으며 모조 양피지
500장짜리 여러 묶음과 거기에 어울리는 봉투들을
장바구니에 담았다. 총 가격이 멜버른에서 영국으로 오는
비행기표 가격과 맞먹었다. 은행 잔고가 정말 얼마 남지
않아서 할인이라도 받으려고 멤버십에 가입해 당일이
생일인 척했다. 봉투와 우표는 두 배로 샀다. 답장을
요청하는 입장이니 내 주소를 적고 우표를 붙인 봉투를
편지에 동봉하는 것이 예의라고 생각해서였다. 솔직히

그전까진 우푯값도 몰랐다. 해외로 편지를 부치는 데
드는 비용도 당연히 몰랐다. 미국 우표 수십 장을 손에
넣으려고 이베이에서 입찰에 참여하기까지 했다. 어느새
나의 소형 카라반은 우체국의 우편물 분류실로 변해
있었다.

학자와 교육자가 주를 이룬 듀런트의 목록을 생각하면
오늘날 '저명인사'의 의미는 1931년과 비교해 확실히
달라졌다. 나는 내 목록이 가능한 한 폭넓기를 바랐다.
무엇보다 다양성을 확보하고 싶었다(듀런트의 책에 실린
여성의 답장은 단 세 건뿐이다). 그래서 최대한 다양한
배경, 국가, 젠더, 섹슈얼리티, 인종, 종교를 가진
사람들에게 편지를 쓰기로 했다. 물론 책의 최종 목록은
답장 여부로 결정될 터였다. 또한 내가 누구의 주소를
알아낼 수 있는지에 달려 있었다. 각종 웹사이트를 샅샅이
뒤져 주소를 찾은 다음, 오랜 시간에 걸쳐 편지를 쓴
뒤, 깔끔하게 접어서 봉투에 넣고 밀봉했다. 그러고는
편지들을 몽땅 짊어지고, 뚜벅뚜벅 걸어 우체국으로 갔다.
우체국 직원이 호기심 가득한 눈으로 내가 쓴 주소들을
훑을 때, 민망한 티를 내지 않으려 무진장 애썼다. 그는
내가 무슨 연유로 미국 대통령들에게 편지를 보내는지
궁금한 눈치였다.

**그렇게 우표를 붙이고, 편지를 우체통에 넣은 다음,
기다렸다.**

지금 우리는 전화, 메시지, 영상통화로 전 세계 사람들과
실시간으로 연락을 주고받는다. 그런데 우편으로
편지를 받는 일에는 색다르고 즐거운, 어쩌면 마법
같다고까지 말할 수 있는 뭔가가 있는 것 같다. 어릴
때 동생과 여름방학에 누가 더 유명한 사람의 사인을
많이 받는지 경쟁을 벌이곤 했다. 나는 축구선수들에게,
동생은 인기 시트콤『온리 풀스 앤 호시즈Only Fools and
Horses』출연진에게 편지를 보냈다(특이하게도 내 동생은
당시 열한 살이었는데 1980년대 시트콤에 푹 빠져 있었다).
여름이 끝날 무렵에는 사인으로 가득 찬 바인더를 갖게
됐다(그중에는 인쇄된 사인도 많았다). 우리는 뒷마당에서
놀다가도 우편함이 달카닥거리는 소리가 나면 부리나케
튀어나갔다. 서로 편지를 먼저 보려고 이리저리
밀치며 달려가던 일이 생각난다. 집배원은 우리에게
산타클로스에 버금갔다.

이번에도 잔뜩 들떠서 답장을 기다렸다. 하지만 전과
달리 집배원은 쉽사리 나타나지 않았다. 우편함이
달카닥거리는 일은 일어나지 않았다. 며칠, 몇 주가
지나도 마찬가지였다. 답장은 오지 않았다. 전혀, 단 한

통도. 공연히 우표와 편지지를 산다고 얼마 없는 돈마저
날린 건 아닌지 슬슬 걱정이 됐다. 대체 무슨 생각이었던
거지? 몇 시간씩 주소를 알아내고, 손 편지를 쓰고, 그걸
부치려고 들판을 가로질러 걷고 또 걸었는데. 머릿속에
온갖 시나리오가 떠오르기 시작했다. 주소를 잘못
적었나? 모두 분실된 건 아니겠지? 한꺼번에 부치질
말았어야 했나? 계속 기다리다 보면 답장이 한 통은
올까?

**그리고 마침내 편지 한 통이 내가 동봉했던 봉투에
담겨 도착했다.**

기다리고 기다려온 영광스러운 순간이었다. 누구에게서
온 편지인지 몹시 궁금했다. 어떤 지혜로운 말이
담겨 있을까? 간절하고도 황홀한 마음으로 봉투를
열고, 정신없이 인쇄된 편지를 읽기 시작했다. 그런데
"죄송하지만"이라는 단어가 다른 단어들보다 열 배쯤
크게 인쇄된 것처럼 눈에 확 들어왔다.

거절 편지였다. 거절은 이미 충분히 당했는데, 또
거절이었다. 이어 주소 불명으로 반송된 편지들이 잇달아
도착하는 바람에 기분이 착 가라앉았다. 개봉되지도 않은
채 돌아올 편지들을 부치는 데 얼마나 많은 시간과 돈을

썼는지 계산해보았다. 아무 설명 없이 사인이 담긴 사진도 몇 통 도착했다. 내가 받고 싶었던 건 아니지만, 적어도 팔면 우편 요금은 만회할 수 있을 것 같았다.

첫 번째 긍정적인 답변을 받기까지는 몇 주가 더 걸렸다, '긍정적'이라는 표현이 적합한지는 잘 모르겠지만. 체외수정IVF 기술의 선구자이자 존경받는 과학자인 로버트 윈스턴Robert Winston은 내가 목록에 가장 먼저 이름을 올린 인물 중 하나다. 생명의 탄생을 돕는 데 헌신해온 사람에게 인생의 의미를 묻는 건 너무나도 적절하고 당연해 보였다. 그랬으니 편지지 상단에서 그의 이름을 발견한 순간, 그간의 시간을 다 보상받은 듯했다.

"베일리 씨께서 말씀하시는 '인생의 의미'가 무엇인지 저는 이해하기 어렵습니다. 제게 삶이란 그저 한 글자 단어입니다. 저는 그런 의미는 없다고 생각합니다."

그의 답장을 특별히 눈에 띄는 부분 위주로 읽고 또 읽었다. 이제 텅 빈 카라반에 앉아 실존적 위기를 겪고 있는 나의 모습을 떠올려주길 바란다. 그의 답변은 내가 순진하게 바랐던 내용이 아니었다. 내 불안을 덜어주지도 삶을 긍정하게 하지도 않았다. 내 존재 이유를, 삶의 목적과 행복을 도대체 어디에서 찾아야 하는지 답을 찾아

15

헤매고 있는데, 영국을 대표하는 과학자가 우리가 여기
있는 이유를 모른다고 말한 것이다. 그도 모르는 걸 대체
내가 어떻게 알 수 있겠나?

재미있게도 그날 이후로 편지가 주기적으로 오기
시작했다. 여러 사람이 윈스턴과 같은 견해를 보였다.
종교, 영성, 가족, 친구 등에서 의미를 발견했다고
답을 준 이들도 있었다. 그런데 많은 답변이 기대
이상이었다. 특히 트라우마를 겪은 뒤, 삶을 소중히
여기게 된 사람들의 답변은 인상 깊었다. 듀런트가 그랬던
것처럼, 나도 평생을 감옥에서 보낸 사람에게 꼭 삶의
의미를 물어보고 싶었다. 그래서 찰스 브론슨Charles
Bronson이라는 이름으로 더 알려진 장기수 찰스
살바도르Charles Salvador의 답장이 가장 궁금했다. 그는
자신이 45년을 감옥에서 보냈는데도 자기 자신을
발견했으며 삶을 즐겼다고 말해주었다. 그가 감옥에서
자신을 발견할 수 있었다면, 내가 카라반에서 나를
발견하는 일쯤이야 당연히 가능한 게 아닐까?

**내 삶을 이해하려 노력하는 내내, 이 답장들은
엄청난 영감을 줬다.**

힐러리 맨틀Hilary Mantel이 편지에서 넌지시 이야기한

것처럼 이 탐구 과정을 수행하는 동안 나에게 '의미'가
나타난 것인지도 모른다. 내 답에 대해 아직 확신하지는
못했지만, 활기와 의욕을 되찾았다. 지난 세계 여행을
되돌아보자 내가 모든 도시를 구석구석 걸어 다녔던 일이
떠올랐고, 내 고향 브리스틀에 도보 여행 회사를 세워
날마다 새로운 사람들을 만나고 싶다는 소망이 생겼다.
그리고 마침내 조금씩, 사람들에게 떠들어댄 것처럼
소설을 쓰기 시작했다. 그러자 실연의 아픔과 불안한
마음이 사라져갔다.

**이후 몇 년 동안 인생의 의미를 찾는 프로젝트를
이어갔다.**

흥미로운 인물을 알게 되거나 그런 인물의 이야기를 접할
때면 편지를 보냈다. 그 시기엔 인생의 의미를 찾는 게
우선순위는 아니었다. 철학적 문제를 고민하기에는 너무
바빴기 때문이다. 그러다 갑자기 온 세상이 정지됐고,
우리 모두 멈춰서 생각할 시간을 갖게 됐다. 코로나19
기간 동안 편지로 가득 찬 서류철을 오랜만에 들췄다.
사람들이 기꺼이 시간을 할애해 나의 엉뚱한 편지에
답장을 보내줬다는 사실에 경외감을 느끼며, 답장들을
다시 읽었다. 그러다 지난 몇 년 사이 예전의 나와 같은
기분을 느끼고 있는 친구들을 많이 만났다는 데 생각이

미쳤다. 그 친구들도 길을 잃고 혼란스러워하면서
세상에서 자신의 자리와 나아갈 방향을 찾으려 애쓰고
있었다. 개인적으로 시작한 이 프로젝트가 많은 사람의
관심을 받을 수도 있겠다 싶었다. 이 편지들이 다른
사람들은 보지 못하는 채 내 침대 밑에서 먼지를
뒤집어쓰고 있는 건 아까운 일이었다. 나는 이 프로젝트를
마무리 지으리라 다짐했다.

**이 글을 쓰는 지금은 첫 번째 편지를 부친 때로부터
거의 9년이 지난 시점이다.**

현재 이 프로젝트를 시작했던 그 카라반에 앉아 있다.
이번엔 여자친구와 일주일간 휴가를 왔다. 그사이 많은
일이 있었다. 이제 나는 영국 축구팀의 그 누구보다
나이가 많다. 『네이버스』는 종영됐다가 다행히 부활했다.
종횡무진 여행을 다녔고, 파리, 뉴욕, 빈, 피렌체에서는
잠깐씩이나마 살기도 했다. 그러나 호주는 가지 않았다.
슈 번, 뇨키, 슈니첼 만드는 법을 배웠지만, 대학에서
배운 건 모조리 잊어버렸다. 소설도 썼다. 4분의 1지점
위기(quarter-life crisis, 20대 중반에서 30대 초반에 겪는
불안과 혼란—역주)에 빠진 남자의 이야기인데, 놀랍게도
12개 이상의 언어로 출간됐다. 사랑에도 빠졌다. 밴
모리슨의 라이브 공연을 두 번이나 봤다. 생일을 속이고

18

할인을 받았던 페이퍼체이스가 어느 날 법정 관리에
들어갔다. 나는 내 거짓말이 어떤 식으로든 원인으로
작용한 것은 아닌지 죄책감을 느꼈다.

세월이 꽤 흘렀는데도 카라반 내부는 변한 게 거의 없다.
찌그러진 루미큐브 박스도, 느리게 가는 시계도, 이 빠진
도자기도 그대로다. 이 카라반은 이 책이 서점에서 팔리기
시작할 무렵에는 더 이상 카라반 파크에 없을 것이다.
아래쪽에 녹이 슬어 처분할 예정이다. 이제 밴 모리슨의
음반을 틀어본다. 아마도 여기에서 듣는 마지막이 되겠지.
수록곡 중 「카라반Caravan」, 「브랜드 뉴 데이Brand New
Day」, 「에브리원Everyone」이 그 시절의 사운드트랙이니,
잠시 지난날을 돌이켜보며 음미하는 시간을 갖기로 한다.

그때의 걱정과 불안, 실연의 아픔, 실패에 대한 두려움을
떠올려보면, 특히 편지를 보내준 사람들 중 일부가 겪은
일과 비교하면, 나는 지나치게 감상적이었던 것 같다.
내 행동들이 민망하기도 하고, 나의 순진함에 웃음도
난다. 이제 그 생각은 그만하고 죽음과 슬픔에 관한
내 최초의 경험을 들여다볼까 한다. 그건 할아버지와
관련한다. 수많은 사람에게 물어본 인생의 의미를 정작
할아버지에게는 묻지 못한다는 것이, 할아버지의 삶에
대해서도 물을 수 없다는 사실이 애석하다. 할아버지가

돌아가신 뒤에야 이집트에서 복무하셨을 때 피라미드
옆에서 찍은 사진들을 발견했는데, 이와 관련된
이야기조차 들은 적이 없다.

카라반에서 보냈던 그 몇 달은 그리운 시절로 남았다.
당시의 상처, 상실감, 자아 성찰의 과정(모두 성장하고
성숙해지는 데 필요한 것들이다)은 평온함, 자연에서의
산책, 음악, 편지 쓰기 같은 소소한 것들을 즐긴 시간으로
바뀌어 있다.

**시간이 많이 흘렀지만 여전히 나만의 최종적인 답은
잘 모르겠다.
어쩌면 앞으로도 못 찾을지 모른다.**

답장을 보내준 사람들이 말한 것처럼, 그 답은 나이나
건강 상태 등에 따라 달라지는 것일 수도 있다. 무엇보다
나는 미친 짓을 하는 게 좋다는 걸 깨달았다. 설령 일이
내 예상대로 흘러가지 않더라도 말이다. 삶은 그래서
재미있는 법이다. 그러니 비행기를 타고 세계를 건너
누군가를 만나러 가라. 카라반으로 이사해라. 아니면
자신의 우상에게 편지를 보내 인생의 의미에 대해
물어보라.

**이 프로젝트는 확실히 내게 어떤 의미와 목적,
행복을 가져다줬다.
내가 그랬던 것처럼 당신도 이 편지들에서 무언가
얻기를 진심으로 바란다.**

이 책에 내가 받은 답장을 최대한 원본 그대로 실었다.
발신인은 철학자, 정치인, 팝스타, 극작가, 대통령, 재소자
등을 아우른다. 손으로 직접 쓴 편지도 있고, 인쇄한 것도
있다. 자투리 종이에 휘갈겨 쓴 편지도 있고, 이메일로
받은 답장도 있다. 어떤 건 핵심을 찌르는 단 한 문장이고,
어떤 건 긴 회고록이다. 가슴을 파고드는 글도 있고,
가볍고 유쾌한 글도 있다.

이 책을 다 읽은 뒤 당신도 내게 편지를 보내주면 좋겠다.
당신에게 인생의 의미는 무엇인지 정말 궁금하다.

"바쁘시겠지만 짧게라도 답장을 써주시길,
가능하다면 여유를 내어 조금 더 자세히 써주시길
부탁드린다."

_제임스 베일리
James@JamesBaileyWrites.com

보낸 편지

1931년, 철학자 윌 듀런트는 당대의 예술, 정치, 종교,
과학 분야 저명인사 100인에게 편지를 보내어 '인생의
의미'를 묻고, 삶에서 어떨 때 충만함을 발견하는지
알려달라고 요청했습니다. 저는 이 듀런트의 연구를
재현하고 있습니다.

귀하께서는 인생의 의미를 무엇이라고 생각하시나요?
귀하의 삶에서 의미, 목적, 충만감을 어떻게 발견하고
계신가요?

듀런트가 그랬던 것처럼, 바쁘시겠지만 짧게라도 답장을
써주시길, 가능하다면 여유를 내어 조금 더 자세히
써주시길 부탁드립니다. 읽어주셔서 감사합니다.

_제임스 베일리

23

100인의 답장

빈디 어윈

환경보호 활동가. 아버지 스티브 어윈(Steve Irwin)과 호주 동물원 소유주인 어머니 테리 어윈(Terri Irwin)에게서 야생동물을 사랑하는 마음을 물려받았다. 스티브 어윈이 진행했던 다큐멘터리 『크로커다일 헌터(The Crocodile Hunter)』에 출연하며 매체에 데뷔했고, 아홉 살에 어린이 자연 다큐멘터리 시리즈 『정글 소녀 빈디(Bindi the Jungle Girl)』를 진행했다. 미국 『댄싱 위드 더 스타』 시즌 21에서 우승했으며, 현재 TV시리즈 『크리키! 어윈 가족입니다(Cricky! It's the Irwins)』에 출연하고 있다.

"삶에는 무척 특별한
요소가 하나 있다. 그건 바로
무조건적인 사랑!"

인생의 의미는 무엇일까요? 아득한 옛날부터 거의 모든 몽상가, 신앙인, 생각의 틀을 벗어던진 사상가를 괴롭혀온 질문이 아닌가 싶네요. 이 질문은 매일같이 저를 앞으로 나아가게 하는 원동력이에요. 다른 많은 것과 마찬가지로, 이 질문에도 명확한 하나의 답이 있다고 생각하지 않거든요. 그렇지만 아주 어릴 적부터 어머니에게 들어온 이야기가 있어요. 삶에는 무척 특별한 요소가 하나 있다는 이야기인데요, 어머니 말씀에 의하면 그건 우리 모두의 영원한 목적이기도 해요.

바로 무조건적인 사랑이에요. 삶의 의미에 대한 수많은 답 중 저는 어머니의 답이 가장 마음에 들어요. 무조건적인 사랑, 어떤 존재를 마주할 때 느낄 수 있는 선하고 순수한 느낌이요.

이 답은 다음 질문으로 이어져요. 삶의 목적은 무엇인가? 이 질문도 명확한 답을 찾기 어려워요. 삶에서 정말로 사랑하는 것, 가슴을 가장 밝게 채워주는 빛을 찾으려면, 우리는 자신의 길을 걸어가야 해요. 진정으로 자신의 열정이 향하는 곳에 이르기까지 수백 가지 시도를 해야 할 수도 있어요. 어쩌면 누군가는 자신을 사로잡는 사람이나 일, 즉 자신만의 무조건적인 사랑과 목적을 이미 찾았을 수도 있지요. 후자에 해당한다면 자신이 행운아라는 걸

알아야 해요. 대부분 삶의 의미와 목적에 관한 의문은
영혼 깊숙이 숨겨져 있어서, 그 답을 찾는 일은 쉽지
않은 여정 끝에야 가능하곤 하니까요. 개인적으로 우리
모두 일생 동안 여러 삶을 산다고 믿어요. 각각의 새로운
챕터는 자기 자신의 유산을 남기고, 자기 삶의 의미와
목적에 관한 답을 찾을 기회이지요.

저는 제 시간과 에너지를 야생 생태계와 야생동물을
보호하는 데 쏟고 싶어요. 호주 동물원에 있는 저의
집, 자선단체 와일드라이프 워리어스Wildlife Warriors를
통해 구조하고 있는 야생동물들이 제 삶의 목적이에요.
마음에서 우러나는 가족을 향한 사랑이 제 삶의 의미고요.
우리 영혼을 채우는 무조건적인 사랑이야말로 모든 것의
의미일지 몰라요. 저는 그렇게 믿고 싶어요.

_빈디 어윈

What is the meaning of life?
This is the question that has haunted almost every dreamer, believer and out of the box thinker for time immemorial.
This is the very question that drives me forward each and every day. Because, like many things in life, I don't think that there is one clear answer.
However, since I was a little girl my mum always taught me that there is one very special ingredient to life, which she believed, will forever be the purpose for each and every one of us.
Unconditional love.

Out of every possible answer to the meaning of life, Mum's is my favourite. Unconditional love, something so pure and good, a feeling we can have for a million different things, people, animals, places.

Which leads me to the next part of my question. What is our purpose in life? That is not so clearly answered either. You have to follow your own path to be able to find what you truly love in life. What brings the most light to your heart. You may have to try a hundred things that don't stick to find what you are truly passionate about. Or perhaps something or someone has stuck with you so fiercely that you have already found your own unconditional love and purpose. If the latter is true, consider yourself one of the lucky ones. Because most of us are born with the question of the meaning and purpose of life buried deep down in our souls, and finding the answer, or what you feel to be

the answer, can be quite the journey.
I personally believe that we all live
several lives in one lifetime. Each new
chapter is an opportunity to leave
your own legacy and try to answer
the questions of what is the meaning
and purpose of your own life.
I hope to use my time and energy
to help protect wildlife and wild places.
My home at Australia Zoo, the
wildlife we save through our charity,
Wildlife Warriors, that is my
purpose. And the love in my heart
for my family, that feels like my
meaning.
And maybe that unconditional love that
fills our souls really is the meaning of
it all. ♡ I'd like to think so.

헬렌 샤먼

Helen Sharman

1991년 5월 미르 우주 정거장을 방문한 영국 최초의 우주인. 영국 첫 우주인이 될 사람을 모집한다는 라디오 광고를 듣고 지원한 뒤, 1만 3,000여 명의 경쟁자를 물리치고 우주 정거장 방문 임무를 수행할 우주인으로 선발됐으며, 18개월 동안 집중 훈련을 받았다. 샤먼은 8일간 지구 궤도를 돌며, 지구 대기를 측정하고 의료 및 농업 관련 실험을 수행했다. 우주에서 돌아온 후에는 과학과 과학의 혜택을 대중에 알리는 데 힘써왔다.

"물질적인 것 이상으로 우리에게 중요한 것은 사람들 그리고 동물들과의 관계"

저는 '인생의 의미'를 두 가지로 해석합니다. 우선 '인생의
의미'라는 말을 들을 때 가장 먼저 그리고 분명하게
떠오르는 것은 '생명의 의미'입니다. 철학자들이 들으면
불편할 수도 있겠지만, 제 생각을 아주 간단히 설명해드릴
수 있어요. 왜냐하면 제가 볼 때 생명에는 의미가
없거든요.

우리는 우리를 구성하고 있는 화학원소의 다양한
배열에 따른 일시적 축적물이자, 점점 더 복잡성을
더해가는 상호작용 망 속에서 벌어지는 일련의
반응들이 체계적으로 정돈된 결과물입니다. 생명 그
자체가 무엇인지는 논쟁의 대상일 것입니다(생명을
정의할 때 동물, 식물, 박테리아, 바이러스, 생태계, 지구 등
무엇을 포함하느냐에 따라 의미가 달라지니까요). 그러나
제가 보기에, 생명에는 목적이 없습니다. 생명과 삶은
그저 존재하는 것입니다. 물론 상속을 받거나, 가족을
돌보거나, 아픈 가족에게 장기를 기증하는 것처럼 특정
역할을 수행하기 위해 또는 부모가 스스로 하고 싶지만 할
수 없던 걸 대신하기 위해 태어난 생명들이 있다는 것도
압니다. 그렇지만 이건 그들이 잉태된 목적이지, 그들이
존재하는 의미는 아닙니다. (그들의 삶에서 의미가 될 수도
있겠지만, 저는 둘은 별개라고 생각합니다.)

'삶의 의미'에 대한 저의 또 다른 해석은 '삶 속
의미'입니다. 이 의미는 사람마다 다르기 마련이니,
여기에서는 제 경우에 한해 답할게요. 목적의식을
갖는 것은 모두에게 중요한 일이죠. 목적의식은 우리가
'의미'를 찾는 데도 도움이 됩니다. 저에게는 다양한
야망이 있었고, 그에 따라 다양한 활동을 해왔습니다.
하지만 우주 비행을 기점으로 하나의 특정 목적을 향해
나아가게 되었고, 이후 그 목적은 줄곧 저와 함께하고
있습니다.

바로 더 많은 사람이 과학을 삶의 일부로 받아들이도록
돕는 것입니다. 음악, 예술, 언어가 우리와 분리되지
않는 것처럼 과학도 따로 떼어내 연구나 학습의
대상으로만 간주해선 안 됩니다. 훨씬 많은 사람이 뉴스
헤드라인이나 지도자들의 발상에 논리적이고 발전적인
방식으로 의문을 제기하고, 세상이 과학을 효과적으로
활용하려면 어떻게 해야 하는지 사회적으로 토론할 수
있게 되면 좋겠어요. 특히 민주주의 국가에서라면, 정책
결정권자들에게 영향을 미쳐 궁극적으로 세상을 더 나은
곳으로 변화시킬 수 있을 겁니다.

과학과 과학의 혜택을 대중에게 알리는 저의 활동이
이러한 목적에 어떤 식으로든 긍정적으로 영향을

주었다는 소식을 들을 때면 일정 부분 충만감을 느낍니다.
일정 부분이라고밖에 말씀드릴 수 없는 건 이 목적이
완전히 달성될 가능성이 요원하기 때문이에요. (아무리
시민들이 과학과 논리에 민감해진들, 완벽한 민주주의는
없으니까요.)

이렇게 목적을 염두에 둔 행동의 결과로부터 얻는
충만감이 제가 최선을 다해 이끌어낸 '의미'의 간략한
정의입니다. 물론 목적을 더욱더 잘 달성할 수 있도록
세상과 자신을 이해하는 데 필요한 것들을 배우고
정진하는 활동에도 의미가 있습니다.

아무래도 저는 우주 비행 이후 달라진 제 삶의
방식으로부터 가장 큰 충만감을 얻고 있는 것 같습니다.
지구로 돌아온 지 얼마 지나지 않아, 제가 갖고 있거나
갖고 싶어 했던 물질들을 우주에서는 한 번도 떠올리지
않았다는 사실을 깨달았습니다. 우주 정거장은 쉴 곳,
음식, 물, 나아가 이야기 나눌 사람들까지 비교적 편안한
상태에서 생존하는 데 필요한 기본 사항이 갖춰져
있었습니다. 그러나 지구를 떠나온 지 몇 주가 넘은 우주
비행사들은 풍부한 인간관계, 사랑하는 사람들과의
밀접한 육체적·정신적 연결을 몹시 그리워했습니다.
저희는 창밖을 내다보며 저희가 알고 있는 장소, 사랑하는

사람들이 있는 곳을 찾아내는 걸 무척 즐거워했죠. 자신이 살던 곳 위를 지날 때면 어김없이 가족, 친구, 동료에 대해 이야기했습니다.

지구로 돌아온 날에는 우주에서 보낸 시간을 곰곰이 생각하며, 우선순위를 재정비해야 한다고 느꼈습니다. 편안하게 살기 위해서는 물질적 자원이 일정량 필요하지만, 물질적인 것 이상으로 우리에게 중요한 것은 사람들(그리고 동물들)과의 관계라는 사실을 깨달았기 때문입니다. 그 덕분에 저는 다른 사람이 됐지요. 남들 눈을 의식해서, 혹은 남들을 '따라잡기' 위해 물건을 사려는 목적에서 자유로워졌습니다. 그 대신 정말 중요한 것에 집중하고 있으며, 이러한 선택이 제 삶에 의미를 불어넣고 있답니다.

사회가 과학을 포용하도록 장려하는 일에서든, 인간관계를 강조하고 물질적인 것의 비중을 줄이는 부분에서든, 제 삶 속 의미의 중심에는 사람들이 있습니다.

_헬렌 샤먼

제인 구달

환경보호론자, 인류학자, 세계 최고의 침팬지 전문가, UN 평화대사.
1960년에 탄자니아 곰베 스트림 국립공원을 처음 방문한 이래로, 60년
넘게 야생 침팬지를 연구해왔다. 1977년 제인구달연구소(JGI)를 설립해
곰베 연구를 지원하고, 침팬지 서식지를 보호하는 데 힘을 쏟았다. BBC
다큐멘터리 『아이콘(Icon)』(2018)에서 20세기 가장 위대한 인물 중 하
나로 소개됐으며, 2022년에는 '영감을 주는 여성' 시리즈의 일환으로
구달을 본뜬 바비 인형(재활용 플라스틱으로 제작한)이 출시되기도 했다.

"더 나은 세상을 만들자고
 사람들을 설득하러 다니는 데서
 삶의 목적을 찾았죠."

인생의 의미요? 그건 조물주만이 답할 수 있을 겁니다.
제 인생의 의미는요? 그건 아마도 제가 더는 이곳에 없을
때, 그래서 전체의 큰 흐름 속에서 제 짧은 영원의 순간이
어떤 의미였는지 사람들이 볼 수 있을 때, 그때 사람들이
판단할 몫이겠죠. 의미가 있었다면 말이에요. 그러나 제가
삶에서 어떻게 의미와 목적, 충만감을 찾는지는 답해드릴
수 있겠네요.

제 외할아버지는 회중교 목사셨습니다. 슬프게도 제가
태어나기 전에 돌아가셨지만, 할아버지 이야기는
많이 들었어요. 세계대전이 발발했을 때 저는 다섯
살이었습니다. 아버지가 군에 입대하셨죠. 아버지 형제는
공군이었는데, 임무 중 격추돼 목숨을 잃었고요. 어머니는
저와 제 동생을 데리고 잉글랜드 본머스로 갔고, 우리는
그곳에서 할머니, 미혼인 이모 두 분과 살았습니다.
삼촌도 계셨는데, 외과 의사였던 삼촌은 런던 공습으로
다친 사람들을 치료하는 데 자신의 모든 에너지를 쏟은
뒤 격주로 주말에만 지친 몸을 이끌고 집에 돌아왔습니다.
(지금도 저는 이 집에서 동생 가족들과 살고 있습니다.)
친구와 친척들의 사망 소식이 끊임없이 들려왔고 전쟁에
대한 공포는 커져갔습니다.

홀로코스트 희생자들의 사진이 공개되면서 진짜 악몽이

찾아왔습니다. 저는 처음으로 악의 존재와 씨름했습니다. 자애로운 신께서 어떻게 전쟁, 고문, 대량 학살과 같은 끔찍한 일이 일어나도록 내버려두실 수 있지? 신은 어디에 있지? 저는 이 문제를 계속 생각했고, 열네 살쯤 됐을 때, 어쩌면 단세포 유기체에서부터 시작해 오늘날 우리가 알고 있는 복잡한 동식물에 이르기까지 지구상 모든 생명체가 그저 어떤 실험에 불과한 것일지도 모른다는 결론에 이르렀습니다. 그렇다면 인간도 거머리나 모기, 체체파리 같은 것과 다를 바 없이 하나의 실수인 건 아닐까 하고 생각했지요. 우리에게는 엄청난 잠재력이 있었어요. 저는 성인聖人들과 위대한 건축물, 문학, 예술, 음악, 의학, 기술 등을 떠올렸죠. 하지만 우리는 너무 파괴적이었습니다.

그리고 현재 인류가 지구에 미치는 영향을 살펴보면 인구 과잉, 극도의 빈곤, 지속 불가능한 생활방식, 생물 다양성 감소, 기후변화까지, 우리가 환경을 얼마나 해치고 있는지 경악할 수밖에 없습니다.

제가 1960년에 곰베 스트림 국립공원에서 시작한 침팬지 행동 연구에 따르면 침팬지는 다른 어떤 동물보다도 인간과 비슷합니다. DNA 구조, 면역 체계, 혈액 구성, 뇌의 해부학적 구조가 놀랍도록 흡사하죠. 침팬지는 매우 지능이 높고, 도구를 쓰고 만들 줄 알아요. 비언어적 의사소통 자세와 몸짓도 우리와 유사합니다. 또 유년기가 긴데, 이 시기에 대를 이어 전달되는 침팬지 공동체의 문화적 행동 양식을 배웁니다. 여기에서 침팬지가 관찰을 통해 학습한다는 사실이 드러나죠. 침팬지는 원시적 형태의 전투를 벌이고, 잔인한 공격성을 내뿜을 때도 있습니다. 우리처럼 서로를 죽일 수 있지요. 우리와 마찬가지로 침팬지도 사랑, 연민, 진실한 이타심을 보입니다. 행복, 슬픔, 분노, 우울, 애도와 같은 감정도 겪고요. 유머 감각도 있습니다. (이제 우리는 다른 많은 동물도 고도로 발달된 사회적·지적 행동을 보인다는 사실을 알고 있죠.) 그러나 언어능력은 인간만이 발전시켰습니다. 우리는 눈앞에 없는 것을 가르치고, 먼 미래를 계획하고, 생각을 논의하고, 추상적인 이상理想을 표현할 수 있습니다. 저는 인간의 지성이 폭발적으로 발전하는 데 언어능력이 주요한 역할을 했다고 생각해요.

1984년에 아프리카 내 거의 모든 서식지에서 침팬지 개체수가 감소하고 있다는 사실을 알게 됐습니다. 삼림이 파괴되고, 야생동물 고기 거래(식용 목적으로 이루어지는 야생동물의 상업적 사냥, 판매)가 성행하고, 새끼들이 포획돼 동물원이나 서커스단, 애완동물이나 의학 연구용으로 팔리고, 그 과정에서 어미가 총에 맞아 죽고, 인간이 점점 더 깊은 숲속으로 침투하는 바람에 인간의 질병에 노출되기 때문이었습니다. 이 사실을 알고 나니 침팬지들을 돕기 위해 뭔가 해야 한다는 것을, 그러려면 사랑하는 숲을 떠나 움직여야 한다는 것을 깨달았습니다.

⑴ 저는 각지의 침팬지들이 처한 상황을 직접 보려고 여러 나라를 방문했습니다. 제가 아주 중요하게 생각하는 일이지요. 벌목이 미치는 영향을 확인하고, 시장에서 새끼 침팬지들이 애완동물로 팔리는 현장을 봤습니다. 침팬지가 나이가 들어 다루기 곤란하고 잠재적 위험성이 있다고 판단해 비좁은 우리에 가두거나 쇠사슬에 묶어놓은 끔찍한 장면도 동물원들에서 봤고요. 그래서 제인구달연구소에서 이 고아 침팬지들의 생크추어리(sanctuary, 각종 생존 위협에 직면한 동물들을 보호하기 위해 특별히 조성된 구역—역주)를 만들게 되었습니다. ⑵ 동시에 저는 침팬지 서식지 안팎에서 살아가는 수많은 사람이 인구 증가와 극단적 빈곤, 교육 및 보건 시설 부족으로 어려움을 겪고 있다는 것을 알게 됐습니다. 이 '사람들'을 돕기 위해서도 무언가 해야 한다는 걸 깨달았어요. ⑶ 또 미국, 오스트리아, 네덜란드에 있는 침팬지를 이용하는 의학 연구 시설들에 방문할 수 있었습니다. (이때 가로세로 1.5미터, 높이 2미터 크기의 우리에 갇혀 고통스러운 실험을 당하고 있는 우리의 가장 가까운 친척을 본 일은 제 평생 가장 끔찍한

경험 중 하나입니다.) (4) 그리고 미국과 유럽 등지의 여러 동물원을 조사하며 협소한 사육장과 부적절한 집단화, 행동 풍부화 시설(동물들이 지루함을 덜고 야생에서 자연스럽게 하는 행동을 할 수 있도록 고안된 시설) 부족 등을 확인했습니다. 이렇게 네 가지 심각하고 위급한 상황을 알게 된 저는 소매를 걷어붙이고 무엇을 해야 할지 생각했습니다.

1960년에 곰베 스트림 국립공원에서 연구를 시작했을 때 그곳은 아프리카를 가로지르는 거대한 삼림 지대의 일부였어요. 그런데 1980년대 중반에 이 지역 상공을 비행하면서 보니, 벌거벗은 언덕으로 둘러싸인 작은 섬과 같은 숲이 돼 있더군요. 저는 충격에 휩싸였습니다. 땅이 감당할 수 없을 정도로 많은 사람이 거기에 살고 있었어요. 너무 가난해서 다른 데서 먹을 것을 살 수 없는 사람들, 살아남으려 고군분투하고 있는 사람들이었지요. 더 많은 식량을 재배할 땅을 확보하려고 또는 숯이나 목재로 팔아 돈을 벌려고 나무를 베고 있었습니다. 그때 이 사람들이 환경을 파괴하지 않고 생계를 유지할 방법을 찾지 못하면, 우리는 침팬지, 숲, 그 밖의 다른 어떤 것도 구할 수 없다는 생각이 번쩍 들었습니다. 그래서 제인구달연구소는 1994년에 테이케어TACARE 프로그램을 운영하기 시작했어요. 과도하게 사용된

농지의 회복(물론 화학 물질을 투입하지 않고요!), 수자원 관리, 여성에게 중등 교육 기회를 제공하는 장학금 제도, 무담보 소액 대출, 가족계획 정보 제공 등을 아우르는 프로그램이죠. 마을 주민들은 스마트폰을 이용해 마을 숲 보호구역의 건강 상태를 모니터링하는 방법을 배웠습니다. 이들은 점차 환경을 보호하는 일이 야생 생물뿐 아니라 자신들의 미래를 위한 일이라는 걸 이해했어요. 우리와 함께 환경 보전에 힘을 쏟는 파트너가 된 거예요. 테이케어 프로그램은 정말 성공적으로 이루어지고 있답니다. 곰베 스트림 국립공원 주변 12개 마을을 대상으로 시작된 이 프로그램은 현재 탄자니아의 거의 모든 침팬지 서식지에 분포해 있는 104개 마을로 확대 시행되고 있으며, 저희가 침팬지들과 연구 작업을 하는 또 다른 아프리카 6개국에서도 시행되고 있지요. 오늘날 곰베 스트림 국립공원을 상공에서 내려다보면 벌거벗은 언덕은 더이상 보이지 않아요. 나무들이 다시 자라고 있고, 생물 다양성이 되살아나고 있죠.

제인구달연구소는 야생동물 고기 거래로 인해 고아가 됐거나 애완동물이었다가 버려진 침팬지들을 위한 생크추어리를 여러 곳 운영하고 있습니다. 아프리카에서 가장 큰 생크추어리가 콩고에 있고, 남아프리카공화국에 그보다 작은 생크추어리가 있어요. 우간다와 케냐에도 두

곳 있었는데, 지금은 다른 기관에서 운영합니다. 유지비가
상당하기 때문에 다행스러운 일이라고 할 수 있습니다.

그리고 갇혀 살아가는 침팬지들의 생활환경을 개선하고자
침팬주ChimpanZoo 프로그램을 만들었어요. 가능한 한
모든 종류의 행동 풍부화 활동을 도입해 침팬지들의
지루함을 해소하려고 노력했지요. 일례로 짚을 집어넣어
거기에 붙어 나오는 흰개미를 잡아먹을 수 있도록
가느다란 터널을 뚫은 인공 흰개미 언덕을 놓아주었죠.
침팬지는 흰개미를 좋아하거든요. 이 프로그램은
연구생들이 침팬지의 행동을 관찰하고 기록할 기회도
됐어요. 행동 풍부화 활동은 비윤리적이라고밖에 할 수
없는 의약품 연구실들에도 도입됐는데, 제인구달연구소와
다른 기관들이 이 같은 연구들을 종식시키려 노력하는
동안 그곳에 머물러야 했던 침팬지들에게 조금이나마
도움이 됐습니다. 사실 미국에서는 8년 전, 침팬지를
이용한 실험 중 그 어떤 것도 인간의 건강에 이로운
영향을 줬거나 그러한 영향을 줄 가능성을 내포하고 있지
않았다는 사실이 밝혀지면서 그 같은 연구들이 막을
내렸습니다. 이주가 부담될 수 있다고 판단된 아주 소수의
나이 든 침팬지들을 제외하고는 모두 현재 생크추어리에
살고 있습니다. 제가 대형 연구 시설 두 곳을 방문했던
네덜란드와 오스트리아의 침팬지들은 이보다 앞서

생크추어리로 옮겨졌고요.

동물행동학 박사학위를 취득한 이후에는 동물들 본연의
모습과 자연계를 보호하는 일의 중요성에 대한 인식을
높이고자 전 세계를 다니기 시작했습니다. 어느 대륙을
가든 희망을 완전히 잃어버린 듯한 사람들을 만났습니다.
젊은이들도 포함해서요. 그리고 지금도 만납니다. 이들은
우리가 직면한 문제들을 잘 알지만, 무력감을 느끼며 아무
행동도 하지 않아요. 제가 만난 고등학생과 대학생들은
낙담한 데다, 대체로 냉담하기까지 했습니다. 왜일까요?
그들은 "우리의 미래가 위태롭지만, 우리가 할 수 있는 게
아무것도 없다"라고 말하더군요. 이들의 미래를 위태롭게
만든 건 우리입니다. 하지만 이들이, 그리고 우리 모두가
할 수 있는 일이 분명히 있습니다. 그래서 젊은이들에게
행동의 기회와 행동으로 생겨날 희망을 주기 위해
1991년에 뿌리와 새싹 Roots&Shoots 프로그램을
시작했습니다. 여기에 참여하는 각 그룹은 저마다 사람,
동물, 환경을 돕기 위한 세 가지 프로젝트를 선택하게
됩니다. 그런 다음 본격적으로 행동으로 옮깁니다. 오늘날
70개국에서 유치원생에서부터 대학생으로 이루어진 수천
개의 뿌리와 새싹 그룹이 활동하고 있으며, 점점 더 많은
성인이 함께하고 있습니다.

뿌리와 새싹의 가장 귀중한 메시지는(우리 모두에게 귀중한 메시지죠) 우리 한 사람 한 사람이 매일 지구에 영향을 미치고 있다는 것입니다. 수백만, 수십억 명이 물건을 살 때 자신의 선택이 초래할 결과를 고려한다면 어떤 누적 효과가 나타날지 생각해보세요. 환경에 해를 끼치는 방식으로 생산되지는 않았을까? 형언하기 어려울 정도로 잔인한 공장형 축사에서 사육됐거나 다른 동물 학대와 연관이 있지는 않나? 불공정 임금과 노예 노동 때문에 값이 싼 것은 아닌가? 그렇다면, 사지 말아야 합니다. 그렇게 하면 소비자 압력으로 이어져 기업들 관행에 변화를 일으킬 수 있어요.

제게 보내주신 질문으로 돌아가보겠습니다. 저는 침팬지들과 지내고 침팬지들에 대해 쓰거나 이야기하며 인생의 의미를 찾았습니다. 그리고 더 나은 세상을 만들자고 사람들을 설득하러 다니는 데서 삶의 목적을 찾았죠. 왜 서커스에 침팬지나 코끼리를 등장시키는 것이 잘못된 일인지, 왜 공장형 축사에서 생산된 육류와 공업적으로 생산된 식품(특히 유전자 조작 식품)을 피해야 하는지 등을 이제 잘 알게 됐다는 말을 들을 때, 저에게는 그 순간이 무척 의미 있습니다. 어렸을 때 뿌리와 새싹 프로그램에 참여한 이들이 그 활동으로 동물, 환경, 미래를 마주하는 자신의 태도가 어떻게 달라졌는지

이야기하는 걸 들을 때도 커다란 의미를 느낍니다. 한번은
환경과 동물 보호에 관심을 쏟는 게 당연하다는 중국
사람들을 만난 적이 있는데, 초등학생 시절 뿌리와 새싹
활동에 참여한 덕분이라고 말했어요. 더 나은 세상을
만들기 위해 자신이 어떤 일을 했는지 눈을 반짝거리며
알려주고 싶어 하는 어린이와 청소년들이 어딜 가나
있습니다. 제 강의를 듣거나 책을 읽은 뒤 미래에 대한
희망을 갖게 됐으며 자기 몫을 해내려 한다고 말하는
어른도 많고요.

이렇게 제 삶에 관해 쓰고 보니, 지금까지의 제 삶이
저뿐 아니라 삶이 개선된 침팬지들과 다른 동물들에게도
의미 있는 것이지 않았나 싶네요. 제인구달연구소의
프로그램들로 빈곤에서 벗어나기 시작한 수많은
아프리카인에게도 의미가 있었을 것 같고요. 뿌리와
새싹 프로그램에 참여했거나 참여하고 있는 수백수천
명에게도요. 그렇다면, 자연스럽게, 제 삶이 헛되지
않았다는 뜻이 되는 것 같군요.
아마 저는 몇 년 더 살 수 있을 것 같습니다. 건강을
타고난 덕분에 아흔 살이 된 지금도 잘 지내고 있어요.
저는 앞으로도 많은 젊은이에게 희망을 주고 싶답니다.
동물 복지에 반하는 악몽 같은 일들이 계속되고 있으니,
이 문제를 완화하는 데 힘을 보태고 싶어요. 댐을

건설하는 등의 '개발'과 프래킹(셰일 가스 추출을 위한 수압 파쇄법—역주) 같은 상업 활동도 중단돼야 합니다. 야생 생물을 해치고 환경을 심각하게 파괴하기 때문이에요. 인간의 활동으로 멸종 위기에 처한 동식물이 너무나도 많습니다. 실제로 우리는 여섯 번째 대멸종을 겪고 있어요. 직접 찾아가서 제가 알고 있는 것들을 나누고 싶은 나라와 커뮤니티가 여전히 많습니다. 무엇보다도 희망을 잃었거나, 잃고 있는 사람들에게 희망을 주고 싶어요. 희망을 잃으면 우리는 냉담해지거나 깊은 절망에 빠져 아무것도 하지 않게 돼요. 오늘날의 세계를 둘러보면 사람들이 희망을 잃는 것도 놀라운 일이 아닙니다. 우크라이나와 가자 지구에서 참담한 전쟁이 벌어지고 있어요. 아프리카에서도 열다섯 건의 전쟁이, 그 밖의 지역에서도 여러 폭동이 일어나고 있고요. 한쪽에서는 탐욕스럽고 지속 불가능한 생활 방식이 계속되고, 다른 한쪽은 빈곤에 시달립니다. 난민과 이주민이 발생하고, 기후변화와 그에 따른 폭풍, 홍수, 가뭄, 폭염, 산불 문제가 심화되고 있지요. 그래서 저는 제 이야기를 나누고, 제가 아직 희망을 갖는 이유를 전하고 싶습니다.

첫째, 문제를 깨닫고 행동에 나설 힘을 얻게 된 젊은이들은 자신들의 에너지, 헌신, 열정을 바탕으로 세상을 진정으로 변화시킬 것입니다. 다음으로, 인간의

47

지성이 존재합니다. 과학은 우리가 자연과 더욱 조화롭게
살아갈 수 있도록 재생 가능 에너지 같은 혁신 기술을
내놓고 있고, 우리는 우리가 매일같이 만들어내는 탄소
발자국의 여파를 고려하기 시작했습니다. 그리고 자연은
놀라울 정도로 회복력이 뛰어나, 충분한 시간과 얼마간의
도움만 주어지면 처참히 파괴된 곳일지라도 복원될
것이며, 멸종 위기에 처한 동물들은 다시 생존의 기회를
얻을 것입니다. 마지막으로, 세상에는 불굴의 정신을
발휘해 불가능해 보이는 상황에서도 해결책을 찾고
성공을 이끌어내는 이들이 있습니다.

저는 여러 재능을 가지고 태어났지만, 그중에서도 특히
커뮤니케이션, 글쓰기, 말하기 재능이 큰 도움이 된 것
같습니다. 그렇기 때문에 사람들이 제 이야기에 귀를
기울이고, 변화를 향해 나아갈 영감을 얻는 게 아닌가
싶습니다. 그리고 이 사실은 실로 제 삶에 목적을
부여합니다.

마지막으로 한 가지 더 말씀드릴게요. 우리는 부모를
고를 수 없죠. 하지만 저는 운이 좋게도 최고의 어머니를
만났습니다. 열 살 때 제가 아프리카에 가고 싶다고
말하자 모든 사람이 웃었습니다. 그러나 어머니는 그저
열심히 노력하고, 기회를 잡아야 하며, 포기하지 말아야

한다고 말해주셨죠. 그 어린아이의 멋진 인생의 시작을
위한 어떤 커다란 계획의 일부였을까요?

우연처럼 보인 일들이 실은 제가 붙잡을 수도, 아니면
그저 지나칠 수도 있었던 기회였다는 느낌이 들곤 합니다.
저희 집 근처 호텔에 살던 러스티라는 개가 제게 많은
걸 가르쳐줬어요. 아침 6시가 되면 저희 집으로 짖으며
들어왔고, 점심때 자기 집에 갔다가 다시 와 남은 하루를
저와 보낸 뒤 밤이 되면 잠을 자러 갔습니다(러스티의
가족들도 모두 알고 있었고, 괜찮아하셨어요). 또 친구들은
모두 높은 반으로 올라가고 저만 낮은 반에 남았는데,
의기소침하고 분했지만 그 덕분에 같은 반이 됐던
친구로부터 후에 아프리카로 초대를 받았고, 그곳에서
루이스 리키Louis Leakey를 만나 동물을, 그것도 우리와
가장 닮은 동물을 연구할 기회를 얻을 수 있었습니다.
그다음에 일어난 사소한 일도 많아요. 나중에 영국
제인구달연구소 의장이 되는 분과는 비행기 옆자리
승객으로 처음 만났죠. 우리 둘 다 원래 그 비행기를
타려던 것도 아니었어요. 그분은 저명한 변호사였는데,
제가 침팬지들을 참혹한 환경에 가둬두고 이용한 대형
제약회사에 맞서 싸울 때 저를 변호해줬습니다. 자신들을
비판하는 사람들을 상대로 이미 일흔두 건의 소송을
제기한 회사였어요. 이런 이야기를 저는 얼마든지 더

49

들려드릴 수 있답니다. 우연일까요? 아니면 저를 위한
계획의 일부였을까요?

셰익스피어Shakespeare의 《줄리어스 시저》에서
카시우스는 말합니다. 잘못은 우리 별들이 아니라 스스로
노예가 된 우리에게 있다고요. 그런데 분명 이 별들이 제
인생에서는 톡톡한 역할을 한 것 같군요.

_제인 구달

The Jane Goodall Institute

16.1.18

Dear James,

Sorry it took me a while to get your letter as I am not often home - but was for Christmas - then got flu.

I will try to find time to answer your question - but when is your deadline?

Best communicate by e mail.

Warm regards,

Jane Goodall.

©Mark Maglio 1995
"Life Fishing for Termites"
derived from Hugo Van Lawick, 1984 photo

www.janegoodall.org

recycled

51

아스트로 텔러

X 공동 설립자이자 CEO. X는 세계가 직면한 거대한 문제들을 해결할 획기적 기술을 발명하고 출시하기 위해 설치된 알파벳(구글 모회사)의 기술 연구소다. X가 진행한 굵직한 프로젝트에는 구글 글라스, 구글 브레인, 웨이모(자율주행차 프로젝트) 등이 있다. 텔러는 X 이전에 다섯 개 회사를 설립했고, 스탠퍼드 대학에서 학생들을 가르쳤다. 세 권의 책을 출간했고, 기술과 혁신에 관해 여러 강연을 한다. 카네기 멜론 대학에서 인공지능 박사학위를 취득했다.

"세상에 긍정적인 파급 효과를 남길
크고 작은 방법들을 찾는 것을
삶의 의미라고 부르고 싶네요."

처음 편지를 받고는 '인생의 의미? 어렵지 않게 답장을
쓸 수 있겠어' 하고 생각했습니다. 제 신념을 잘 알고
있으니까요. 여기까지는 쉬웠어요. 그런데 제가 그 신념에
어떻게 도달하게 됐는지를 풀려고 하니, 적잖이 흥미로운
여정이 기다리고 있더군요.

우선 열 살 때 제가 축구장 옆에 서 있던 장면이 떠올라요.
그때 저는 그날 경기에서 잘할 수 있을지 걱정하며 몹시
불안해했죠. 그런데 어느 순간 이런 생각이 들더군요.
'내가 왜 이렇게 긴장하는 거지? 진다고 어떻게 되는 것도
아니고. 고작 축구 경기일 뿐이잖아. 아무도 안 죽어.'
그렇게 축구장 옆에 서서 경기 결과와 제 경기력에 대한
불안에 휩싸인 동시에 '무의미한 일을 두고 왜 이렇게까지
불안을 느끼는 거지?'라고 생각하는 이중적인 경험을
한 거죠. 그러고는 축구 경기에 본래 내재적 의미 같은
건 없다는 결론에 이르러요. 우리가 의미를 불어넣을
수는 있겠지만요. 어떤 의미에든 몰두하지 않는다면,
경기 내내 별다른 재미를 얻을 수 없을 것 같았어요. 이
생각은 '그래, 자기만의 의미를 불어넣어야 하는 건 축구
경기만이 아니지. 삶에도 그렇게 해야 하는 거야'라는
생각으로 이어졌습니다. 삶을 즐기고 싶다면 의미를
부여하는 것이 중요해요. 스스로 의미를 부여한 삶은
신으로부터 부여받은 의미가 있는 삶 못지않게 의미

있습니다.

2년쯤 뒤에 양가 할아버지에게 콘트랙트 브리지
카드게임을 배웠습니다. (제 두 할아버지는 수소 폭탄을
만든 에드워드 텔러Edward Teller와 1983년 노벨 경제학상을
받은 제라르 드브뢰Gerard Debreu입니다.) 콘트랙트
브리지에는 파트너가 있어요. 토너먼트 경기에 참여하면,
원형으로 배치된 테이블들에 카드가 나눠지고, 파트너와
같은 테이블에 앉아 상대팀과 핸드(각자에게 주어지는
13장의 카드―역주)로 경기를 하죠. 가능한 한 많은 점수를
딴 다음 남북 방향에 앉아 있던 팀들은 시계 방향으로,
동서 방향에 앉아 있던 팀들은 반시계 방향으로 이동하고,
각 테이블에서는 다시 동일한 핸드로 경기가 진행돼요.
경기자는 파트너와 이동하고, 같은 상대를 다시 만나지
않으며, 같은 핸드도 다시 주어지지 않아요. 여러 팀이
동일한 핸드로 경기하기 때문에 자신과 같은 운으로 다른
팀은 어떤 경기를 했는지 비교할 수 있지요.

제가 이 게임을 통해 배운 건, 인생의 중요한 부분에서
운이 있을 수 있지만, 그 특권과 운에 자부심을 느껴서는
안 된다는 거예요. 자부심은 주어진 카드, 즉 자기 인생의
운(DNA, 가족을 비롯한 여러 요소)을 바탕으로 경기에
어떻게 임했는지에서 생겨야 마땅하죠. 다른 사람들에게

같은 카드가 주어졌을 때 어떻게 했을지 비교해서
말이에요.

그로부터 1~2년 뒤, 그랜드티턴 국립공원에서 하이킹을
하던 중 불현듯 깨달았어요. 우리는 모두 자기가 쓰고
있는 소설의 주인공이라는 사실을요. 우리는 그 주인공이
무슨 일을 하고, 어떤 사람이 될지에 관해 생각보다
훨씬 많은 통제권을 갖고 있어요. 저를 정말 사로잡았던
문구가 있는데, 바로 "너 자신이 돼라. 단 의도를 가지고
그렇게 해라"예요. 의도를 가지라는 것은 가면을 쓰거나
가식적으로 굴라는 뜻이 아니라, 세상에 자신을 표현하는
방식에 있어 매 순간 진정성을 발휘하면 자신이 누구이고
누가 될 것인지 만들어갈 수 있다는 뜻이에요.

제가 제 삶의 이야기를 쓰는 소설가라는 걸 깨달은 후
세상에 긍정적인 영향을 미치는 데 전념하겠다는 충동이
가장 먼저 일었어요. 아마도 그 충동은 양가 할아버지의
존재에서 비롯된 암묵적인, 어쩌면 노골적인 압력에 따른
것이었을 거예요. 두 분 모두 세상에 커다란 영향을 준
분들이니까요. 그런데 이 같은 일차원적 삶의 의미는
곱씹을수록 저를 짓누르는 압박이 되었어요.

그래서 제가 도달한 결론은 이렇습니다. 삼각형에

비유해볼게요. 저는 삼각형의 정점에 본질적으로 우리가
세상에 남기는 모든 파급 효과를 위치시켰어요. 우리가
아끼는 모든 사람, 우리가 창조한 모든 제품, 소설, 회사,
그림, 우리가 이끌어준 모든 사람, 다른 사람을 위해
잡아준 모든 문, 혹은 우리가 아침 인사를 건네지 않은
모든 사람 등, 이 모든 것이 우리가 세상에 남기는 파급
효과예요.

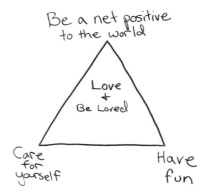

저를 주인공으로 한 이야기가 막을 내릴 때,
세상에 긍정적인 영향을 가능한 한 많이 남긴 것을
자랑스러워하고, 괜찮은 삶이었다고 느끼고 싶어요.

여기서 긍정적인 영향은 규모만 중요한 게 아니에요. 우리는 자신의 삶에 '무엇'이 일어날지는 완전히 통제할 수 없지만, 우리가 '어떻게' 대처할지는 통제할 수 있어요. 세상에 긍정적인 파급 효과를 남길 크고 작은 방법들을 찾는 것을 인생의 의미라고 부르고 싶네요.

그런데 이 삼각형은 그대로 두면 위가 너무 무거워 넘어질 거예요. 그래서 저는 하단의 꼭짓점 중 하나를 '자신을 돌보는 것'이라고 정했죠. 여기에는 매일 밤 양치질을 하고, 운동을 하고, 병원을 방문하고, 지금 당장은 재미가 없지만 미래의 내게 도움이 될 일을 하는 것 등이 포함돼요.

그리고 다른 한 꼭짓점은 '즐겁게 지내는 것'이에요. 기쁨, 웃음, 유머, 즐거움 같은 것을 누릴 방법을 찾지 못하면 세상에 긍정적인 영향을 퍼뜨릴 수 있는 기반을 갖추기 어려울 거예요. 저는 굉장히 운이 좋게도 미친 듯이 사랑하는 사람과 결혼했어요. 결혼한 지 아주 오래됐죠. 제 자녀들을 사랑하고, 수많은 친구를 사랑하고, 부모님과 형제를 사랑해요. 그러니 사랑을 주고받는 것이야말로 이 삼각형의 핵심이 아닐까 싶군요.

답장을 쓰기 위해 설명할 말을 찾으며 제 신념을 조금 더

잘 이해하게 된 것 같네요. 우리 삶의 이야기가 펼쳐지는
방식이 정말 놀랍지 않나요?

_아스트로 텔러

캐서린 콜먼 플라워스

환경 및 기후 정의 활동가. 미국 시골 지역의 부적절한 폐기물 처리와 수질 위생 인프라 문제를 수면으로 끌어올렸다. 농촌기업과환경정의센터(Center for Rural Enterprise and Environmental Justice)를 설립하고, 소외 지역의 건강·경제 격차 해소를 위해 지역민의 깨끗한 물, 공기, 위생, 토양에 대한 평등한 접근권 보장에 힘써왔다. 백악관 환경정의자문위원회 부위원장으로 일했고, 맥아더 펠로십에 선정됐다. 미국 〈타임〉이 선정한 '2023년 가장 영향력 있는 인물 100인'에 이름을 올렸다.

Catherine Coleman Flowers

"현 세대와 미래 세대가
평화롭게 살 수 있도록
지구를 지키는 데
삶의 의미가 있습니다."

매일 잠에서 깨어 어슴푸레하게 밝아오는 창밖을 볼 때면,
성장하고 배울 수 있는 하루라는 기회가 또 주어졌음에
감사드려요. 세계를 여행하며 각 문화의 공통점과
차이점을 보다 보면 인생의 의미를 더 깊이 깨닫게 되고
삶에 감사하는 마음이 커진답니다. 서울, 도쿄, 호놀룰루,
론데스 카운티, 앨라배마, 디트로이트, 아스펜 등에서
새로운 경험을 할 때마다 제 삶은 더욱 풍요로워졌어요.
최근 두바이를 여행하며 베두인의 전통문화와
혁신이 공존하는 광경, 소리, 냄새를 접하면서 시야가
넓어졌지요. 사막의 태양이 제 이마를 비췄을 때, 수천
년 전에도 그곳에 사람들이 살았다는 사실을 실감할 수
있었어요. 중력을 거스르는 듯했던 미래 박물관을 비롯해
여러 아름다운 건축물을 보며 피라미드를 떠올렸고,
인류가 얼마나 오랫동안 지구에서 살아왔는지를
생각했지요. 또 전 세계 사람들로부터 환대를 받으면서,
자의적인 장벽이 사라진 평화로운 세상이 가능하다고 더
강하게 믿게 되었습니다.

가깝게는 제 손주들, 직접 만나 격려할 수 있는 제
학생들이 제가 미래 세대에게 계속 긍정적인 영향을
미칠 기회입니다. 격차를 해소하고, 씨앗을 심어 싹이
트고 새로운 사고의 꽃이 피도록 이끌고, 창의성과 지속
가능성, 회복력을 위한 자양분을 제공하는 일은 모두

삶에서 의미가 있는 일들입니다. 제가 윗세대로부터 받은 지혜와 영감을 저의 경험담과 함께 젊은이들에게 전할 수 있는 것은 참으로 멋진 순환관계가 아닌가 합니다. 삶은 아름답습니다. 제 여정을 의미 있게 만들어준 모든 분께 감사 인사를 전하고 싶을 정도예요. 정말 감사합니다.

저에게 인생의 의미란 현 세대와 미래 세대가 평화롭게 살 수 있도록 지구를 지키는 데 있습니다. 그것이 환경 정의 활동가로서 활동하는 데 원동력이 되어줍니다. 제가 세상을 처음 만났을 때보다 더 나은 곳으로 만드는 데 이바지하고 싶습니다. 인류의 미래 번영에 기여하는 것이 제가 믿는 삶의 의미랍니다.

_캐서린 콜먼 플라워스

리지 카

비영리단체 플래닛 패트롤(Planet Patrol) 설립자. 2016년 영국 국토 길이에 이르는 수로를 외부 지원 없이 혼자 패들보드로 이동한 최초의 인물이자, 2017년 영국해협을 패들보드로 건넌 최초의 여성이다. 1년 뒤에는 패들보드로 미국 허드슨강 전체를 이동한 최초의 인물이 됐다. 이 여정에서 플라스틱 조각을 촬영하고 목록화했으며, 플라스틱으로 인한 수로 오염의 심각성을 절감한 뒤 플래닛 패트롤을 세웠다. 전 세계 1만 5,000여 명과 함께 쓰레기 400톤 이상을 수거하는 캠페인도 벌였다.

Lizzie Carr

"우리는 자신이
소중하게 여기는 대상을
지키려 노력합니다.
의미나 목적은 자연스레
우리를 찾아옵니다."

지난 10년에 걸쳐 저는 인생의 의미, 목적, 충만감은
고정된 목적지가 아니라 유동적이며, 본질적으로
개인적이고, 삶의 예측할 수 없는 변화를 헤쳐 나가면서
바뀔 수 있다는 것을 깨달았습니다. 우리가 의미나 목적을
찾아내는 게 아니라, 의미나 목적이 우리를 찾아오는
것이라고 생각합니다.

스물여섯 살이던 2013년에 예기치 않게 암 진단을
받았고, 삶의 의미와 목적에 대해 진지하게 생각하게
되었습니다(답을 찾는 데 평생이 걸리기도 하는 주제이죠).
당시에 암은 최악의 악몽 같았습니다. 지금 저는 그
경험과, 그 경험이 가르쳐준 교훈을 제 인생의 큰 축복
중 하나로 여겨요. 암 진단을 받기 전의 제 모습은
낯설기까지 하죠.

암은 제 인생관을 바꾼 기폭제가 됐습니다. 연봉, 직위,
부동산 같은 제가 추구했던 우선순위들이 무의미하게
느껴졌고 더는 이전과 같은 방식으로는 충만감을
얻을 수 없을 거라 예감했습니다. 제 삶을 재평가했고,
무의식적으로 따르던 길에서 벗어나 새로운 삶의 방식을
탐구하고 추구해보기로 마음먹었지요. 주위의 모든
사람이 이런 기회를 얻는 것은 아니었기에 제게 찾아온 두
번째 기회에 그저 감사할 따름이었습니다. 암 생존자로서

갖게 된 죄책감과 제 존재를 이해하려는 노력이 합쳐진
결과, 저는 매일매일 제가 사랑하고 뿌듯하게 느끼는 삶을
살아가야겠다고 결심하게 됐죠.

방사선 치료가 끝난 직후, 우연히 패들보드를 타게
됐어요. 놀랍게도 물은 제게 자연과 깊이 연결된 느낌을
주었습니다. 푸른 물 위에서 위로와 평온을 얻었죠.
긴장을 풀고, 생각을 정리하고, 문제를 해결해야 할 때
의지할 수 있는 곳이 됐어요.

그런데 물에서 많은 시간을 보낼수록 눈에 들어오는
수질 오염 현장에 점점 겁을 먹을 수밖에 없었습니다.
결정적 계기는 런던 리젠트 운하에서 비닐봉지, 포장지,
플라스틱 빨대와 뚜껑으로 지어진 새 둥지를 목격한
일이었어요. 소중한 수로와 그 수로에 의지해 살아가는
야생동물들이 절망적인 상황에 놓여 있었고, 저는
외면할 수 없었습니다. 물은 제가 필요로 할 때마다 늘
그곳에 한결같은 모습으로 있어줬습니다. 물이 저를
회복시켜주었듯, 이번에는 제가 물을 회복시켜줘야
한다는 생각이 들었지요.

그 순간 제가 새로운 목적의식을 지니게 됐다는 걸
알았습니다. 저는 수로를 개선하는 일에 모든 노력을 쏟기

시작했어요. 시간과 에너지가 정말 많이 들었지만, 조금도 수고로 느껴지지 않았습니다. 그 일이 제 시간에 의미를 가져다주었으니까요. 이후 3년에 걸쳐 패들보딩으로 세 차례 세계 최초의 도전을 결행해 완수했습니다. 오염 데이터를 수집하고, 이 문제에 대한 인식을 높이기 위한 일이었지요. 그 뒤 비할 데 없이 아름답지만 과소평가돼 있던 영국 수로들을 소개하는 패들링 가이드북을 썼고, 비영리단체 플래닛 패트롤을 설립했습니다.

물 위에서 시간을 보내는 동안, 인간성의 스펙트럼을 목격했습니다. 자원봉사와 캠페인 활동을 하는 상냥하고 이타적인 마음부터 쓰레기를 버려 수질을 악화시키는 무책임하고 이기적인 마음까지요. 영국 수로들이 처한 위기를 직접 경험하고 나서야 비로소 수질 오염 문제와 개인적으로 연결됐습니다. 삶의 목적을 찾고 있지 않았지만, 영국 수로들을 사랑하게 되면서 자연스럽게 그 목적이 저를 찾아온 거죠. 우리는 자신이 소중하게 여기는 대상을 지키려 노력하기 마련이니까요.

이제는 플래닛 패트롤에서 패들보드를 타면서, 사람들과 자연의 연결을 강화하고 소중한 푸른 물에 대한 귀중한 데이터를 확보하는 데 시간을 쏟고 있어요. 패들보딩을 가르칠 때 학생들이 패들보드에서 잘 일어설 수 있도록

제가 건네는 조언이 있어요. 계속 노를 젓고, 멈춰 있지
않으며, 가고자 하는 방향을 항상 바라보라고 합니다.
삶에도 도움이 되는 조언이죠.

_리지 카

진 골딩

역학자(疫學者). 1991~1992년 에이번에서 태어난 아이들의 성장 발달을 추적한 '에이번 부모-자녀 종단 연구'를 주도했다. 이 연구는 과학자들이 땅콩 알레르기에서 코로나19의 영향에 이르기까지 수많은 영역에서 중요한 발견을 하는 데 도움이 되고 있다. 골딩은 지금까지 혈액, 태반, 모발, 손톱, 치아 등 150만 개 이상의 생물학적 샘플과 수천 건에 이르는 설문을 수집했고, 2012년 의학 발전에 기여한 공로로 대영제국 4급 훈장을 받았다. 현재 브리스틀 대학 소아과 및 주산기 전염학과 명예교수이다.

Jean Golding

“사람들이 살아가는 환경이
 건강과 행복에 영향을 미치는
 방식을 연구하며
 충만감을 느낍니다.”

지금껏 까다로운 요청을 많이 받아봤는데, 이 질문에
답하는 것도 만만찮게 어렵네요. 인생의 의미가
무어냐고요? 질문을 받고 아마 처음으로 이 문제에 대해
생각한 것 같아요. 그때 수십 년에 걸쳐 제 삶에 영향을
끼친 어떤 의미가 있으며, 그 의미를 제가 인식하고
있다는 사실을 깨닫게 되었지요.

어떻게 그런 의미가 생겨났는지 알아내고자 제 어린
시절을 되짚어보았습니다. 부모님은 서로 조금 다른
사회적 배경을 가진 분들이었어요. 아버지는 감리교
평신도 설교자의 아들이었죠. 힘든 어린 시절을
보내셨는데, 첫 번째 생일이 지나기 전에 어머니를
여의셨고, 열세 살에는 아버지마저 떠나보냈죠.
할아버지는 성공한 건축업자셨고, 상점도 운영하셨대요.
하지만 돌아가시기 직전에 파산했고, 제 아버지는
새어머니를 부양하기 위해 열네 살부터 취업전선에
뛰어드셨습니다. 아버지는 어머니와 결혼할 당시(2차
대전이 발발하기 직전), 상당히 낮은 임금을 받는
점원이셨어요. 그래도 전시 필수 직업군에 속해 징집되지
않고 일을 할 수 있었죠. 아버지는 참전하지 않는 대신
다양한 경로로 지역사회를 지원하기 위해 힘썼습니다.
그러다 전쟁이 끝날 무렵 승진하셨고 우리 가족(아버지와
저와 새어머니와 두 동생)은 다른 지역으로 이사를

갔습니다.

반면 어머니의 부모님은 교육 수준이 높은 계층
출신이셨습니다. 외할아버지는 영국 성공회 성직자의
아들이셨고 외할머니는 과학자의 딸이셨죠. 두
사람은 캐나다로 이민을 했고, 그곳에서 제 어머니가
태어났습니다. 저는 최근 외할머니가 1950년대에 쓰신
편지들을 읽고 있는데, 할머니는 프레리 지역(북미의
대초원 지역—역주)의 작은 농업 공동체에 깊이
관여하셨던 것 같아요.

사실 어린 시절 제게 가장 커다란 영향을 준 사람들은
대서양 반대편에 있던 조부모님이 아니라, 이모할머니와
고모할머니들이었습니다. 외할머니의 막냇동생은
탐정소설(특히 애거사 크리스티Agatha Christie를
좋아하셨지요)을 포함해 다양한 분야에 흥미를 지닌
재미있는 분이었습니다. 같은 콘월 지역 마을에 살던 저의
외증조할머니를 돌보고 있었으나, 예술가였고 언제나
밝고 쾌활하셨죠. 함께 있으면 즐거웠어요. 다른 분들은
외할아버지의 여자 형제들이었는데, 성직자의 딸들이다
보니 독실했고 그러면서도 다양한 직업과 관심사를
갖고 있었어요. 한 분은 조각을 배워 마을 남자들에게
조각하는 법을 가르쳤고, 다 같이 지역 교회에 놓일 긴

의자 끝부분을 조각하기도 했죠. 다른 한 분은 성공회 수녀가 되어 삶의 대부분을 인도에서 아이들을 가르치며 보냈습니다. 또 다른 분은 물리치료사이자 체육교사로 일했고요.

여기까지가 제 인생의 의미가 비롯된 배경입니다. 물론 제 개인사도 중요한 몫을 했습니다. 취학 전에 저는 복잡한 병력 때문에 오랫동안 병원에서 지냈어요. 그 시절 영국에서는 정책적으로 면회가 잘 허락되지 않았지요. 자녀가 입원해도 부모가 짧게 방문하는 것만 가능했는데, 제 경우 일주일에 한 번밖에 허락되지 않았어요. 자세히 기억나지는 않지만, 그 시간이 트라우마로 남은 건 분명합니다. 그때로부터 20년이 지난 뒤에도 소독약 냄새나 병원에서 먹었던 음식을 만나면 식은땀을 흘릴 정도였어요. 어머니도 퇴원한 제가 어머니에게 매달리고 불안해하는 모습을 보였다고 말하셨지요. 이후 저는 다른 사람들과 소통하는 데 어려움이 있긴 했으나, 학교생활도 공부도 무척 즐겁게 했습니다.

십 대 때 이야기로 넘어가볼게요. 저희 가족은 아버지 직장을 따라 영국 북부로 이사했고, 저는 새로운 학교에 다니게 됐어요. 전에 다니던 학교와는 사뭇 다른 곳이었죠. 게다가 2주 만에 소아마비에 걸렸습니다.

갑자기 팔다리를 움직일 수 없게 됐고, 병원으로 이송돼 몇 주간 홀로 지내야 했죠. 그 후 오랫동안 재활 운동을 했고, 그 결과 점차 근육들이 다시 활성화됐지만, 왼쪽 다리 근육은 여전히 약했습니다. 주변의 사회적 지원을 기대할 수 없어 더욱 어려운 시기였어요. 학교를 얼마 다니지 않아 사귄 친구도 없었고 또래 아이들이 저를 불쌍하게 여긴다는 사실도 당황스러웠지요.

지금은 그 시기에 대한 기억이 거의 없지만, 어쨌든 대학에 입학하며 모든 것이 달라졌습니다. 저는 인생의 다음 페이지로 넘어갔고 새로운 친구들과 관심사를 만나며 정말 행복했습니다. 그러면서 알게 된 수많은 사람 중 한 남자에게 마음을 빼앗겼고, 이어 결혼을 했습니다. 하지만 곧 괜찮은 결정이 아니었던 것으로 드러났지요. 아이들이 고통받을 가능성이 커져 저는 결국 그를 떠나기로 했습니다. 그렇게 그 사람과 이혼했고, 어린 두 자녀를 키우는 한 부모가 되었습니다.

제 인생의 의미가 확고해지기 시작한 시점이 바로 이때였던 것 같네요. 이 무렵 저는 런던에 있었고, 저를 지지해주는 사람들이 곁에 있었으며 역학 분야에서 일하기 시작한 참이었습니다. 저는 제게 가장 중요한 두 가지가 무엇인지 확실히 알고 있었어요. 하나는

아이들을 최선을 다해 키우는 것이고, 다른 하나는
역학이었지요. 역학은 장애와 발달을 연구하고 그것들이
환경적 특성으로부터 어떻게 영향을 받는지 파악하려는
학문입니다. 탐구심이 요구되고, 기본적으로 탐정
이야기와 비슷한 학문이라고 할 수 있지요. 어떤 사실을
찾아내고, 그에 대한 논리적 이해를 바탕으로 특정 환경이
왜, 어떻게 장애를 유발하는지 알아낸 뒤, 예방 전략을
개발하는 과정으로 이루어집니다.

사실 제 삶을 빚은 한 가지 중요한 요소가 있어요.
지금까지 밝힌 적이 없는데 뜻밖의 심오한 영적
경험이었다고밖에 설명할 수 없겠네요. 처음은
소아마비에 걸려 혼자 있을 때, 그다음은 이혼
심리에서 증거를 제시해야 하는 날 아침이었습니다.
두 번에 걸쳐 저를 북돋는 따뜻한 기운을 강렬하게
느꼈지요. 그 결과 제 삶이 크게 변했습니다. 저는
소아마비나 장애에 원망하거나 괴로워하는 마음 없이
대처할 수 있었고, 이혼을 실패(그 경험 전까지는 이렇게
생각했답니다)라기보다는 긍정적 성취로 받아들일 수
있었지요. 유체 이탈을 겪은 사람들은 죽음을 두려워하지
않는다는 내용을 어딘가에서 읽었습니다. 저는 확실히
죽음을 두려워한 적은 없지만, 죽기 전에 이루고 싶은
것이 아직 많다는 것을 언제나 인식하고 있습니다.

저는 많은 기독교 교리를 따랐습니다. 기독교 이야기의
세부적 내용들에 대해서는 의구심을 갖고 있지만, 그
내용들의 사실 여부는 중요하지 않다고 생각해왔습니다.
의미 있는 메시지를 전달하는 은유적 이야기들이니까요.
그중에서도 저에게 커다란 영향을 준 건 달란트의
비유입니다. 겉보기에는 돈을 투자해 이익을 얻는 것에
관한 이야기지만, 신체적·정신적 재능을 활용하는 것에
관한 비유로 읽을 수 있지요. 스스로도 자주 되새기는
내용입니다만, 저의 재능은 사람들과, 사람들이 살아가는
환경이 그들의 건강과 행복에 영향을 미치는 방식을
연구하는 것입니다. 이 일에서, 그리고 가족과 친구들과의
교류 속에서 충만감을 느낍니다.

_진 골딩

Ian Frazer

이안 프레이저

자궁경부암 예방을 위한 HPV 백신 기술의 공동 개발자. 임상면역학을 공부한 후 임상의학 과학자로 활동해왔다. 퀸즐랜드 대학 교수로, 상피 암의 면역 생물학적 특성에 관한 연구를 주도하고 있으며, 새로운 백신 기술을 연구하는 생물공학회사도 이끌고 있다. 호주 의료연구미래기금 (Medical Research Future Fund) 의료연구자문위원회 위원장을 맡고 있으며, 2006년 올해의 호주인으로 선정되기도 했다. 2013년 호주의 최고 등급 국민훈장인 컴패니언 훈장을 받았다.

"다른 이들이 삶의 즐거움과 도전에 참여하고, 그 혜택을 누릴 수 있도록 돕는 것"

인생의 의미요? 우리에게는 단 한 번의 삶이 주어집니다.
우리는 자기 삶이 어떻게 전개될지 영향을 미칠 수 있다고
생각하겠지만, 출생과 사망 사이에 일어나는 일 대부분은
우리의 직접적인 통제 밖에 있습니다. 제 소견입니다만,
세상에 우리를 지켜보고 있는 신이란 없습니다. 오히려
물리학과 화학의 법칙이 우리의 운명을 지배합니다.
그러나 이 법칙들은 절대적인 것이 아닙니다. 확률과
불확실성을 수반하는데, 우리는 '양자'라는 단어를
'물리학'과 '화학' 앞에 붙여 이를 파악합니다.

그렇지 않다고 믿고 싶을지 모르지만, 자신이 '선택'해서
한 일이든 다른 사람들의 선택에 따른 일이든, 우리가
다른 사람의 삶에 미치는 영향은 놀라울 정도로
미미합니다. '놀라울 정도로 미미한 영향'의 예외는, 좋은
것이든 나쁜 것이든, 역사적 사건으로 기록됩니다. 그
범위는 자신의 사회 집단일 수도 있고, 지역, 때로는 전
지구일 수도 있습니다.

삶의 본질과 목적에 대한 저의 관점은 의학 박사이자
연구원인 저 자신에게 어떤 의미일까요? 70세의 나이로
건강하고 부족한 것 없이 지내고 있는 지금 저의 생각은
50년 전의 생각과 필연적으로 다를 수밖에 없습니다.
그때 의사 연수를 앞두고 있었는데, 자기중심적인

사춘기를 막 벗어난 서투른 상태였죠. 하지만 몇 가지 상수가 있습니다. 성년이 되고 나서 저의 삶은 대체로 지적 호기심에 의해 움직였고, 사회적 친밀감, 자기 도전, 창조성에서 오는 즐거움이 그 과정에 어느 정도 영향을 주었습니다. 이 세 가지 즐거움의 원동력 중에서도 저는 창조성(다른 사람들에 의해 발휘된 창조성)으로부터 가장 큰 만족감을 얻었습니다. 아마도 음악, 예술, 과학, 의학 등 어느 분야에서든 사회 전반에 영향을 미친 창조성은 그 파급력이 지속되는 경향이 있고, 영원까지는 아니더라도 사후에도 인정받을 수 있다는 감각을 주기 때문인 것 같습니다.

저는 창조적인 사람이 되겠다고 마음먹진 않았습니다, 스무 살의 저는 쾌락주의적이었거든요. 사회적 친밀감, 여행하고 스키를 타며 외부 세계를 즐기는 것, 예술에 나타난 다른 이들의 창조성을 느끼는 데서 오는 즐거움 같은 것이 제 인생의 결정들을 이끌었고 지금도 어느 정도 그렇습니다. 그런데 20대 중반 무렵, 저는 보건 의료 체계 속에서 다른 사람들에게 도움을 주는 것으로부터 만족감을 느끼기 시작했습니다. 물론 최초의 동인은 질병의 본질과 질병의 발생 원인에 대한 호기심이었습니다. 이해하고 싶은 욕구는 점차 새로운 이해를 창조해내려는 욕구로 바뀌었습니다. '무엇'에서

'왜'로 바뀐 거죠. 어린 시절 직소퍼즐을 맞추거나 물건을
분해해 작동 원리를 알아내도록 부추겼던 그 즐거움이
다시 느껴졌습니다. 30대에 접어들자 창조성이 서서히
작용하기 시작했고, 퍼즐을 단순히 푸는 데서 나아가
퍼즐이 무엇인지 명확하게 정의하고 싶다는 욕구가
일었습니다. 그렇게 왜 어떤 사람들은 운이 나쁘게도 제가
살피고 있던 그 질병에 걸리고, 대부분은 걸리지 않는지에
대해 의학적 관심을 쏟게 됐습니다.

임상 의학 과학자들은 건강 문제가 있는 환자들이 직면한
의학 퍼즐을 규명해왔고, 계속해서 규명하고 있으며,
유전자, 환경, '우연'의 중요성을 인식하고 있습니다.
우연은 이제 양자 확률로 바꿔 말해야 하겠지만요. 저는
감사하게도 역사상 적시 적소에 있었고, 덕분에 두 가지
의학적 문제의 본질을 규명하고 해결책을 도출하는 데
참여할 수 있었습니다. 그중 하나는 특정 암의 본질에
대한 한층 깊은 이해로 이어졌고, 다른 하나는 특정 암을
예방할 수 있는 기술로 이어졌습니다.

이 같은 일이 실현될 수 있도록 저에게 기회와 훈련을
제공해준 사람들을 만났고 그 사람들과 일해온 것은
굉장한 행운이라는 걸 압니다. 그래서 저는 제 발견을
성과로 인정받고 있지만, 그 공로가 공식적으로 인정되고

있는 것보다 더욱 널리 돌아가야 하며, 더 많은 사람과
나누어져야 한다고 생각하고 있습니다. 다른 이들이
최선을 다해 삶의 즐거움과 도전에 참여하고, 그 혜택을
누릴 수 있도록 돕는 것이 삶의 진정한 의미라고
믿습니다.

_이안 프레이저

마이클 어윈

은퇴한 의사이자 UN 전 의료국장. UNICEF 아동 장애부 수석 고문, 세계은행과 IMF 의료국장으로도 활동했다. 휴머니스트이자 세속적 활동가로, 특히 자발적 안락사와 의사 조력 자살을 옹호하는 캠페인을 벌인다. 지금은 '존엄한 죽음(Dignity in Dying)'으로 개칭한 '자발적 안락사 협회(Voluntary Euthanasia Society)' 회장을 지냈고, '노년 이성적 자살 협회(Society for Old Age Rational Suicide)'를 설립했다.

"아주 행복한 삶을 사는
 행운을 누렸기에, 이제는
 아주 행복한 떠남을
 준비하고 있습니다."

많은 사람이 그렇겠지만, 저도 태어나고 싶어서 태어난
게 아닙니다. 다른 모든 사람과 마찬가지로, 저도 왜 지금
이 광활한 우주를 달리는 작은 행성에 살고 있는지 잘
모릅니다. 제 아버지는 90세의 나이로 돌아가셨습니다.
어머니는 95세에 돌아가셨고요. 그러니 저는 장수에
관해서는 아주 좋은 유전자를 타고난 셈입니다. 올해로
88세가 된 저는 '삶'이라는 이 멋진 여정을 여전히
즐기면서도, 제 자신을 비롯해 다른 누구도 고생시키지
않고 떠날 준비를 하고 있습니다.

2018년 여름, 저는 더욱더 쇠약해지고 있는 제 몸이
계속해서 존재를 이어가려면 결국 다른 사람들에게
상당히 의존해야 하는 단계에 이를 것이라는 사실을
실감했습니다. 물론 그렇게 되기 전에 미확진 질환이나
기존 질환의 악화로 사망할 수도 있을 것입니다. 저는
지금까지 서구 세계에서 아주 '행복한 삶'을 사는
행운을 누렸기에, 이제는 아주 '행복한 떠남'을 준비하고
있습니다.

대체로 모든 사람이 나이가 듦에 따라 떨어지는 자신의
신체 기능에 초점을 맞추지만, 오랫동안 저는 '마이클
어윈'은 기본적으로 저의 뇌라고 늘 생각해왔습니다.
본질상 저는 두개골 내부에 있는 무게 1,400그램의

신경세포 수십억 개입니다. 저의 뇌가 바로 저 자신, 저의 존재입니다. 인간의 뇌는 아마도 이 놀라운 우주에서 가장 놀라운 세포의 집합일 것입니다. 성인의 뇌에는 최소 600억 개의 뉴런이 있는데, 이는 오늘날 지구 인구의 일곱 배에 해당하는 수치입니다. 물론 제 몸은 제가 누구인지를 구성하는 필수적 부분입니다. 세상이 '마이클 어윈'이라고 여기는 것입니다. 제 명백한 정체입니다. 수년 전 저를 일터로 데려갔고, 지난달 저의 뇌와 함께 극장에 간 물리적 존재입니다.

뇌는 제 모든 생각과 꿈의 원천입니다. 뇌는 의사가 되고자 공부했고, 그 뒤 33년간 UN 조직에서 일했습니다. 여러 멋진 여성을 사랑했습니다(그중 네 사람과 함께 살았고요). 저를 만들어낸 제 부모님의 뇌처럼, 저의 뇌도 사랑스러운 세 딸의 아버지가 되는 데 관여했습니다. 죽을 권리에 관한 법 제정을 위해 캠페인을 벌였습니다. 이 유일무이한 행성에서의 만족스러운 삶이 끝에 다다름에 따라, 저의 뇌는 이제 품위 있게 떠날 준비를 하고 있습니다. 어쩌면 육체가 더 이상 존재하지 않을 때 무엇이 존속할 수 있는지 발견하기 위한 준비라고도 할 수 있겠습니다.

이 행성에 살고 있는 사람들에게 무엇보다도 근본적인

질문은 분명 '아무것도 없을 수 있는데 왜 무언가가
존재하는가?' 또는 '나는 왜 여기에 있나?', '나는 죽으면
어떻게 되나?'일 것입니다. 물론 현재로서는 이 질문들에
대한 답을 알 수 없지만, 우리는 대개 지구상의 우리가 이
경이로운 우주의 아주 미미한 부분에 불과하다는 것을
깨닫고 있습니다. 우주의 나이는 대략 140억 년으로
짐작됩니다. 우리은하에는 적어도 1,000억 개의 별(그중
하나가 태양입니다)이 있고, 우리은하는 우주의 1,000억
개 이상 되는 은하 중 하나일 뿐입니다. 우리 지구는 시속
약 10만 7,000킬로미터로 우주를 여행하고 있고, 약
45억 년 전에야 나타났습니다. 처음 지구에는 어떠한
생명체도 없었습니다. 그러다 지표면의 따뜻한 물속에서
일어난 화학반응으로 단세포 유기체가 발생한 것으로
추정되며, 이때 시작된 기나긴 진화의 과정은 지금도
계속되고 있습니다(가끔은 요즘처럼 문자와 SNS를 많이
하면 인간의 엄지손가락이 결국 얼마나 길어질까 궁금합니다).

지구에서는 수천 종이 출현했다 사라졌습니다. 공룡은
약 1억 5천만 년 동안 살았습니다. 우리 조상은 500만
년 전에야 처음으로 모습을 드러냈고, 지난 25만 년
동안 진화한 끝에 현생 인류인 우리, 호모 사피엔스가
됐습니다. 지구 생명의 역사를 1년으로 보면, 365일 중
하루가 1천만 년에 해당하고, 호모 사피엔스는 12월 31일

오후 11시 30분경에 나타났습니다. '영혼'의 존재를 믿는 사람들에게 묻고 싶습니다. 우리의 오랜 진화 과정 중 언제 영혼이 우리의 육체에 깃들었다고 생각하나요?

지구는 이 광활한 우주에서 아주 작은 한 점에 불과합니다. 하지만 하늘이든 땅이든 바다든, 이 행성에서 살아온 모든 생명체는 지구를 자기 집이라고 불러왔습니다. 인간만 보면, 모든 황제와 소작농, 모든 영웅과 겁쟁이, 모든 아버지와 어머니, 모든 성자와 죄인이 이 작은 행성에 존재해왔습니다. 살아 있는 모든 생명체는 서로 연관돼 있습니다. 어떤 생명체들은 다른 생명체들보다 더 가까운 관계에 있습니다. 인간의 DNA는 침팬지의 DNA와 98.5퍼센트 일치하는 것으로 추정됩니다. 쥐의 유전자와는 10분의 9가 유사합니다. 예쁜꼬마선충 유전자와도 최소 3분의 1이 비슷합니다.

바쁜 일상에 쫓겨 우리는 우리를 둘러싼 우주의 광대함을 의식하지 않고 지내며, 누구나 죽음을 맞이하게 된다는 것을 쉽게 잊습니다. 그러나 이 두 가지 사실은 그 자체로 우리가 세속적 소유나 일상에 관한 생각, 걱정으로 자신을 지나치게 괴롭힐 필요가 없음을 상기시켜줍니다. 우리 운명에 비춰보면, 이 문제들은 비교적 사소할 수밖에 없기 때문입니다.

우주 역사에서 우리 개인의 삶은 찰나의 깜빡임에 지나지 않습니다. 우리 존재는 상대적으로 짧은 기간 동안만 지속되며, 근본적으로 두 어둠의 시기 사이에 놓여 있습니다. 우리는 이방인으로서 지구에 도착합니다. 이 세상에 대한 아무런 이해가 없는 상태로요. 지구에 와서 삶의 방식을 배웁니다. 그리고 모든 여행이 으레 그렇듯, 이 여행도 우리에게 그만의 환희, 그만의 권태, 그만의 고난을 안깁니다. 그러나 여행이기에, 우리가 머물 수 있는 시간은 제한돼 있습니다.

물론 우리가 태어나기 전, 우리가 존재하지 않았던 시간이 있습니다. 하지만 이 점을 근심하는 사람은 거의 없습니다. 그때에 대한 기억이 우리에게 없기 때문입니다. 그렇다면 특히 나이가 들수록 왜 그렇게 많은 사람이 인간으로서 더 이상 존재하지 않게 되는 시간에 대해 걱정하는 걸까요? 죽는다는 것은 그저 태어나기 전의 상태로 돌아가는 게 아닐까요?

우리가 죽는 날, 전 세계 수많은 다른 사람도 우리와 같은 여정을 떠납니다. 영국에서만 매년 약 60만 명이 죽습니다. 지금껏 만난 모든 사람, 오늘 길에서 스친 모든 사람이 결국 죽습니다. 이 삶에서 우리가 확신할 수 있는 거의 유일한 한 가지는 누구든 언젠가 모든 것을 뒤로하고 떠나게 돼 있다는 것입니다. 우리는 태어나는 순간부터 죽기 시작하며, 태어남과 죽음은 둘 다 자연스러운 일입니다. 날마다 자신의 죽음을 향해 항해합니다, 삶의 마지막 날, 터미널에 도착할 때까지요. 이 현실을 직면해야 한다는 점에서 우리는 동등합니다. 체스에 비유하자면, 게임이 끝나면 킹이든 폰이든 같은 상자로 들어갑니다. 다행히도, 우리는 단 한 번만 죽습니다. 그러니 이 세상을 어떻게 떠날지 미리 계획하는 것이 현명하지 않을까요?

오늘날 서구 세계에서는 일반적으로 사람들을 죽음으로부터 보호합니다. 실제로 우리는 이 단어에 대한 언급 자체를 피하곤 합니다. 누군가 '죽었다'라고 말하기보다 '눈을 감았다', '세상을 떠났다'라고 표현합니다. 아이들에게는 '하늘나라로 갔다'라고 말하는 경우가 흔합니다. 우리는 죽음을 가능한 한 보이지 않게 만듭니다. 관은 닫혀 있기 일쑤입니다. 특히 죽음이 집보다는 병원, 요양원, 호스피스에서 일어나는 경우가 더 많아(사실 사람들은 대부분 집에서 죽는 것을 선호합니다), 지난 세대들과 달리 우리는 더 이상 죽음을 알지도 보지도 못합니다.

다른 누구도 저와 이 세상에 대한 관점을 진정으로 같이할

수 없습니다. 다른 누구도 제 감정을 경험하거나 제
의식을 나눠 가질 수 없습니다. 하지만 이 작은 행성에
사는 약 80억 명의 사람 중 한 명인 제 삶은 제게 더할
나위 없이 중대한 의미를 지닙니다.

그래서 제가 죽으면 저의 '영혼'은 제가 어떻게
살아왔는지에 따라 영원한 보상을 받게 되는 걸까요?
아니면 환생으로 나아가게 되는 걸까요? (에너지는 결코
없어지지 않으니까요.) 혹시 촛불이 휙 꺼지는 것처럼
완전히 사라지는 건 아닐까요?

죽음 이후의 삶에 대한 관념들은 언제나 매력적입니다.
그것들은 단지 희망 사항일 뿐일까요? 영혼의 존재를
증명하려 시도한 사람 중에 던컨 맥두걸Duncan
McDougall 박사가 있습니다. 1907년, 미국 보스턴에
있는 매사추세츠 종합병원에서 그는 5.67그램까지
정밀하게 측정할 수 있는 대형 플랫폼 저울 위에
침대를 설치했습니다. 그리고 말기 결핵 환자의 사망을
기록하던 중, '정확히 4분의 3온스(21.26그램)'의 체중이
갑작스럽게 줄어드는 것을 발견했습니다. 제가 알기로 이
실험이 다시 이루어진 적은 없습니다!

저는 모든 살아 있는 생명체 안에는 어떤 형태의

'에너지'가 있다고 믿습니다. 에너지가 잉태의 순간에
들어와 죽음의 순간에 떠나는 것이라고 봅니다. 그렇지
않다면 죽음의 순간에 생기는 몸의 본질적 차이를 어떻게
설명할 수 있을까요? 현대 과학과 현재의 자연법칙으로는
해명할 수 없는 무언가가 있을 수 있습니다. 지금으로서는
감지할 수 없다고 해서 존재하지 않는다고 생각하는
함정에 빠지지 않는 것은 중요합니다. 무언가를 찾지
못했다는 사실이 그것이 존재하지 않는다는 증거가
되지는 않습니다.

2005년의 첫 7개월 동안 저는 《후즈후Who's Who》
인명사전에서 무작위로 뽑은 1,600명에게 연락해, 죽음
이후 무엇이 존속한다고 생각하는지 의견을 구했습니다.
총 761건의 답변을 받았고(이만하면 무척 많은 답변을
모은 것이라고 들었습니다), 그 내용들을 분석한 결과,
46퍼센트가 죽음 이후 존속되는 것이 전혀 없다고
믿었고(물론 자손, 개인 서류와 사진 등을 배제한 답변입니다),
29퍼센트는 '영혼'이 계속해서 존재한다고 생각했습니다.
5퍼센트는 저처럼 특정할 수 없는 생명의 에너지life
force가 어떤 형태로든 존재할 가능성이 있다고 봤습니다.
그리고 20퍼센트만이 잘 모르겠다고 대답했습니다.

솔직히 현재 지구상에서 이 질문에 대해 100퍼센트

확신을 가지고 대답할 수 있는 사람은 아무도 없다고
봅니다. 삶은 얼마든지 많은 답변이 나올 수 있는 놀라운
신비입니다. 그러나 죽음이 닥치면, 아마도 그 사람에게는
이 모든 신비가 사라질 것입니다. 죽음의 순간, 그는 지금
이 행성에 있는 그 누구보다도 죽음에 대해 많은 것을
알게 될지 모릅니다. 살아 있는 우리로서는 최종 판단을
미루고, 그 무엇도 완고하게 믿거나 거부하지 않는 게
최선일까요? 현재 저는 믿고 있지 않지만, 만약 내세가
있다면 이 지구의 생명체로 태어나는 것보다 훨씬 더 낯선
존재 형태가 될 것 같습니다. 저는 캠페인 활동을 할 수
있는 이슈가 있는 것을 좋아하는데(UN 지지나 죽을 권리에
관한 법 제정 촉구처럼 말입니다), 거기에서도 캠페인을 할
수 있을지 궁금할 뿐입니다.

_마이클 어윈

아닐 세스

서식스 대학 인지 및 계산 신경과학과 교수, 의식과학센터 소장. 캐나다 고등연구원(Canadian Institute for Advanced Research) '뇌, 정신, 의식 프로그램' 공동책임자이자 유럽연구위원회(European Research Council) 선임연구원이다. 또한 옥스퍼드대학출판부 학술저널 〈의식의 신경 과학(Neuroscience of Consciousness)〉 편집장을 맡고 있다. 그의 저서 《내가 된다는 것》은 출간되자마자 〈선데이타임스〉 베스트셀러 10에 올랐다.

Anil Seth

"출생 이전의 망각에 대해선
 걱정하지 않으면서,
 죽음 이후에 따라올
 동등한 망각에 대해선
 왜 걱정하는 걸까요?"

제 어머니가 당신의 삶의 의미를 잃지 않으려 애쓰고 있는
때에, 삶의 의미를 묻는 제임스 씨에게 답장을 쓰려니
이상한 기분이 듭니다. 89세인 어머니는 인류 역사를
기준으로 보면 긴 삶을 살아왔지만, 모든 인간의 삶은
끝없는 시간에서 잠시 스쳐가는 짧디짧은 빛일 뿐입니다.
그리고 인간 존재의 헤아리기 어려운 덧없음으로 인해
삶의 의미에 관한 질문들은 선명히 부각됩니다.

1934년 크리스마스에 잉글랜드 북부 도시 요크에서
태어난 제 어머니는, 폭격으로 파괴된 건물 잔해에서
놀며 자랐습니다. 교사가 되셨고, 이후 예술가이자 풍경
사진작가로 활동했습니다. 어머니는 최근 병환이 있기
전에도, 존재하지 않는 상태가 어떤 것인지에 대해 제게
묻곤 하셨습니다. 우리 모두가 어느 정도 알고 있듯
어머니도 당신이 죽게 될 것이라는 사실을 알고 있습니다.
하지만 당신이 존재하지 않는 상태에 관해서는 상상하기
어려워합니다. 생활의 지평이 좁아지면서 어머니는
정원의 리듬이나 나뭇잎 사이로 아른거리는 빛처럼
단순한 것들에서 만족을 얻게 됐습니다. 어머니가 보여준
이 같은 유연성은 삶의 의미, 목적, 충만감이 서로 다른
것이며, 그것들이 목표가 될 수 있다면 고정되지 않고
변화하는 목표일 것이라는 사실을 제게 알려줍니다.

저는 의식의 신비를 이해하는 데 평생을 바쳤습니다.
우리 머릿속의 복잡한 신경 웨트웨어(neural wetware,
하드웨어와 소프트웨어로 이루어진 컴퓨터 시스템과 대비해
인간의 생물학적 두뇌를 칭하는 용어—역주)가 어떻게
매일의 경험이라는 기적을 만들어내는지 연구해왔습니다.
의식은 우리 각자에게 상당히 친숙합니다. 우리는 누구나
의식이 있는 게 어떤 것인지, 꿈도 꾸지 않는 잠에 빠져
의식을 잃는 게 어떤 것인지 압니다. 하지만 의식의
본질은 또한 수천 년 동안 과학자와 사상가들을 혼란에
빠뜨려왔고, 끝없이 난처하게 만들고 있기도 합니다.
의식적 경험에 대해 과학적 관점을 취하면 우리가
생물학적 기계로 전락하고 삶의 의미를 빼앗기고 말 거라
우려하는 사람들도 있습니다.

그러나 저는 그 반대임을 발견했습니다. 기계로의 전락
같은 것은 일어나지 않습니다. 과학적 관점은 오히려
우리와 자연계의 연속성을 두드러지게 하고, 그에 따라
우리의 시각은 더욱 깊고 넓어집니다. 풍요로운 의식적
경험의 생물학적 근거를 밝혀낼수록, 우리의 의식적 삶을
보다 소중히 여길 새로운 기회가 생겨납니다. 자신이
자연과 떨어진 존재가 아니라 자연의 일부라는 사실을
더욱 절실히 받아들일 수 있게 됩니다. 존재에 비춰볼
때 우리의 짧은 순간은 그저 일어났다는 사실만으로도

놀랍고 특별합니다.

의식의 불안정성에 대한 인식은 우리의 실존적 두려움을
완화하는 데도 도움이 됩니다. 사람들은 출생 이전의
망각에 대해선 걱정하지 않으면서, 죽음 이후에 따라올
동등한 망각에 대해선 왜 걱정하는 걸까요? 망각은
부재의 경험이 아니라, 경험의 부재입니다. 소설가 줄리언
반스Julian Barnes가 죽음에 관해 말한 것처럼, "아무것도
두려워할 것이 없습니다."(그의 죽음에 관한 에세이
《웃으면서 죽음을 이야기하는 방법》의 원제가 'nothing
to be frightened of', 즉 '아무것도 두려워할 것이
없다'이다.—역주)

저는 의식을 의미의 전제 조건으로 생각하게 됐습니다.
의식이 없으면 아무것도 중요하지 않다는 주장도
가능합니다. 이런 배경에서 삶의 의미, 목적, 충만감은
다양한 형태로 나타납니다. 아리스토텔레스의
'에우다이모니아Eudaimonia'라는 개념에 이러한 제
생각이 잘 나타나 있습니다. 에우다이모니아는 잘 살고,
번영을 이루고, 가치 있는 일을 하는 것을 뜻합니다.
즐거움이나 쾌락적 만족에 관한 것도, 더 큰 선을 위한
이타적 희생에 관한 것도 아닙니다. 에우다이모니아는
이성, 용기, 지혜와 같은 덕을 길러 자기 잠재력을

실현하는 것과 관련됩니다. 근본적으로 작은 선행을 하고,
그로부터 기쁨을 느끼는 것이 핵심이라고 할 수 있습니다.
저에게는 우리 자신과 자연에서의 위치, 역할을
이해하려는 과학과 철학의 여정에 미약하게나마
참여하는 것이, 그리고 이 여정의 일부를 다른 사람들과
나누는 것이 곧 에우다이모니아입니다. 실제로는
굽이굽이 좌절이 도사리고 있습니다. 거창해 보이는
문제들을 다루다 보면 자만에 빠질 위험도 있습니다.
일상의 이런저런 일들도 방해를 합니다.

이렇게 다시 어머니에 관한 이야기로 돌아오게 되는군요.
오늘 어머니는 의사들의 예상을 뒤엎고 기운을
되찾았습니다. 저는 어머니에게 지금처럼 연약해진
시점에서 볼 때 삶의 의미를 뭐라고 느끼는지 물었습니다.
어머니는 다른 사람들과의 관계에서 오는 것이라고
말했습니다. 누가 이 말에 반박할 수 있을까요.

_건승을 기원하며, 아닐

Tim Smit

팀 스미트

영국 콘월 에덴 프로젝트 공동 설립자. 1987년 존 넬슨(John Nelson)과 '헬리건의 잃어버린 정원'을 '발견'하고 복원했다. 이후 버려진 점토 채취장을 재생하는 데 관심을 돌려 '인간의 도전정신을 상징하는 놀라운 건축과 세계 최고 수준의 원예를 보여주는 생명의 요람'으로 탈바꿈시켰다. 이것이 인간이 '자연과 분리되지 않은 자연의 일부'라는 사실을 알리는 것을 목적으로 한 에덴 프로젝트다. 현재는 영국 전역과 모든 대륙에서 새로운 프로젝트에 도전하고 있다.

"살아간다는 건,
 자신을 더 나은 사람으로
 만들 시간을 버는 것"

헬리건의 잃어버린 정원 근처에 중세에 지어진 세인트
유 교회가 있어요. 그곳 묘지의 믿기 어려울 만큼 깊은
무덤에 영면에 드신 어머니를 모신 지 이틀이 지났습니다.
삶의 중요성이나 인생의 의미를 생각하기에 적절한 때인
듯하군요. 젊었을 적에는 끝 모를 호기심에 사로잡혀
있었습니다. 그래서 좋은 시절에든 나쁜 시절에든 언제나
내일을 보고자 하는 강렬한 열망을 가졌습니다. 찰스
디킨스Charles Dickens의 《데이비드 코퍼필드》에 나오는
유명한 낙관주의자 미코버가 뭔가 좋은 일이 생길 거라고
믿는 것처럼 말입니다.

최근에 그 무렵 꿈꿨던 그런 사람이 되기 위해
노력해보자고 결심했습니다. 그때의 단순했던 이상주의에
이제는 실용주의가 더해졌지만, 여전히 따뜻하고 관대한
본질을 중요시 하고 있습니다. 운명의 주사위가 어떻게
굴러갈지, 앞으로 자기 모습이 얼마나 어떻게 바뀔지
알지도 못하면서 목숨을 버리지 말라고 당부하고
싶습니다. 죽으면, 어느 정도 미래가 확실해지기야
하겠죠. 하지만 살아간다는 건 자신을 더 나은 사람으로
만들거나 내세의 자신에게 더 좋은 명함을 쥐여줄 시간을
버는 일입니다.

_팀 스미트

I write this 40,000 ft above the Atlantic flying to America. Two days have elapsed since my mother was laid to rest in an imposingly deep grave in the medieval graveyard of St Ewe Church, near the lost Gardens of Heligan in Cornwall.

It is an appropriate time to consider the importance or meaning of life. When young, I was infected with insatiable curiosity, so whether in good times or bad I retained the fervent desire to see tomorrow. As Mr Macawber famously believed in Charles Dickens' "Pickwick Papers" — Something will turn up.

More recently I have persuaded myself to try to become the person I wanted to be when I was young. Obviously the easy idealism has been infused with pragmatism but one with a heart of gold. I would advise against taking your life on the grounds that you'll die never knowing whether the dice of fate could roll in such a way that would transform you completely. If you die your future is, to a degree, certain. To live is to buy time to either improve yourself - or give yourself a better calling card in the here-after.

TLS.

마이아로즈 크레이그

'버드걸'로 알려진 조류학자, 작가, 평등권 운동가. 2014년에 '버드걸' 블로그를 시작했고, 2019년에 전 세계 모든 새의 절반을 관찰한 최연소 인물이 됐다. 더 많은 소수 인종 어린이가 자연보호활동에 참여할 수 있도록 돕는 비영리단체 블랙투네이처(Black2Nature)를 설립했다. 17세에 브리스틀 대학에서 명예 과학 박사학위를 받았다. 영국 최연소 취득자로 간주된다.

"가족의 죽음은 사람을 변화시켜요."

저는 삶이 사랑하고 사랑받는 것이라고 믿어요. 저는
친밀한 분위기에서 자랐어요. 저의 가족은 저와 저보다
열두 살 많은 언니 아이샤, 아버지 크리스, 어머니
헬레나로 이루어졌어요. 저에게 삶은 우리 네 사람과
서로를 향한 우리의 사랑, 또 삶이 던져준 시련들과 그
시련을 우리가 함께 어떻게 극복할 수 있었는지에 관한
이야기였어요. 그리고 다섯 번째 가족인 조카 라일라와
여섯 번째 가족인 조카 루카스가 태어났지요.

양가 할아버지는 일찍 돌아가셨어요. 그래서 우리
가족의 삶에는 커다란 구멍이 두 개 있어요. 죽음은
사람을 변화시키죠. 두 분의 죽음도 그랬어요. 저에게
삶의 의미란 멋지고 다정했던 이 두 분을 잃은 데서
시작됐다고 할 수 있어요. 두 분이 주신 사랑과 두 분을
향한 사랑 덕분에 저희 부모님은 이곳에서 보내는 우리의
시간이 짧다는 걸, 매 순간이 소중하다는 걸 절실히
깨달았거든요.

저희는 탐조인 가족이에요. 하늘을 관찰할 뿐 아니라
심각한 멸종 위기에 처한 새를 한순간이라도 보기 위해
먼 곳에 있는 화산을 나흘에 걸쳐 등반하기도 하죠. 이
열정과 집념이 저희 가족을 하나로 묶는 접착제이자, 저희
가족의 삶의 의미예요. 그리고 모든 것은 지구에 서식하는

1만 800종에 이르는 조류와 그 모든 조류를 보고 싶다는
저희 가족의 결의로 귀결된답니다.

_마이아로즈 크레이그

Robert Winston

로버트 윈스턴

임페리얼 칼리지 과학 및 사회학 교수이자 생식 연구 명예교수. 불임 치료법 개선에 기여했고, 이후 체외수정 기술의 새로운 장을 열었으며, 착상 전 유전자 진단 기술을 개발했다. 영국 상원 과학기술 특별위원회 위원장을 역임했으며, 영국영화방송예술아카데미(British Academy of Film and Television Arts)에서 상을 받기도 한 다큐멘터리 시리즈 『더 휴먼 보디(The Human Body)』를 만들고 진행한 바 있다.

"제게 삶이란 그저
한 글자 단어일 뿐입니다."

베일리 씨께서 말씀하시는 '삶의 의미'가 무엇인지 저는
잘 이해하기 어렵습니다. 제게 삶이란 그저 한 글자
단어입니다. 거기에는 뜻이 담겨 있죠. 아주 구체적인
뜻이요.

실존적이고 철학적인 의미를 논하는 방식으로 삶의
의미에 관해 이야기하는 것은, 제게는 어쩐지 무의미하게
느껴진다고밖에 말씀드릴 수 없겠습니다. 인간의 삶의
의미가 왜 고래나 개미, 또는 참나무의 그것과 달라야
하는지도 저는 모르겠습니다. 저는 그런 의미는 없다고
생각합니다.

그렇지만 도스토옙스키Dostoevsky의 《카라마조프가의
형제들》에 나오는 내용을 제 마음대로 인용해
말해보자면, 저는 태어난 이상 우리는 지구에서 일어나는
모든 일과 모든 사람에 대해 책임이 있다고 믿습니다.
하지만 그게 삶의 의미인지는 판단이 서질 않네요.

_로버트 윈스턴

Science and Society
Imperial College London

Professor Lord Winston F Med Sci, Hon FREng, DSc
Professor of Science and Society

22nd October 2015

Dear Mr Bailey

I really do not understand what you mean by the 'meaning of life'. To my mind life is a four-letter word and has a meaning, which is quite specific. But to talk about it in this kind of way argues some existential or philosophical meaning, which I have to admit I find somewhat pointless. I don't know why the meaning of life for a human life would be different from that of a whale or an ant, or indeed an oak tree. I don't think that there is such a meaning. What I do believe though, is that once we are alive (to misquote Dostoevsky's The Brothers Karamazov) we are responsible for everybody and everything which happens on the planet. But I have no idea whether that is the meaning of life.

Yours sincerely

Robert Winston

빌 맥키번

Bill McKibben

작가, 환경운동가, 활동가. 1988년에 지구 온난화를 다룬 저서 《자연의 종말(The End of Nature)》을 출간한 이래로 지금까지 20권의 책을 집 필했으며, 〈뉴요커〉, 〈롤링스톤〉 등 여러 간행물에 기고하고 있다. 미들 베리 칼리지 환경학 슈만 석학, 미국예술과학아카데미 회원으로 활동하 고 있으며, 간디 평화상을 받았다. 국제기후운동단체 350.org를 공동 설립했고, 60세 이상의 기후 및 사회 정의 행동을 이끌기 위해 제3의행 동(Third Act)도 창설했다.

"인간의 삶이라는
　놀라운 게임이 계속되도록
　게임판을 보존해야 합니다."

질문을 받고 한참 생각해봤습니다. 제게 삶의 의미란
'인간의 삶'이라는 놀라운 게임이 계속되도록 하는
것입니다. 과거에는 이렇게 말하면 주로 재생산을 뜻하는
것으로 받아들여졌습니다. 그러나 지금은 무엇보다도
이 게임이 이루어지고 있는 게임판을 보존하는 것을
가리킵니다.

우리는 현재 이 게임판을 불태우고 있어요. 그 불을
끄는 것이 지금 이 시대에 우리가 할 수 있는 가장
중요한 일이지요. 그 불을 끌 수 있는지에 모든 것이
달렸기 때문입니다. '휴먼 게임'의 멋진 점은 미래로
멀리 뻗어나갈 수 있는 잠재성이 있다는 것입니다.
하지만 우리가 지금 당장 행동할 때만 그렇게 될 수 있을
것입니다(맥키번은 저서 《폴터: 휴먼 게임의 위기, 기후변화와
레버리지》에서 인간의 존재와 상호작용의 총합을 휴먼
게임이라 명명했다.—역주).

_빌 맥키번

헨리 마시

신경외과 의사. 2015년까지 런던 세인트조지 병원 앳킨슨몰리 병동의 신경외과 수석 전문의였다. 영국국민보건서비스에서 근무하다 은퇴한 뒤 우크라이나, 네팔, 알바니아, 파키스탄 등지에서 활동하고 있다. 우크라이나에서의 그의 활동을 조명한 다큐멘터리 영화 『영국인 외과 의사』는 2010년 에미상을 수상했다. 2014년에 회고록 《참 괜찮은 죽음》을 출간했다. 대영제국 3급 훈장 수훈자이며, 2023년에는 신경외과학에 대한 탁월한 공로를 인정받아 영국 신경외과 협회로부터 메달을 받았다.

Henry Marsh

"가장 중요한 것은
현재 삶의 어느 단계에
있느냐에 따라
달라질 것입니다."

'인생의 의미'에 대한 이야기는 우리의 일상 너머에
어떤 포괄적 목적이 있음을 시사합니다. 물리적 세계에
대한 우리의 과학적 이해는 매우 불완전합니다만(어떻게
물질에서 의식이 발생하는지도 설명하지 못하니까요.
아마 앞으로도 그럴 거고요), 적어도 목적론은
불필요해졌습니다. 저는 삶에 의미를 부여하는 것이
무엇인지, 다시 말해 우리 삶에서 가장 의미 있는 것이
무엇인지에 대해 진화론적 관점에서 이해할 수 있다고
이야기하고 싶습니다. 이는 현재 각자가 스스로 대답해야
하는 개인적 질문이며, 그 답은 삶의 어느 단계에
있느냐에 따라 달라질 것입니다.

74세에 암에 걸리고 보니(현재는 호전됐습니다), 가족이
저에게 가장 큰 의미가 있다는 사실이 더욱 분명하게
느껴집니다. 그다음은 저술과 의료 교육 활동인데,
그중에서도 특히 우크라이나에서 하고 있는 의료 교육
활동을 꼽을 수 있겠습니다. 마지막으로는 목공 작업을
하고 정원을 가꾸는 것입니다. 진화론적 관점에서 보면
이 의미의 원천들은 저의 유전자를 전파하려는 이기적
행동, 다른 이들과의 협력 도모, 호모 사피엔스의 '성공'에
결정적 역할을 한 도구 제작과 문화적 축적 활동, 우리가
속해 있는 자연 세계에 대한 사랑에 해당할 것입니다.
늘 그랬던 것은 아니지만, 한때 저는 야심만만하고

경쟁심 강한 젊은 외과의였고, 성공과 인정에 혈안이 돼
있었습니다. 가족과 자연 세계를 대수롭지 않게 여기고,
물질적 재산을 쌓느라 바빴습니다. 제 삶에서 보금자리를
마련하는 시기에 해당했다고 볼 수 있을 것 같습니다.
그 이후로 세상이 변했습니다, 자연을 착취한 결과,
우리는 지금 극심한 기후변화와 전쟁의 벼랑 끝에서
아슬아슬하게 견디고 있습니다.

나이가 들어보니 더욱 명확히 보입니다만, 저는 언제나
다른 이들을 행복하게 만드는 데서 가장 커다란 행복을
발견한 것 같습니다. 적어도 다른 모든 즐거움은 그에
비하면 일시적이고 덧없다는 걸 느낍니다. 의사가 된
것이 제게 큰 축복이라고 말할 수 있는 이유입니다(물론
그만큼의 대가가 따랐습니다). 또한 그 '다른 이들'의
범주에 살아 있는 존재 모두(지각이 있든 없든 말입니다)가
포함된다는 걸 깨닫게 됐는데, 다른 이를 괴롭히는
사람들, 각종 병원균, 제 정원의 일부 잡초들만은 예외로
해야 할 것 같습니다.

_헨리 마시

Kathryn Mannix

캐스린 매닉스

완화의료 전문가. 완화 의학이라는 새로운 분야의 선구자다. 완화의료팀 컨설턴트로 활동하며, 죽음이 임박한 상황에서도 환자들이 가능한 최상의 삶의 질을 누릴 수 있도록 힘써왔다. 죽음을 앞둔 사람들이 어떻게 살아가는지를 다룬 저서 《내일 아침에는 눈을 뜰 수 없겠지만》은 웰컴북 프라이즈 최종 후보에 올랐다. 2021년에는 두 번째 책인 《리슨: 부드러운 대화를 위한 말 찾기(Listen: How to Find the Words for Tender Conversations)》를 출간했다.

"지혜로운 사람들은
 대개 단순한 방식으로
 살아가는 사람들이었어요."

모든 순간은 소중합니다. 끔찍한 순간도 마찬가지예요.
이는 제가 불치병을 앓는 사람들을 40년간 돌보며 배운
것입니다. 이 과정에서 무엇이 우리 삶에 의미를 주는지에
대한 통찰도 얻을 수 있었습니다. 죽음을 앞두고 살아가는
사람들을 지켜본다는 것은 엄청난 특권이었습니다.
무엇보다도 그 과정에서 저는 우리가 삶의 유한성을
전적으로 받아들일 때라야 살아 있다는 것의 소중함을
깨달을 수 있다는 걸 알게 됐어요.

모든 삶은 무지에서 지혜로 나아가는 여정이에요. 동화와
민속 신화, 철학자, 시인 모두 그렇게 말해요. 삶에서
일어나는 여러 일로 우리의 무지는 때론 부드럽게, 때론
모질게 조금씩 깎여나갑니다. 그렇게 무지는 경험으로
바뀌고, 우리가 누구인지, 세상이 어떻게 돌아가는지,
우리에게 가장 중요한 것은 무엇인지를 알아차리기
시작합니다.

죽음에 존재 자체를 빼앗길 수 있다는 위협은 자신에게
가장 중요한 것이 무엇인지 절실히 성찰하게 만듭니다.
그 내용은 물론 개인마다 다를 수밖에 없지만, 저는
여기에 몇 가지 공통된 양상이 있다는 것을 발견했어요.
가장 중요한 건 연결, 관계, 사랑이랍니다. 성공이나
부 같은 것들이 아니에요. 이러한 이해에 도달하는

것이 지혜의 시작이며, 그 지혜는 지금 이 순간의
귀중함을 헤아릴 줄 아는 겁니다. 되돌릴 수 없는 과거에
집착하거나 불확실한 미래를 좇는 대신, 지금 여기, 이
순간에 온 마음을 쏟을 때 우리는 진정으로 살아 있을 수
있습니다.

어떤 일이 일어나고 있든 그것을 온전히 경험하기
위해서는 현재에 존재할 뿐 아니라 자신이 현재에
존재하고 있다는 사실을 인식할 수 있어야 합니다. 지금
이 순간은 우리의 삶에서 선택의 여지가 있는 유일한
순간이에요. 물론 아무리 지금이라고 해도 우리가 처해
있는 여건을 바꿀 수는 없겠죠. 하지만 그에 대한 우리의
반응은 선택할 수 있어요. 우리는 좋은 일에 기뻐하고,
즐거운 시간을 느긋하게 누리거나, 뜻밖의 일들에 흥미를
보일 수 있어요. 기쁨, 두려움, 슬픔 같은 감정을 생생히
살아 있는 경험의 일부로 받아들이고 깊이 느낄 수
있어요.

제가 관찰한 바에 따르면 평온함이란 더없이 값지지만
금세 사라지기도 하는 것입니다. 평온함은 앞으로 다가올
일에 주의를 빼앗기지 않고 눈앞의 일에 편안히 녹아들
때 생기는 몰입 상태를 가리켜요. 자신에게 있는 것들을
폄하하거나 거부하는 대신 그에 감사할 수 있을 때라야

찾아오는 마음이죠. 제가 만난 가장 지혜로운 사람들은
대개 단순한 방식으로 살아가는 사람들이었어요.
평온함을 바탕으로 주위 사람들에게 애정 어린 친절을
베푸는 사람들이었습니다. 자신에게 주어진 건 오직 지금
이 순간뿐이라는 사실을 잘 알고 있었어요.

이게 제가 지금까지 배운 것들이에요. 하지만 저는 지금도
계속해서 배우는 중이랍니다. 마지막 숨을 내쉴 때까지도
우리 삶의 모든 순간은 계속해서 더 나아갈 수 있는
과정이라는 걸 알고 있기 때문입니다.

_캐스린 매닉스

가족과 친구
family and friend

무조건적인 사랑
unconditional love

사람들과의 연결
connection with people

힐러리 맨틀

부커상을 두 차례 수상한 최초의 여성 작가. 해당 작품은 토머스 크롬웰(Thomas Cromwell)의 일생을 그린 3부작 역사 소설 중 첫 두 권인 《울프 홀》과 《시체들을 끌어내라》이다. 이 밖에도 열네 권의 유명 소설을 집필했으며, 이 작품들로 전미도서비평가협회상 소설 부문, 월터스콧상, 코스타 문학상, 호손덴상 등을 받았다. 대영제국 2급 훈장과 데임 칭호도 받았다.

"목적을 이루려고 노력하는 과정에서 의미가 나타납니다."

보내주신 편지를 받은 지 보름가량 되었네요. 생각의
시간이 필요했답니다. 제가 느끼기에 '의미'와
'목적'이라는 두 단어를 호환하여 사용하고 계신 듯한데,
이 둘은 같은 단어가 아니지요. 관념적 차원에서 삶에
의미가 있는지는 잘 모르겠습니다. 그러나 우리가
마음먹는다면 삶은 뚜렷한 목적이 있을 수 있습니다.
그리고 그 목적을 이루려 노력하고 완수하는 과정에서
의미가 나타납니다.

연금술과 같지요. 우리는 연금술사들이 헛된 꿈을
좇았다고 생각하잖아요. 현자의 돌 같은 것도 없었고,
황금을 만들어낼 수도 없었으니까요. 하지만 오랜 시간
참을성을 발휘한 연금술사들은 자신들이 끈기, 비전,
인내심, 희망, 신중함 같은 섬세한 덕목들을 갖추게
되었다는 사실을 깨달았습니다. 그들은 영적 황금을
얻었고, 그에 비춰 자기 삶을 이해할 수 있었어요.
의미가 드러난 것입니다.

_앞날에 행운을 기원하며, 힐러리 맨틀

Devon November 7th

Dear James,

I have had your letter for a fortnight, but I had to think about it a bit. You use two terms interchangeably: 'meaning' & 'purpose.' I don't think they're the same. I'm not sure life has a meaning, in the abstract. But it can have a definite purpose, if you decide so — and the carrying through, the effort to realize the purpose, makes the meaning for you.

It's like alchemy. The alchemists were on a futile quest, we know. There wasn't a philosophers' stone, & they couldn't make gold. But after many years of patience exercised, the alchemist saw he he had developed tenacity, vision, patience, hope, precision — a range of subtle virtues. He had the spiritual gold, and he understood his life in the light of it. Meaning had emerged.

With my best wishes for your future —

Nick Santé

115

Julian Fellowes

줄리언 펠로우스

배우, 프로듀서, 소설가, 시나리오 작가. 에미상과 아카데미상을 포함해 수많은 상을 받았으며, 골든 글로브상과 토니상에 각 한 차례, 영국영화방송예술아카데미상에 네 차례, 로런스 올리비에상에 두 차례 후보로 이름을 올렸다. 미국 아카데미에서는 『고스포드 파크』로 각본상을 받았다. 브로드웨이 뮤지컬 『메리 포핀스』(2006)와 『스쿨 오브 락』의 각본을 맡기도 했다. 소설 《스노브(Snobs)》와 《패스트 임퍼펙트(Past Imperfect)》는 모두 〈선데이타임스〉 베스트셀러에 올랐다.

"다음 세대 사람들이 앞으로
나아가는 모습을 볼 때면
기쁩니다."

답장이 늦어 죄송하다는 말씀을 먼저 드립니다. 보내주신
편지에 감사드리며, 최선을 다해 제 생각을 말씀드리려
합니다. 행복은 잡기 어려운 개념입니다. 물론 많은
사람('대부분'이라고 말하고 싶지만, 조금 과한 표현일 수도
있을 것 같습니다)이 삶에서 아주 크고 진실된 행복의
감각이 차오르는 짧은 순간들을 겪습니다. 저는 확실히
경험했습니다. 그러나 마음 상태의 관점에서 보면,
'행복'보다는 '만족'이라는 표현이 더 적확한 듯합니다.
우리는 지금 만족하고 있나요? 일생에 걸쳐 추구해온
것들이 우리에게 만족을 줬나요? 이게 수수께끼입니다.

우선 우리 삶의 목적이 무엇이었는지, 그 목적이 우리를
행복하게 해줬는지 평가한다고 할 때, 이러한 것들에
대한 통제력이 우리에게 얼마나 있는지가 의문이군요.
제 경우를 말씀드리자면, 저는 어렸을 때부터 상당히
야망이 컸습니다. '성공'에 대한 생각을 처음 한 순간부터
그 생각은 깨어 있을 때나 잠들어 있을 때나 한시도 제
머릿속을 떠나지 않았어요. 저는 형제 중 한 명에게 어린
시절 내내 심한 괴롭힘을 당했고, 그렇다 보니 자연스레
본때를 보여주고 말겠다는 각오를 하게 됐거든요. 하지만
그 시절은 다른 면들에서는 상당히 즐거운 시절이기도
했습니다. 서로 사랑하고 아끼는 부모님이 계셨고, 스스로
부자라고 생각했던 적은 없지만 저희 가족은 확실히

117

부유했습니다. 생일 케이크도 받았고, 조랑말도 있었으며, 스위스와 스페인으로 여행을 가기도 했으니까요.

이런 배경을 생각하면 왜 그토록 성공에 목을 맸는지 잘 모르겠지만, 아무튼 저는 성공에 목을 맸습니다. 젊은 시절 저는 빛나고 싶다는 생각밖에 없었고 그때의 제가 보기에 가장 빛나는 사람들은 영화배우들이었기 때문에, 영화배우가 되고 싶었습니다. 제가 몹시 평범하고 재능도 애매하다는 사실은 저를 막을 수 없었어요. 결국 제 정신력을 증명하며 배우로서 일정 수준 성공을 거뒀습니다만, 배우라는 직업이 아주 잘 맞는다고는 할 수 없었습니다. 40대가 되기 전에 대니 보일Danny Boyle이 감독한 BBC 미니 시리즈에 주연으로 출연했고, 제임스 본드 영화에도 출연했으며, 카트린 드뇌브Catherine Deneuve, 앤서니 홉킨스Anthony Hopkins와 영화를 찍었습니다. 하지만 다른 사람이 맡았으면 더 잘했을 거라고 확신합니다. 순전한 제 선택으로 다섯 번째 시즌에서 떠나기는 했으나 인기 시리즈의 고정 배역을 맡기도 했지요. 이로써 저는 연기가 평균 수준에 불과하더라도 광적이라고까지 할 수 있는 결심만 뒷받침되면 어느 정도 성공을 거둘 수 있다는 사실을 증명한 것이나 다름없습니다.

작가라는 두 번째 직업에 있어서는 제가 그렇게까지
사기꾼은 아닌 것 같네요. 작가로서 저는 과거에도 그랬고
지금도 감동적이며 재미있고, 그러면서 코미디는 아닌
이야기를 쓰는 데 탁월한 재능이 있는 것 같습니다.
여기에 강렬한 시각적 연출이 더해진 드라마들로 대중적
지지를 이끌어냈으니까요. 다시 한 번 말씀드리지만, 이
성공은 창조적 성취를 이루고 싶은 훌륭한 예술적 동기가
아니라, 자아의식이 생긴 그 순간 내렸던 성공을 향한
결심에서 비롯된 결과라고 생각합니다. 그 결심은 결코
약해진 적이 없습니다.

그렇지만 저도 변화한 부분이 있습니다. 젊은 시절에는
야망이 없는 사람들을 이해하지 못했습니다. 자신에게
주어진 환경에 만족하고 가족과 함께하는 삶이나
지역사회에 봉사하는 데 더 큰 비중을 두는 사람들
말입니다. 베일리 씨가 생각하시는 '행복한 상태'의
기준에는 맞을지 모르지만, 저는 정말 이해할 수
없었습니다. 그런 제게 변화가 생겼습니다. 이제 저는
부나 명성을 추구하지 않으며 소박하고 진솔하고 근면한
삶을 살아가는 사람들을 볼 때, 그 선택으로 얻는 보상이
무엇인지 이해합니다. 전에 없던 수준으로 그들의 삶을
존중하고 있습니다. 주목받기 위해 정신없이 달려온 저의
삶보다 훨씬 기품 있는 삶의 방식이라고 느끼게 됐습니다.

하지만 저는 그것이 제 길이었을 수도 있겠다고 느낄 만큼 많이 변하지는 않았습니다.

어떤 의미에서 글을 쓰는 작업은 제가 늘 추구해온 것, 즉 어느 정도의 부와 명성 그리고 갖가지 이점을 가져다줬습니다. 상도 여럿 받았습니다. 어린 시절 샴푸 병을 트로피 삼아 몇 번이나 받았는지 모르는 오스카상을 실제로 수상하기도 했고요. 제가 성장 과정에서 꿈꿔온 것들이 결실을 이룬 것입니다. 그렇다면 여기에서 당연히 이러한 질문이 나올 것입니다. 이 모든 것이 나를 행복하게 만들었나? 마음 같아선 그렇다고 답하고 싶습니다. 확실히 저를 불행하게 만들지는 않았습니다. 하지만 불타오르는 야망의 본질은 결코 완전히 꺼지지 않는다는 것입니다. 아직 할 수 있는 것도 많고 얻을 것도 많으니, 제가 행복이라고 하는 상태에서 푹신한 쿠션에 기대어 책을 읽으며 편히 쉬게 될 것 같지는 않습니다.

감사하게도 저는 개인적 삶에서 커다란 행운을 얻었습니다. 비할 데 없이 훌륭하고 특별한 사람인 에마와 결혼해 34년을 함께 보내왔고, 자랑스러운 아들 페레그린이 해낸 것들을 보며 감격하기도 합니다. 이러한 것들이 행복으로 간주될 수 있을 것 같고, 실제로 두 사람은 아마도 제가 얻을 수 있는 행복의 상태에 가장 가까운 걸 제게 줬을 것입니다. 물론 저의 여정이 끝날 때까지 야망이라는 사냥개도 지치지 않고 저를 바싹 뒤쫓을 테지만 말입니다.

끝으로 드리고 싶은 말씀은 올해 75세라는 적지 않은 나이를 앞두고 있다 보니, 제가 원래도 그랬는지 안 그랬는지는 잘 모르겠지만, 타인에게 더 너그러운 마음을 낼 수 있게 됐다는 것입니다. 저는 앞으로도 어떤 프로젝트에든 참여해야 하리라는 것을 다시금 깨닫습니다. 단순히 감독 역할에 그칠지라도 상관없습니다. 아들이나 아들의 동년배들이 자신이 선택한 일에서 앞으로 나아가는 모습을 볼 때면 기쁩니다. 제 세대 사람들 중에는 시간이 계속해서 흐르고 지나간 일은 돌이킬 수 없다는 사실에 괴로워하는 이들도 있습니다. 저는 그렇지 않습니다. 많은 성공을 거뒀고 그 성공을 누렸으니, 이제 다음 세대의 차례입니다. 이 사실을 인정함으로써 저는 세상의 흐름을 받아들일 수 있었고, 일종의 만족감을 발견하지 않았나 싶습니다.

_귀하의 안녕을 기원하며, 줄리언

Michael Frayn

마이클 프레인

극작가이자 소설가. 희곡 《코펜하겐(Copenhagen)》, 《민주주의(De-mocracy)》, 《시간이 흐른 뒤(Donkey's Years)》 등과 소설 《아침이 끝날 무렵(Towards the End of the Morning)》, 《곤두박질》, 《스파이(Spies)》 등을 썼다. 희곡과 소설 모두에서 성공한 몇 안 되는 영어권 작가로 인정받는다. 빠른 전개가 돋보이는 극중극 형식의 소극 『노이즈 오프(Noises Off)』는, 한 극단에서 벌어지는 우스꽝스러운 해프닝을 그린 작품으로, 영국에서 장기간 공연됐으며 국제적으로도 흥행을 거뒀다.

"삶처럼 거창한 것보다는
 좀 더 작은 것에서부터
 의미를 찾아보는 건 어떨까요?"

삶의 의미를 향한 다양한 시선을 다루는 앤솔로지에 참여할 수 있도록 초대해주셔서 감사드립니다. 그러나 유감스럽게도 제가 답변하기 어려운 질문이군요. 두 단어의 통상적 의미에서 볼 때 '삶'이 어떻게 '의미'를 가질 수 있는지 저로서는 이해하기 어렵기 때문입니다. 이럴 때는 좀 더 작은 것에서부터 시작하는 것도 하나의 방법이 될 듯합니다. 가령 호두 피클은 어떨까요? 호두 피클이 어떻게 '의미'를 가질 수 있는지 명확히 알게 되면, 런던 헤링게이나 인플루엔자와 같이 좀 더 커다란 것들의 의미로 넘어가는 것이지요. 그렇게 차근차근 나아가는 겁니다.

_마이클 프레인

Jodi Picoult

조디 피콜트

작가. 지금까지 스물여덟 편의 소설을 발표했으며, 그중에는 《작지만 위대한 일들(Small Great Things)》, 《너도 여기 있기를(Wish You Were Here)》, 캐머런 디아스(Cameron Diaz) 주연의 동명 영화로 제작되기도 한 《마이 시스터즈 키퍼》 등이 있다. 피콜트는 낙태, 조력 자살, 인종 간의 문제, 우생학, LGBT 인권, 인간의 생식과 관련한 각종 이슈, 종교, 사형제도, 학교 총기 난사 문제 등 논란이 되는 사안이나 윤리적 쟁점을 다양하게 다룬다. 피콜트의 작품은 34개 언어로 번역 출간됐다.

"살면서 얼마나 많은 사람의 마음을 열었는가?"

답장이 짧아 미안해요, 제임스. 제게 인생의 의미는
살면서 얼마나 많은 사람의 마음을 열었는지에 달린
것이랍니다. 가족에서부터 모르는 사람들에 이르기까지,
짧은 생애를 사는 동안 이 세상을 모두에게 더 공평한
곳으로 만들기 위해 어떤 일을 하고 계신가요?

_조디 피콜트

Apologies for the brief note, James— to me the meaning of life is the measure of how many minds you have opened in your wake. From your own family to the minds of strangers — what are you doing in your brief existence to make the world a more equitable place for all?

x Jodi Picoult

앤서니 호로비츠

50권 이상의 책을 쓴 소설가. 십 대 스파이를 주인공으로 한 《알렉스 라이더(Alex Rider)》 시리즈는 전 세계적으로 2,100만 부가 팔린 것으로 추정되며, 영화와 TV 시리즈로도 제작됐다. 두 권의 공식 '셜록 홈스' 소설을 썼으며, 이언플레밍재단의 의뢰로 제임스 본드 시리즈 후속 소설도 썼다. 《맥파이 살인 사건》으로 각종 상을 받았다. 문학에 기여한 공로로 대영제국 3급 훈장도 받았다.

Anthony Horowitz

"반려견과 산책 후 갖는 티타임.
나를 나아가게 하는 것은
이런 작은 즐거움"

흥미로운 편지를 보내주셔서 감사합니다. 삶에서 의미, 목적, 충만감을 찾는 것은 상당히 어려운 일이 아닌가 생각합니다. 까다롭고 뒤죽박죽에 굉장히 짧은 게 우리 인생이니까요. 그래서 저는 묻지 않는 게 더 나을 법한 질문들을 던지고 '커다란' 답을 찾으려고 하는 종교가 늘 싫습니다. 저는 완벽한 행복의 순간을 경험하며 살아갑니다. 반려견과 오래 산책한 뒤 초콜릿 비스킷을 곁들여 차를 마시는 게 그중 한때인 것 같네요. 강렬하진 않으나 흠잡을 데 없는 순간입니다. 저를 나아가게 하는 것은 이런 작은 즐거움이에요. 그런 순간들을 누리려면 살아 있어야겠죠? 도움이 되는 답변이었길 바랍니다.

_언제나 행운이 함께하기를, 앤서니 호로비츠

30 November 2017

Dear Mr Bailey,

Thank you for your interesting letter.

I think it is very hard to find meaning, purpose or fulfilment in life because life is so very messy, difficult...and short. It's why I've always disliked religion which tries to find "big" answers to questions that really it's better not to ask. But I do experience moments of perfect happiness...a cup of tea and a chocolate biscuit after a long walk with my dog might be one of them. Not profound, perhaps, but immaculate. It's the small pleasures that keep me going – and you have to be alive to enjoy them.

I hope this helps.

Best wishes,

Tony Wheeler

토니 휠러

출판 사업가, 여행 저술가. 아내 모린 휠러(Maureen Wheeler)와 여행 가이드북 출판사 론리플래닛(Lonely Planet)을 창업했다. 유럽과 아시아를 여행한 뒤 1972년에 멜버른에 도착해 1973년 첫 책 《저렴하게 떠나는 아시아 여행(Across Asia on the Cheap)》을 펴내고, 이를 시작으로 론리플래닛 제국을 키워냈다. 여행 서적 출판인으로서 비즈니스와 상업 부문 발전에 기여하고, 다양한 예술 및 구호 단체를 후원한 공로로 호주 2급 국민훈장 오피서 훈장을 받았다.

"역사, 유물, 문화,
 세상의 수많은 뒷이야기를
 발견하는 게 좋습니다."

제 인생의 의미 말이죠? 이제 와 뭔가 아주 쓸모 있는
일을 새롭게 시도하기에는 늦은 감이 있으니, 지금껏
살아온 삶의 모습을 계속 이어갈 듯합니다. 제 여생에
그렇게 커다란 변화는 없을 것 같네요. 다음 생에서는
조금 다르게 살아보고 싶군요. 우선 언어를 배우는 데
더 큰 노력을 기울일 것 같아요. 네, 저는 맥주를 꽤 많은
언어로 주문할 수 있어요. 차가운 맥주는 스페인어로
'cerveza fría(세르베사 프리아)', 인도네시아어로는 'bir
dingin(비르 딩인)', 독일어로는 'kaltes bier(칼테스
비어)'예요. 하지만 이뿐이죠. 그 외에는 할 수 있는
말이 별로 없답니다. 다음 생에서도 제가 정치적으로든
사회문화적으로든 대단한 일을 할 것 같지는 않으니,
지금까지의 제 삶을 있는 그대로 받아들이고 앞으로도
이렇게 살아가야 할 것 같습니다.

제 삶은 '여행', 이 한 단어로 요약됩니다.
저는 이제 말년에 접어들었습니다만, 여행이 제 삶의
전부였다고 말하려면 뭔가 해명을 해야 할 것 같은 기분이
들기도 합니다. 오늘날의 세상이 너무나도 큰 고통을
겪고 있으니까요. 기후변화와 오버투어리즘, 여행으로
말미암은 모든 끔찍하고 부정적인 영향에 대해 뭐라고
해야 할까요? 집에 들어앉아 문을 걸어 잠그고 아무데도
가지 않으며, 제가 평생에 걸쳐 일으킨 모든 피해를

바로잡기 위해 아주 작은 노력이라도 시작해야 할까요? 물론 그렇게 할 수도 있겠지만, 지금부터 1,000마디 말로 여행의 긍정적인 면을 옹호할 수도 있을 것입니다. 여행이 우리가 세상을 만나는 하나의 방법이라는 점, 많은 사람에게 일자리를 제공한다는 점, 패스트패션 열풍에서부터 암호화폐 채굴에 이르기까지 인류가 환경을 파괴하는 수많은 다른 활동과 비교하면 더 나쁜 것도 아니라는 점 등을 근거로 들 수 있겠죠. 그래서 굳이 애써 저를 변호하진 않으려 합니다.

현실은 그저 제 일이 여행과 깊이 관련된 것이었고, 은퇴한 지 오래된 데다 삶의 마지막을 향해가고 있는 이 시점에서도 저는 여행을 가장 좋아한다는 겁니다. 사실 여행 중독은 일을 하기 전부터 시작됐어요. 어릴 때도 어딘가로 가서 새로운 장소를 본다는 것의 매력에 푹 빠져 우표를 모으고, 지도를 그리고, 크리스마스 선물로 지구본을 받고 싶어 했죠. 그러다 대학 시절 후반에 여행을 시작했고, 얼마 지나지 않아 좋아하는 일을 직업으로, 인생의 이야기로 바꿀 방법을 찾았지요. 론리플래닛 말입니다.

미숙했던 첫 번째 가이드북은 답장을 쓰고 있는 지금으로부터 정확히 50년 전에 우연히 탄생했습니다.

커리어를 쌓기 위해 이른바 '히피 트레일(1960년대 서구 여행자들이 주로 지나던 아시아 내륙 여행 경로)' 여행을 떠난 것은 아니었어요. 당시 베이비붐 세대의 다른 많은 젊은이가 그 길을 따라 같은 여행을 하고 있었고, 솔직히 저보다 훨씬 대단한 여행을 해낸 사람이 넘쳐났지요. 멀리, 오래, 더 깊은 이해를 바탕으로 더 많은 모험을 겪으며 여행한 사람들이요. 하지만 그들은 세대를 넘어 추구할 무언가를 자신의 경험에서 찾지 못한 반면, 저는 찾았어요.

첫 가이드북이 나오고 50년이 지난 지금도 당시 저희 두 사람이 어떻게 론리플래닛을 만들게 됐는지 이야기해달라는 요청을 받곤 합니다. 론리플래닛은 처음부터 아내 모린과 제가 함께 시작한 일이었고, 저 혼자만의 노력으로 이룬 게 아니에요. 아무튼 저는 굉장히 자랑스럽습니다. 이미 말씀드린 것처럼 여행에는 좋은 점만 있지 않고, 꽤나 부정적인 면도 있습니다. 하지만 전반적으로 제 평생 일어난 여행 혁명은 좋은 쪽으로 놀라운 영향을 일으켰다고 생각합니다. '저희'만 세상으로 나가 '사람들'을 만난 게 아니라, 반대로 세상도 저희와 소통하기 위해 다가왔으니까요.

그 사실을 다양한 형태로 발견합니다. 론리플래닛

가이드북을 제작하는 작가, 조사원, 편집인, 지도
제작자들을 집 근처(또는 회사 근처)에서 정기적으로
만나는데, 그럴 때면 이 직원들이 자신들이 만들고 있는
이 책에 굉장한 열의가 있다는 걸 예외 없이 목격합니다.
'인생 직업'이라는 말도 자주 듣는데, 그럴 땐 이들의
모험과 놀라운 만남, 여행을 의미 있게 만들어준 모든
경험에 관한 이야기도 어김없이 따라옵니다. 그리고
다른 한편에는 이 가이드북을 들고 자기만의 모험을
즐기러 떠난 분들이 있습니다. 이분들은 제가 50년
넘는 세월 동안 만들어온 가이드북에 대해 믿기 어려울
정도로 너그럽고 과분한 칭찬과 의견, 감사의 마음을
보내주셨습니다.

저는 그 사이에 있는, 인연이 닿아 알게 된 사람들의
이야기도 좋아합니다. 몇몇 개발도상국 호텔들은
저희가 호평한 덕분에 고객을 유치하고 사업적으로
성장할 수 있었습니다. 그리고 이곳 소유주들은 세상을
보는 자신들의 관점이 옳았음을 증명했습니다. 이들은
팬데믹에 따른 경기 침체기에 엄청난 사비를 들여
직원들에게 임금을 지급했어요. 또 건강이나 교육
프로젝트들을 지원하며, 자신의 사업 외적인 분야에서
'좋은 일'을 계속해온 사람들도 있습니다. 저희도 운
좋게 이 프로젝트들에 힘을 보탤 수 있었습니다. 제

여행 이야기는 경제적으로도 성공을 거뒀지만, 사실
제게는 성공을 보여주기 위한 재산과 트로피가 필요하지
않았습니다. 제가 가진 재원을 가치 있는 프로젝트들에
투입하는 것이 훨씬 만족스러웠습니다. 여행을 떠나면
중간중간 학교나 병원, 과학 프로젝트, 나아가 난민
캠프 등 저희가 작게나마 도움을 준 곳들에 들러 상황을
확인하곤 합니다.

일과 자선 활동 등 모든 걸 제외하면 남는 것은 제가
여행을 좋아한다는 단순한 사실입니다. 저는 새로운
곳을 보고, 역사, 유물, 문화, 세상의 수많은 뒷이야기를
발견하는 게 좋습니다. 세상에서 가장 좋아하는 데가
어디냐는 질문을 받으면 공항 라운지라고 답하곤 합니다.
그곳이 좋은 건 제가 어디론가 떠나는 중이라는 게 실감
나기 때문입니다. 물론 저의 두 발과 자전거도 여전히
변함없이 좋아하는 이동 수단입니다.

_토니 휠러

Pico Iyer

피코 아이어

열여섯 권의 책을 쓴 수필가이자 소설가. 달라이 라마(Dalai Lama)에서 글로벌리즘, 쿠바 혁명에서 이슬람 신비주의까지 다양한 주제를 다룬다. 대표작으로는 《비디오 나이트 인 카트만두(Video Night in Kathmandu)》, 《레이디와 수도자(The Lady and the Monk)》, 《글로벌 소울(The Global Soul)》, 《오픈 로드(The Open Road)》, 《여행하지 않을 자유》 등이 있다. 1992년부터 일본 교외에 거주하며, 미국 캘리포니아주 빅서 지역에 있는 베네딕틴 은둔소를 오가며 생활하고 있다.

"자신을 뒤로하고
다른 이들에게 닿으려 할 때,
그때 삶의 의미는 나타납니다."

"삶의 의미를 찾고 싶다고 말할 때, 사람들이 정말로 찾고 있는 것은 삶에 대한 깊은 경험이다." 여든셋의 나이에도 변함없이 활기찼던 조지프 캠벨Joseph Cambell은 세상을 떠나기 7개월 전, 스무 명 앞에서 이렇게 이야기했습니다. 서른일곱 해가 지난 지금도 저는 캠벨의 이 말을 잊을 수가 없습니다. 삶의 의미를 한 마디로 정의하는 건, 빛의 기울기를 각각의 음절로 표현하려는 시도처럼 적절하지 않게 느껴집니다. 반면 말로부터 ㅡ시간으로부터, 근심으로부터, 심지어 제 자신으로부터ㅡ 벗어나는 순간은 무척 본질적이라, 삶과 그 의미에 대한 걱정으로부터도 해방되지요.

저는 '무아지경'에 이르는 두 가지 방법을 발견했습니다. 하나는 매일 실천하는 글쓰기이고, 다른 하나는 은둔소에서 행하는 침묵입니다. 글쓰기는, 업으로 삼고 있는 사람이라면 알겠지만, 상상할 수 있는 가장 난감하고 견디기 어려우며 진 빠지는 일의 연속입니다. 등을 돌리고 한마디도 하지 않으려 하는 연인과 같지요. 하지만 그 무엇도 글을 쓰며 제가 스스로를 벗어나 저보다 훨씬 현명한 무언가에 목소리를 부여할 때 찾아오는 순수한 기쁨, 가장 위대한 모험의 순간들의 가치를 퇴색시키지 못합니다. 그때 제 안에 있는 줄도 몰랐던 무언가가 드러나고, 제가 글을 만드는 게 아니라 글이 저를 만듭니다.

베네딕틴 은둔소에 처음 3일을 보내러 갔을 때, 저는
그곳이 이상하고 어색하게 느껴지거나, 아니면 제가
그렇게 행동할까 봐 걱정했습니다. 저는 교인이
아니거든요. 그러나 작은 방의 침묵 안으로 발을 들여놓은
순간, 모든 의심이 사라졌습니다. 그곳까지 운전해서
가는 동안 커질 대로 커진 마음속 모든 투쟁, 불안,
도그마도 사라졌습니다. 침묵은 우리 모두의 것이며,
그 어떤 기록과 교의보다 깊은 차원에서 우리에게 말을
건다는 사실을 깨달았습니다. 맥동하는 침묵, 그 생기
넘치고 활발한 침묵 가운데에서(단순히 소음이 부재한
상태가 아닙니다), 저는 비어 있음과 차 있음을 동시에
느꼈습니다. 제 자신과 저의 작은 계획들이 비워지고,
제 정원의 토끼, 울타리에 드리운 햇빛, 아득히 펼쳐진
바다 위 태양처럼 저를 둘러싼 찬란하고 영속적인 것들로
채워졌습니다.

아이러니하게도 두 활동에서 제가 얻고자 한 것은,
오롯이 홀로 있는 고독 속에서 평소 너무 자주 잃곤 하는
깊은 내면을 다시 마주하고, 세상과 친밀히 연결되는
것이었습니다. 침묵으로 되돌아가기 시작하면서(베네딕틴
은둔소에서 100번 이상 은둔에 들어갔고, 그렇게 한 지

32년이 넘었습니다), 저는 고독이 공동체와 연민을 더욱 잘 이해하기 위한 수단이라는 것을 알아차렸습니다. 그 텅 비고 조용한 방에 앉아 있을 때보다 덜 외로웠던 적은 없습니다. 제가 아끼는 모든 사람이, 그들이 방 저편에 서 있다고 할 때보다 훨씬 더 가깝고 생생하게 —그리고 더 황홀하게— 느껴졌습니다.

침묵은 글쓰기와 마찬가지로 인생의 의미가 다른 사람들과 그것을 나누는 데서 비롯된다는 것을 가르쳐주었습니다. 하지만 때때로 저는 책상 앞에서 또는 바다가 내려다보이는 제 방에서 혼자가 돼야 합니다. 다른 사람들에게 전하고 싶은 것들을 모으거나 생각해내기 위해서 말입니다. 춤이든, 그림 그리기든, 요리든, 바이올린 연주든, 어떤 활동인지는 중요하지 않습니다. 이를 통해 자신을 뒤로하고 다른 이들에게 닿으려 할 때, 의미는 나타납니다.

_피코 아이어

Gayatri Chakravorty Spivak

가야트리 차크라보르티 스피박

인도계 미국인 학자, 문학이론가, 페미니스트 비평가. 컬럼비아 대학 교수이자 동 대학 비교문학과 사회 연구소 창립 멤버이며, 영국 학술원 회원(FBA)이다. 가장 영향력 있는 포스트 식민주의 지식인 중 한 명으로 꼽힌다. 2012년에 교토상 예술과 철학 부문을 수상했고, 2013년에는 인도의 최고 훈장 중 하나인 파드마 부샨을 받았다.

"저는 인정받는 것을 좋아합니다."

제게 삶은 삶 그 자체를 의미합니다. 저는 인정받는
것을 좋아합니다. 제 일을 하는 이유는 강한 동기가
있어서입니다. 제 삶의 목적은 사회 정의가 언제까지나
계속되도록 노력하는 것이라고 말씀드리겠습니다. 사실
제 '목적'은 외부의 부름으로 정해진 것 같습니다. 충분한
답변이 되었기를 바랍니다.

_가야트리 차크라보르티 스피박

Dear Mr. Bailey:

For me life means itself. I like recognition. I do what I do because I'm driven. If asked, I say my purpose is to continue social justice indefinitely into the future. In fact, my "purpose" seems to be dictated from calls that come from outside.
I hope this suffices. Thank you for including me in your august list,

Gayatri Chakravorty Spivak

[signature]
1/19/18

아몰 라얀

저널리스트, 방송인, 작가. 예브게니 레베데프(Evgeny Lebedev)의 고문으로 일했으며, 2013년에 레베데프가 소유하고 있는 〈인디펜던트〉의 편집장으로 임명됐다. 2016년에는 BBC의 첫 번째 미디어 에디터가 됐고, 2021년부터 BBC 라디오 4 프로그램 『투데이(Today)』의 진행을 맡고 있다. BBC 라디오 2에도 출연하고 있으며, 2023년부터 제러미 팩스먼(Jeremy Paxman)의 후임으로 퀴즈쇼 『유니버시티 챌린지(University Challenge)』도 진행하고 있다.

Amol Rajan

"소중히 여기는 사람들의 사랑에서 기쁨을 느낄 때"

친애하는 제임스(이렇게 친근히 불러도 될지 모르겠습니다),
제게 인생의 의미를 묻는 편지를 보내주셔서 정말
고마워요. 인생에 특정한 의미가 있는지는 모르겠어요.
우리는 경외심을 느끼지 않을 수 없는 진화적 힘의
산물이긴 하지만, 저는 인생에 가치가 있다고 생각해요.
그리고 그 가치는 참된 지식을 추구하고, 동료 영혼들의
고통을 이해하고, 우리가 소중히 여기는 사람들의
사랑에서 기쁨을 느낄 때 발견되지요. 멋진 프로젝트에
행운을 빕니다.

_아몰 라얀

Dear James (if I may), Thank you very much indeed for your letter (date unknown) about the meaning of life. I don't know if life has a particular meaning. We are the product of evolutionary forces that impel onto. But I do think life has value. That value can be found by searching for true knowledge, feeling the suffering of our fellow souls, and enjoying the love of those we most treasure. Best of luck with your wonderful project

WITH COMPLIMENTS FROM THE EDITOR'S OFFICE

2 Derry Street
London, W8 5HF

Independent Print Limited
Registered in England number 7148379
Registered office: 2 Derry Street, London W8 5HF

4.11.2015

Alan Ayckbourn

앨런 에이크본

극작가이자 감독. 여든 편 이상의 장편 희곡을 집필하고 제작했다. 1972~2009년 영국 스티븐조지프 극장 예술감독을 역임했고, 이곳에서 그의 거의 모든 작품이 초연됐다. 로열내셔널시어터를 비롯한 웨스트엔드(런던의 극장 밀집 지역) 지역 극장과 극단 로열셰익스피어컴퍼니에서 그의 작품이 마흔 편 이상 제작됐으며, 수많은 찬사를 받았다. 런던 이브닝 스탠더드상을 일곱 차례 수상했고, 2009년 로런스 올리비에상, 2010년 토니상 특별상인 연극 부문 평생 공로상을 받았다.

"왜 글을 쓰고 있는지,
왜 아직 살아 있는지
모르겠어요."

굉장히 흥미롭고 재미있는 프로젝트네요. 60년 전, 제가
전문 극작가이자 감독이 되기 직전 무섭게 성장하고
있던 때라면 선생님의 질문에 주저 없이 답할 수 있었을
겁니다. 흔히들 하는 말처럼, 그때 저는 온 세상이 제
발아래 있는 것 같았거든요. 그런데 요즘은 온 세상이 제
등을 짓누르는 것 같습니다. 제가 왜 글을 쓰고 있는지,
정말 왜 아직 살아 있는지도 모르겠어요. 아마 글을 쓰는
일은 제게 숨 쉬는 것만큼이나 반사적인 일인 듯합니다.
제가 드릴 수 있는 말씀은 이게 답니다.

아무래도 선생님께서 제게 질문할 시기를 크게 잘못
잡으신 듯합니다. 제 답을 짧게 정리하자면 '알 게
뭐야?'겠네요. 행운을 빌어요.

_앨런 에이크본

25th November 2017

Dear James Bailey,

What a fascinating project.

Sixty years ago with a burgeoning acting career on the verge of being a professional playwright and director, I would probably have readily answered your question. I felt, as they say, that the world was at my feet. These days, alas, I sense very much it is on my back. I have no idea why I write nor indeed why I'm still alive. Probably the writing is as much a reflex for me as breathing. That's all I can say.

Sorry but you caught me at the wrong end of my existence. My brief answer: What the hell?

Best wishes,

Yours sincerey,

Alan Ayckbourn

Westborough
Scarborough
North Yorkshire
YO11 1JW
Administration
01723 370540
Box Office
01723 370541
01723 360506
enquiries@sjt.uk.com
www.sjt.uk.com

Scarborough Theatre Trust Ltd
Reg. No. 815227 (England)
Reg. Charity No 253606

사이먼 칼더

여행 전문 기자, 방송인. 첫 직업은 런던 개트윅 공항의 영국 항공 청소부였다. 그러다가 승객들을 수색하는 보안요원으로 일했고, 《히치하이커의 매뉴얼: 영국(Hitch-hiker's Manual: Britain)》을 시작으로 여행 가이드북을 집필하기 시작했다. 이후 암스테르담, 쿠바, 아메리카, 동유럽 여행을 조사하고 가이드북을 썼다. 1994년 지금까지 〈인디펜던트〉 여행 담당 기자로 일하고 있으며, 120여 개국 이상을 여행했다.

Simon Calder

"무한한 지평을 누리는 세대.
여행을 통해 삶의
새로운 의미를 찾는 사람들"

400만 년 전 지구 생명체가 미생물 형태로 처음 진화한 이래로 삶의 의미는 언제나 단순했습니다. 운명 지어진 재생산의 의무를 굳은 결의로 이행하는 것이었죠.

그렇게 진화한 덕분에 21세기의 세 번째 10년을 상대적으로 부유하고 자유로우며 민주적인 국가에서 살아가는 막대한 행운을 지닌 사람들은 최상의 여건을 누리게 되었습니다. 우리는 더는 재생산을 하지 않기로 선택할 수 있습니다. 또 세상이 줄 수 있는 최고의 음식을 먹고 마시며 넷플릭스를 시청한다는 선택지도 얻었지요. 더욱 좋은 건, 우리가 여행을 할 수 있다는 것입니다. 인류의 진화는 탐험을 장려합니다. 사람들을 먹여 살릴 새로운 땅을 발견하고, 유전자 풀을 넓힐 수 있으니까요. 요즘 우리는 대체로 자기 자신의 풍요를 위해 여행을 갑니다. 다양한 땅과 문화, 음식을 경험함으로써 시야와 사고의 폭을 넓히죠.

이전의 어느 세대도 이처럼 무한한 지평을 누리지 못했습니다. 우리는 훨씬 안전하게, 저렴한 비용으로, 지구 끝까지 여행할 수 있어요(최근에는 지구 밖으로도 가죠). 그리고 그 여행의 결과, 많은 사람이 자기 삶에서 새로운 의미를 발견하곤 합니다. 부유한 시민들이 가난한 나라로 여행을 가면, 자연스럽게 그 나라로 부가

흘러들어가기도 하고요. 관광은 일자리를 창출하고
국제간의 이해를 증진시키니까요.

프랑스의 수학자이자 철학자인 블레즈 파스칼Blaise
Pascal은 이렇게 한탄했습니다. "인간의 모든 불행은
자신의 방에 홀로 고요히 머물지 못한다는 단 한 가지
사실에서 비롯된다." 이와 반대로, 아주 먼 곳까지
모험을 떠나고, 그를 통해 우리를 하나로 묶어주는 것이
무엇인지 배울 수 있는 인류의 능력은 진화의 가장 위대한
성취이기도 할 것입니다.

_사이먼 칼더

Monica Heisey

모니카 헤이시

작가, 수필가, 시나리오 작가. 〈가디언〉, 〈뉴요커〉, 〈뉴욕타임스〉 등에 기고하며 작가로 활동하기 시작했다. 이후 『시트 크릭』, 『워킹맘 다이어리』, 『더 클리너』, 『사랑에 대해 내가 아는 모든 것』 등 TV시리즈 집필에 참여했다. 스케치 코미디 TV쇼인 『바로니스 본 스케치 쇼(Baroness von Sketch Show)』로 캐나다 스크린 어워드 코미디 작가상을 네 차례 받았다. 2023년에는 소설 《리얼리 굿, 액추얼리(Really Good, Actually)》를 발표했다.

"서로 연결을 이루어
삶의 온갖 고난과 역경을
공동으로 헤쳐 나가는 것.
이것이 삶의
유일한 목적 같아요."

보내주신 질문은 확실히 매우 중요한 것이죠. 게다가 마침 저도 올해 깊이 생각해온 질문이랍니다. 지난봄에 조카 로즈메리가 태어났어요. 쉬지 않고 꼬물거리는 건강한 아기였습니다. 언니의 커다란 푸른색 눈과 형부의 작고 끝이 둥그런 코를 닮았었죠. 그런데 9일 후, 로즈메리는 잠을 자다 세상을 떠났습니다. 전화 통화를 하는 내내 어머니가 흐느꼈어요. 그때 저는 인생의 의미에 대한 제 감각이 제대로 정의된 적이 없다는 걸, 최소한 한 번도 시험받은 적이 없다는 걸 깨달았습니다. 진짜 비극은 조금도 겪지 않은 채로, 그저 막연하게만 느끼며 흘러왔습니다. 처음으로 진짜 비극을 마주하고는 의미를 찾아 헤맸지만 그런 것은 없었습니다. 아무런 경고도, 어떤 원인도 없었어요. '이유가 있어서' 그런 일이 일어난 게 아니었답니다. 갑자기 끔찍한 일이 벌어졌고, 이제 우리 삶은 영원히 바뀌었죠. 로즈메리는 삶을 경험하지 못하고 떠났습니다. 허무주의가 빠져나올 수 없는 해류처럼 저를 휘감고 발목을 잡아당겼습니다. 얼마든지 그대로 가라앉을 수 있었어요.

그런데 며칠, 몇 주가 지나자 로즈메리의 허무하고 참혹한 죽음이 이번에는 제게 삶의 목적을 가르쳐줬습니다. 최소한 삶을 정의할 수 있는 방법을 보여줬어요. 처음에 저는 어떻게든 장례식을 치르는 동안 우울하고

혼란스러운 상태로 홀로 애도하고 있을 거라고
예상했습니다. 이토록 커다란 비극이니, 외로울 수밖에
없다고 생각했죠. 하지만 그 시기에 저는 사람들로
둘러싸여 있었습니다. 오랜 친구들이 모였어요. 언니와
형부를 위로하기 위해 먼 거리를 달려온 그들은 사진을
보며 영원히 알 기회가 없는 사람의 모습을 기억에
담았지요. 오래전 이혼한 부모님이 함께 찾아와 당신들의
장성한 세 자녀가 기댈 곳이 돼줬어요. 들어본 적도 없고
앞으로도 만날 일 없을 육촌, 팔촌들에 대한 이야기를
늘어놓는 먼 친척들, 어려운 후반전을 앞두고 모인 축구팀
같은 언니의 직장 동료들도 있었어요. 전혀 예상치 못한
사람도 있었지요. 제 이혼 변호사가 직접 만든 스콘 한
박스와 클로티드 크림을 들고 나타났거든요. 저는 감정이
마비돼 표류하는 대신 고통스러울 정도로 살아 있음을
느꼈습니다.

깨닫고 보니 저희는 로즈메리 커뮤니티 속에 있었죠.
물론 저희의 커뮤니티이기도 했고요. 각자의 생활과
물리적 거리와 팬데믹 때문에 오랫동안 보지 못한
얼굴들이 그곳에 있었습니다. 그때 저는 그 사람들이 제
삶에서 사라진 게 아니었다는 걸 알 수 있었어요. 우리는
'연락이 끊긴 것'이 아니라, 그저 밥벌이를 하고, 자녀를
기르고, 삶이 던지는 일들을 처리하느라 바빴던 거였어요.

그렇지만 이렇게 그들을 필요로 하는 상황이 생기자 기꺼이 나타난 것이죠. 서로 연결되어 삶의 온갖 고난과 역경을 함께 헤쳐 나가는 것, 이것이 우리에게 있는 유일한 목적이라는 생각이 점점 더 들어요. 저는 제가 목적이라고 느끼는 다른 모든 것, 즉 예술을 생산하고 소비하는 일, 더 나은 사회나 더 나은 지구를 위해 집단적 노력에 동참하는 일, 사랑하는 사람들의 이야기에 진심으로 귀 기울이는 일 역시도 그러한 연결을 향한 길이라고 생각합니다. 이 활동들을 통한 연결 덕분에 삶이 더 풍요로워지기도 하죠.

행복과 관련해서도 답을 하자면, 저보다 통찰력 있는 많은 분이 행복 대신 만족을 위해 노력하라고 조언하곤 합니다. 그 말씀이 맞다고 생각해요. 그렇지만 저를 무조건 행복하게 만들어주는 것들도 있어요. 이것들을 경험할 기회를 찾고 만들어가며 만족을 얻는 것 같아요. 친구들의 웃음, 바에서 책 읽기, 비현실적으로 느껴질 만큼 잘 어울리는 청바지, 좋은 소문, 굿모닝 키스, 커피, 약간 숙취가 있는 상태에서 하는 산책, 맑은 날의 햇빛이 닿지 않는 그늘, 콘 브레드, 고양이, 뭔가 새로운 것에 서툴 때 느껴지는 들뜸, 복싱(관련된 것 모두), 3~5시간 동안 소스 만들기 등이 그래요. 실제 목록은 이보다 더 길지요. 끊임없이 길어지고 있어요. 그리고 저는 이 내용들을 계속해서 파악해두는 걸 중요하게 여깁니다.
행복이란 자신에게 개인적으로 의미 있는 게 뭔지 알고,
그걸 실행하는 게 아닐까요? 한 바퀴 돌아 다시 원점에
이른 것 같아요. 이렇게 처음으로 돌아가는 자연스러운
결론도 저를 행복하게 만드네요. 목록에 써넣어야겠어요.

_늘 좋은 일이 가득하시길, 모니카 드림

도나 애시워스

Donna Ashworth

시인. 정신 및 정서 건강에 도움이 되는 동기부여 콘텐츠로 유명하다. 코로나19 봉쇄 기간에 사람들에게 희망, 평온, 위안을 주고 싶어 온라인에 글을 올리며 주목받기 시작했다. 대표작 《와일드 호프(Wild Hope)》 역시 사람들이 지치고 힘들고 우울한 날에 희망, 평화, 자기 수용, 영감을 찾도록 돕기 위한 내용으로 구성돼 있다.

"삶의 의미는 작은 것들 속에 깃들어 있답니다."

삶의 의미요?
제가 아는 건,

이 모든 것의 이유,
우리가 여기에 있는 이유는……
그건 전부라는 거예요.
그 지문指紋은 당신만 보여줄 수 있어요.
당신이 봄과 어우러지며 자라는 모습,
그리고 물러나
겨울과 함께 잠드는 모습.
우리 한 명 한 명은
우주에서 온
반짝이는 파편이에요,
특별하고, 저마다 달라요.
하지만 또 같아요.
우리는 모두 이 삶이라는 게임을 하러 모였는데,
왜 왔는지 잊어버리곤 해요.
생각과 판단이 원망스러울 때가 있어요.
연결돼야 하는 때인걸요.
우리가 깍지에 깍지를 끼고 나무들을 감싸 안는다면
어떨까요.
쥐들의 경주 같은 무의미한 경쟁에 무릎 꿇고 싶지
않아요.

우리는 평화를,
달콤한 해방을 원해요.
하지만 우리는 잘못된 곳을 헤매요.
바닥없는 우물에서
우리의 흔적을
찾아 헤매요.
우리는 천국과 지옥을
이야기하지만,
사실 그건
우리 마음속에도 있어서
그렇게 다르지 않을지도 몰라요.
어쩌면요.

삶의 의미요?
삶은 작은 것들 속에 깃들어 있답니다.

_도나 애시워스

Gyles Brandreth

자일스 브랜드리스

작가, 방송인, 배우, 전직 하원의원. 어린 시절 회고록인 《오드 보이 아웃(Odd Boy Out)》, 《오스카 와일드 머더 미스터리(The Oscar Wilde Murder Mysteries)》를 포함한 아홉 편의 추리소설과 전기 《엘리자베스(Elizabeth: An Intimate Portrait)》, 《필립(Philip: The Final Portrait)》 등을 썼다. 최근 작품에는 영어식 유머와 재치가 돋보이는 《인생은 불친절하지만 나는 행복하겠다》, 《할머니 가방에 들어가셨어요?(Have You Eaten Grandma?)》가 있다.

"바쁜 사람이
  행복한 사람이란다."

제가 열 살인가 열한 살쯤 됐을 때 교장 선생님이셨던 스톡스 선생님께서 최고의 조언이라며 해주신 말씀이 있습니다. "브랜드리스, 이걸 기억해라. 바쁜 사람이 행복한 사람이란다."

그때부터 지금까지 인생철학으로 삼고 있는 말입니다. 아무렴, 큰 도움이 됐고말고요. 그 덕분에 《인생은 불친절하지만 나는 행복하겠다》라는 작은 책을 쓸 시간도 찾을 수 있었으니까요. 제임스 씨의 편지에 제대로 답하려면, 그냥 그 책을 보내드리는 편이 나을 수도 있겠네요! 혹시 책을 구하신다면, 무엇이든 마음껏 인용하셔도 좋습니다.

_넘치는 행운을 빕니다, 자일스

추신 · 십 대 때 저도 비슷한 프로젝트를 실행에 옮겼던 적이 있습니다. 그때 버나드 몽고메리Bernard Montgomery에게도 편지를 보냈는데(노르망디 상륙 작전에서 활약한 영국 군인—역주), 그분 답장이 이 책에 들어가면 아주 좋을 듯합니다. 제 책 《오드 보이 아웃》에도 수록했거든요. 그때 인용한 내용을 알려드리려고 책을 찾아봤는데 안 보이네요! 《오드

보이 아웃》을 확인할 기회가 되신다면, 색인에서
'몽고메리'를 찾은 뒤 제가 말씀드리고 싶은 내용이
무엇이었는지 살펴봐주세요.

대니 월러스

작가, 연기자, 진행자. 영국영화방송예술아카데미, 아키바(Arqiva, 영국의 방송 통신 인프라 회사), 소니에서 상을 받았다. 《조인 미(Join Me)》, 《예스맨(Yes Man)》, 《샬럿 스트리트》 등을 썼다. 《예스맨》은 짐 캐리(Jim Carrey) 주연의 영화로 제작돼 크게 흥행했다. 영국 주요 TV와 라디오 네트워크의 수많은 프로그램에서 대본 집필과 진행을 맡았고, 최근에는 라디오 X의 프로그램 『임포턴트 브로드캐스트(Important Broadcast)』를 진행하고 있다.

Danny Wallace

"커다란 순간들 사이에서 일어나는 대단치 않은 발견과 작은 순간들"

삶의 의미가 뭔지는 잘 모르겠어요. 아무래도 품위 있는
사람들은 품위 있는 행동을 하는 데서 가장 큰 의미를
찾겠죠? 그게 단서인 것 같아요. 하지만 굳이 제가
추측해보자면, 우리 대부분에게, 품위가 있든 없든, 혹은
그런 건 아예 팔아먹었든지 간에, 삶의 의미는 인생이
뒤바뀔 수도 있는 커다란 순간들 사이에서 일어나는
대단치 않은 발견과 작은 순간들에 있을지도 모르겠네요.
우리는 무의식적으로 삶에서 가장 중요한 순간은
엄청나게 커다란 순간들이라고, 변화란 모름지기 거의
세상을 바꿀 정도는 돼야 한다고 생각합니다. 하지만 삶의
의미란 게 세상을 변화시키는 게 아니라, 삶 속의 작은
순간들을 충분히 변화시키는 것에서 기인한다면요?

예를 들자면 길에서 만난 고양이와 겪은 너무너무 작은
어떤 순간 같은 거요. 그걸 아는 건 세상에 저와 그
길고양이밖에 없어요. 우리 둘 다, 특히 고양이는, 절대
다른 사람에게 말하지 않아요. 저는 고양이의 하루를 아주
조금 더 괜찮은 하루로 만들어줘요. 귀를 쓰다듬거나 햇볕
쬐기 좋은 자리로 옮겨줄 수 있겠죠. 제가 잠시 고양이와
시간을 보내주는 걸 수도 있지만, 고양이가 저와 시간을
보내주는 걸 수도 있어요. 고양이의 눈빛을 보니 고마운
마음이 담겨 있군요. 핀과 자전거만큼이나 서로 다른 두
존재가 연결됐던 거예요. 그리고 저는 평화로운 기분,

가르랑거리던 고양이 울음소리 그리고 우리 둘 사이의
연결을 기억할 겁니다. 다른 사람들은 몰라도 되는
일이에요. 굳이 언급할 만한 일이 아니죠. 하지만 분명히
일어난 일이고, 아주 멋진 일이에요.

어쩌면 삶에는 거창한 계획도, 의미도 없을지 몰라요.
삶이 의미로 가득 찬 아름다운 순간을, 애써 떠올리고
영원히 잊지 못할 그런 순간들을 우리에게 선사하곤
한다는 걸, 그런 게 삶이라는 걸 인정하지 않는다면요.
고양이와의 순간, 파트너나 친구를 떠올려보세요. 우리가
햇볕 쬐기 좋은 자리로 옮겨준 어린아이도요. 우리는
아이가 그 순간을 기억하길 바라겠죠. 꽤 괜찮지 않나요?

_대니 월러스

Rupi Kaur

루피 카우르

시인, 예술가, 공연가. 직접 쓰고 그린 첫 시집 《밀크 앤 허니》와 《해와 그녀의 꽃들》, 《홈 바디(Home Body)》 모두 40개 이상의 언어로 번역 됐고 세계 곳곳에서 베스트셀러가 됐다. 카우르는 2021년에는 아마존 프라임을 통해 전례 없던 형식의 시 프로그램 『루피 카우르 라이브(Rupi Kaur Live)』를 선보였고, 2022년 토론토 국제 영화제에서 초연된 영화 『디스 플레이스(This Place)』와 2024년 아카데미상 후보에 오른 『호랑 이를 잡기 위해(To Kill A Tiger)』를 제작하기도 했다.

"지나간 것 내려놓고
새로운 것 받아들이기.
미래가 가져다줄 선물을 믿기"

웃기

춤추기

자신을 표현하기

사랑하는 법 배우기

별을 바라보기

부모님을 웃게 하기

페이스트리 먹기

공감, 연민 그리고 세바(seva, 산스크리트어로 대가를
바라지 않는 봉사를 의미한다.—역주)

자연을 만끽하기

세상과의 유대감 갖기

지나간 것 내려놓고 새로운 것 받아들이기

미래가 가져다줄 선물을 믿기

스스로를 아끼고 사랑하기

_루피 카우르

- laughing
- dancing
- expressing myself
- learning to love
- star gazing
- making my parents smile
- relishing pastries
- empathy, compassion, and seva
- witnessing nature
- feeling connected
- releasing the old and
  embracing the new
- trusting what the future
  will bring
- falling in love with myself

RUPI KAUR

HAPPINESSES

laughing

joyful

Thank

thankful

small pleasures

ENJOY

작은 기쁨
small pleasures

즐거움과 웃음
joy and laughter

감사한 순간
thankful moment

Susan Pollack

수전 폴랙

홀로코스트 생존자. 제2차 세계대전 때 아우슈비츠-비르케나우 강제수
용소로 끌려갔다. 노역을 배정받아 약 10주가량 수감돼 있다가 독일 구
벤 지역으로 보내졌고, 그곳에서 군수품 공장 노예 노동자로 동원됐다.
이후 죽음의 행진에 내몰리며 베르겐-벨젠 수용소로 이송됐고, 1945년
4월 15일 영국군에 의해 자유를 되찾았다. 폴랙의 친척 50명 이상이 홀
로코스트로 살해됐다. 현재 홀로코스트 교육 신탁(Holocaust Educa-
tional Trust)과 협력해 전쟁 중 벌어진 참상을 알리고 있다.

"삶이란, 검색엔진처럼
  가능성으로 가득 차 있는 것"

귀하의 물음에 대한 답변으로, 1944년의 암담하고
끔찍했던 시간 이후 앞을 내다볼 수 있도록 도와주었던
몇 가지 생각을 쓰려고 합니다. 저는 아우슈비츠
생존자이며, 1945년 4월 15일 베르겐-벨젠 수용소에서
해방되었습니다. 그때 저는 인간성을 철저히 말살당한
채였고, 두려움과 불신이 가득했습니다. 미래를 전혀
생각할 수 없었고, 완전히 혼자였으며, 현대 문명에서
살아가는 것이 어떤 의미인지도 이해할 수 없었습니다.

헝가리의 작은 마을에서 자라 '새로운 세상'의 발전된
상황으로부터 단절돼 있던 저는 의사소통도 안 되었고,
그 어떤 내면의 불만도 표현할 수 없었으며(이 불만은
점차 커졌지만, 저 자신을 향하지는 않았습니다), 들어줄
사람도 없었습니다. 그런데 어떻게 다른 사람을 믿을 수
있었겠어요. 열네 살이던 저는 걸을 수 없는 상태였고,
억눌려 있는 괴로움과 고통을 드러낼 방법도 없었습니다.
제가 할 수 있는 말은 헝가리어뿐이고, 아무런 기술도
없고, 교육도 받지 못했으며, 돈도, 지원을 받을 곳도,
지식도 없다고 느꼈습니다.

그런 상황이지만 베르겐-벨젠 수용소에서 가장
먼저 깨달은 것은 친절과 선의도 살아남았다는
사실이었습니다. 영국군 군인이 저를 진흙 구덩이에서

171

들어 올렸습니다. 그때 그 군인은 제 몸이 경련하는 것을 알아차렸고, 곧 작은 구급차에 저를 뉘었습니다. 그때 경험한 기적 같은 선의는 오늘날까지도 저를 인도하는 빛입니다. 종종 그때를 떠올리며 '지금 나는 그 군인이 건넨 선의를 내 삶에 지니고 있나?' 하고 스스로에게 묻곤 합니다.

친절과 아량은 일상의 작은 사건에도 찾아옵니다. 작은 선의도 엄청난 영향을 가질 수 있습니다. 지금까지도 저는 아무것도 당연하게 여기지 않습니다. 이 첫 번째 도움이 제 삶에 준 영향과 그때의 감사한 마음을 늘 기억합니다. 그 선의 덕분에 제 마음을 짓누르고 있던 무거운 쇠 덮개가 서서히 벗겨졌고, '할 수 있다'와 '하고 싶다'라는 불꽃이 제 안에서 타오르기 시작했습니다.

송장과 다를 바 없이 병들고 상한 몸을 회복하라고 스웨덴으로 보내졌는데 그곳에는 방대한 클래식 레코드 컬렉션을 가진 퍼실리테이터(치료와 요양이 원활히 이루어질 수 있도록 의사소통을 돕는 역할을 하는 사람—역주)가 있었습니다. 그는 저녁마다 클래식 음악을 틀어주었고, 우리는 둘러앉아 베토벤 교향곡과 다른 작품들을 들으며 경이로움에 빠져들었습니다. 그때 슬픔과 절망에서 시작해 파괴적 기억을 뛰어넘고자

애쓰는 인간의 지고한 노력으로 이어지는 음악의
에너지를 느낄 수 있었습니다. '완전히'라고는 할 수
없지만(개인적으로는 완전히 잊어버리고 싶다고 생각하지도
않습니다), 수용소에서 저를 억압했던 사슬로부터
자유로워졌습니다. 음악은 제 삶의 전반에 막대한 영향을
주었습니다. 저는 나아갔습니다. 사마리아인들(영국의
위기 상담 자선단체—역주)에서 자원봉사자로 약 8년 동안
일하며, "도와드릴까요?" 하고 물으며 전화를 받기도
했습니다.

60세에는 학위를 취득하고 심리학 과정도 밟았습니다.
제게 삶이란 검색엔진처럼 가능성으로 가득 차 있는
것입니다. 스스로를 가치 있다고 느끼게 하는 존재의
의미를 찾아야 합니다. 그러면 자존감도 보상처럼
회복됩니다. 운이 따랐는지 가족을 이루었고 손주들과
즐거운 시절을 보낼 수 있었습니다. 그 덕분에 박해로
빼앗긴 시간을 회복한 기분도 듭니다.

스웨덴에서 저를 감싸 안고 걷는 방법을 가르쳐주던
의사 선생님이 어느 날 문득 저를 돌아보며 한 말도
기억납니다. "내게도 너와 같은 딸이 있단다." 그때 저는
제 자신을 새롭게 발견할 수 있었습니다. 70년이 족히
지난 지금도 귓가를 맴도는 힘 있는 말입니다. 저는

상냥한 말을 아주 소중히 여깁니다. 지금까지 제 삶에 큰 영향을 준 갖가지 작은 사건들을 말씀드렸습니다. 이러한 것들이 우리의 여정이 계속되게 하는 동력일 것입니다.

_수전 폴랙

17th Feb 2018   1.)

Dear Mr James Bailey,

In response to your letter enquiry, here are
a few thoughts that assisted me to look forward,
in my youth after those bleak, horrendous times
in 1945. I am a camp survivor from Auschwitz
and liberated in Bergen Belsen on the 15th
April 1945. I was totally dehumanized, fearful
distrustful. lost to contemplate the future. all alone,
unable to comprehend the values for a life in a
modern civilization. Being brought up in a
village in Hungary, removed from the sophistication
of a "new world" how can I find myself - trusting
others without a voice unable to articulate any
latent desires, that gradually emerged - that
did not include me, with no one listening.

        Fourteen years old - unable to walk, to
express the latent, suppressed anguish - the realization
I only speak Hungarian, no skills, no education,
no finance, no support system, no knowledge,

        The first great awareness in Bergen Belsen was
the discovery that kindness and good will has
also survived. When the British soldier lifted
me up from the mud hole - seeing a towel in
my body - he gently placed me in one of the
small ambulances. That experience - miraculous
good will is one of the guiding lights to this day
& often think of that moment and ask "What part

175

that Goodness into your heart, you battle
worn Soldier?"

Kindness, generosity, comes in small
everyday events. Small measures of goodness
has an enormous impact — to this day I
take nothing for granted — remember the effect
and appreciation this first helpfulness had on
my life — It gradually removed the heavy
iron cover of me and sparks of I can do
and want to do gradually came into my
existence.

In Sweden where I was taken for recuperation
after my devastated physical corpse-like being,
one of the facilitators had a large collection of
classical records. these he played every evening
and we sat and listened in awe to Beethoven
symphonies and other pieces. In my interpretation
I could feel the energy of rebirth from sorrow
and despair to the drive of supreme human
effort to rise above those destructive memories.
I must say not completely — Personally I do not
want to let it go completely — but I am free of
the chains which deprived me in the camps.
Music generally has an enormous effect of my
life — I moved on. I became a Samaritan helper
"Can I help you?" for some 4 years.

3.) I took a degree at the age of 60 years —
And then a diploma in psychology —

For me life is full of possibilities, like a
search engine — find your meaning for existence
that makes me feel worthy — self esteem is the reward.

I was fortunate in having a family and could
play with my grandchildren. ~~redoing~~ those lost
                              reclaiming
years of persecution.

I remember the the doctor in Sweden who
took me on his arms to teach me walking
and turned to me saying "I have a little
girl like you" What a discovery about myself —
Powerful words that still rings in my ears
long after 70 years —

I cherish kind words, these are the
propelling force to continue our journey.

      And many more small events
      that had huge impact on my life

      Best wishes
       Susan Pollack

Martine Wright

마르틴 라이트

2005년 7월 7일 런던 지하철 테러 사건 생존자, 패럴림픽 선수, 동기부여 연설가. 알드게이트 역에서 발생한 폭발로 두 다리와 혈액의 80퍼센트를 잃었다. 열흘간 혼수상태였으며, 10개월 동안 수술을 받아야 했다. 재활 치료 목적으로 휠체어 테니스를 하다가 이후에는 좌식배구에 힘을 쏟게 됐다. 2012년 하계 패럴림픽에 영국 여자 좌식배구 대표팀 선수로 출전했다. 런던 지하철 테러 사건 피해자와 그 가족들의 지원을 위한 캠페인을 벌였고, 장애인 스포츠 홍보대사로 활동하고 있다.

"하루에 한 사람에게라도
동기와 영감을 줄 수 있다면,
엄청난 보람을 느낍니다."

어떤 면에서 저는 운이 좋다고 생각해요. 끔찍한 테러
사건 피해자 중 한 사람으로서 이런 말을 하는 게
이상하게 들릴지도 모르겠습니다. 운명을 가른 그날
아침, 지하철에서 서 있던 자리가 하필 런던을 대혼란에
빠뜨린 자살 폭탄 테러범들 중 한 명 근처였을 만큼
운이 나빴으니까요. 하지만 그날 목숨을 잃은 쉰다섯
명과 달리, 저는 80퍼센트의 혈액을 잃고 일일이
열거하기 어려울 정도로 많은 수술을 거친 끝에 가까스로
살아남았습니다. 당시의 무시무시한 경험이 안긴
육체적·정신적 상처가 여전히 남았지만, 다시 사는 법을
터득했고, 삶을 재정비하고 세상을 다른 관점에서 보게
됐습니다.

저는 '두 번째 삶'을 살 기회를 얻은 덕분에
스카이다이빙을 하고, 스키를 배우고, TV 경연 프로그램
『스트릭틀리 컴 댄싱Strictly Come Dancing』에 출연해
유명세를 얻기도 하는 등 개인적으로 꿈꾸던 많은 것을
이뤘습니다. 이에 그치지 않고 동기부여 연설가로 일하며
저의 경험, 삶에 대한 가치관과 조언을 수천 명의 사람과
나눴지요. 이 활동은 저의 역사와 이슈를 정면으로
마주하는 데도 도움이 됐고요. 실제로 사건 날짜를 따서
만든 '7의 힘Power of 7'이라는 만트라를 바탕으로 강연을
하기도 하고, 영국을 대표해 좌식배구 선수로 출전할 때도

52명의 사망자와 유가족들에 대한 애도와 경의의 표시로 7번 셔츠를 입기도 했습니다.

쓰다 보니 대외적 모습만 열거한 것 같네요. 사실 저에게 인생의 의미와 충만감은 언제나 제 곁에 있는 저의 멋진 가족들에게서 비롯된답니다. 남편 닉과 사랑스러운 아들 오스카가 제 세상의 중심에 있고, 죽음에 가까웠던 그때의 경험 이후 제가 희망, 격려, 안도, 믿음을 잃지 않도록 지켜준 가까운 가족과 친척들도 있습니다. 이들 모두가 제 삶의 이유예요. 저는 이들이 저를 자랑스럽게 여길 수 있게, 그리고 될 수 있는 최고의 제 모습이 되기 위해, 또 지금처럼 계속해서 베풂의 가치를 경험하기 위해, 매일매일 최선을 다해 살아갑니다. 그래서 여러 면에서 저는 운이 좋다고 느껴요.

당연한 하루는 없고, 작은 친절도 소중합니다. 하루에 한 사람에게라도 동기와 영감을 주게 된다면, 엄청난 보람을 느낍니다.

_마르틴 라이트

사이먼 웨스턴

영국군 참전 용사. 1982년 포클랜드 전쟁에서 신체의 46퍼센트가 화상을 입는 치명상을 입었다. 부상에서 회복한 뒤에는 리버풀을 중심으로 청소년 자선단체 웨스턴스피릿(The Weston Spirit)을 설립했다. 그 공로로 대영제국 3급 훈장을 받았고, 런던시 자유상과 리버풀시 자유상도 수상했다. 2004년 웨일스 영웅 100인에 이름을 올렸으며, 2014년에는 영국인이 사랑하는 영웅으로 뽑혔다. 그의 이야기가 다섯 차례 BBC 특별 다큐멘터리로 제작되기도 했다.

Simon Weston

"삶은 평평한 선과 같은 것.
가능한 한 그 선을
벗어나지 않는 것을 목표로
살고 있습니다."

다친 몸으로 병원에 앉아 있던 당시, 저는 스물한
살이었습니다. 미래가 어떻게 될지 전혀 알 수 없었어요.
그보다 더 막막할 수가 없었지요. 하지만 세상이 제게
뭘 줄 수 있는지는 몰라도, 제가 할 수 있는 건 세상에
긍정적인 영향을 미칠 수 있도록 노력하는 것뿐이라는
결론에 이르렀습니다.

폭탄이 터질 때 충격파에 다치지 않더라도 폭발이
주변 산소를 빨아들이기 때문에 치명상을 입을 수
있습니다. 실제로 폭발로 몸 구석구석의 산소를 모두
잃었습니다. 다친 뒤 저는 살아야 한다는 생각밖에 들지
않았습니다. 그러나 외상 후 스트레스로 매우 어두운
곳에 다다랐습니다. 때때로 극심하게 우울했고, 술에
대한 집착이 무시할 수 없는 수준을 넘어, 술에 의존하게
되었습니다. 제가 찾는 행복이 술병에 있을 리 없었죠.

다행히 수많은 사람의 도움으로 절망의 구렁텅이에서
빠져나올 수 있었습니다. 그 과정에는 제게 친절을
베풀어준 육군, 해군, 공군 장병들이 있습니다. 병원에서
저는 그분들로부터 더할 나위 없이 친절한 보살핌을
받았고, 제게 어떤 상황에서도 웃음을 발견할 수 있는
유머가 남아 있다는 사실을 깨닫게 되었습니다. 친절한
행동은 누군가를 미소 짓게 하거나 웃음 터뜨리게 하는

힘이 있습니다. 제게 크고 작은 친절을 건넸던 그분들은
대부분 자신들이 저에게 어떤 영향을 줬는지, 저를 어떻게
일으켜 세웠는지 잘 모를 거예요. 하지만 저는 저를
격려하고, 제가 살아날 수 있도록 엄청난 노력을 아끼지
않았던 그분들에게 평생 감사한 마음을 가지고 살아가고
있습니다.

지금 병원에 있던 당시를 되짚어보니 특히 작은 군함인
히드라에 승선했던 오스카Oscar라는 해병이 떠오릅니다.
이후 다시 만난 적은 없지만, 그 친구가 3일 동안 저를
얼마나 친절하게 대해줬는지 모릅니다. 전문적인 훈련을
받은 간호병은 아니었어요. 그저 제가 겪고 있던 불편을
덜어주려 최선을 다해주었습니다. 그 일을 잊은 적이
없습니다. 그 친구도 그때를 되돌아보며 컴컴한 어둠
속에 있던 누군가에게 자신이 얼마나 큰 도움이 됐는지
자부심과 기쁨을 느낄 수 있다면 좋겠습니다.

가장 절망적이었던 시기에 이런 일도 있었습니다.
제 귀환을 다룬 다큐멘터리를 제작한 프로듀서 맬컴
브링크워스Malcolm Brinkworth가 제가 타고 있던 보급선을
폭격한 아르헨티나 파일럿 카를로스Carlos와의 만남을
주선했습니다. 제가 그 조종사에게서 인간성을 느낄
수 있을지 궁금하다고 이야기했었거든요. 관계자들이

카를로스에게 접촉해 제가 겪고 있는 악몽과 외상 후 스트레스 장애에 관해 전했습니다. 제가 만나고 싶어 한다는 말을 들은 카를로스는 그 즉시 "좋습니다, 만날게요"라고 대답했다는군요. 그런데 중요한 것은, 카를로스가 만남을 승낙한 이유입니다. 그는 "이 만남에 찬성하는 건 지금 웨스턴 씨가 겪고 있는 문제에 제가 일조했기 때문이에요. 부디 그 문제를 해결하는 데도 제가 일조할 수 있기를 바라는 마음입니다"라고 말했다고 합니다. 카를로스는 그 일로 제가 무너질 수밖에 없었다는 사실을 이해했습니다.

카를로스는 제가 제 고유의 힘을 되찾을 수 있도록 도와줬습니다. 스스로 회복하고 변화할 수 있다는 사실을 깨닫도록 도와줬어요. 도덕적 용기, 연민, 도움을 주고자 하는 마음을 직접 보여줬습니다. 전쟁이 끝났으므로 우리는 더 이상 적도, 맞서 싸워야 하는 반대편도 아니었습니다. 실은 작년에도 카를로스를 만났어요. 아르헨티나로 가서 카를로스뿐 아니라 그의 가족들과도 시간을 보냈지요. 우리는 우정을 넘어 서로를 진실로 존경하게 됐습니다. 그날 폭발로 저는 너무나 많은 좋은 친구를 잃었어요. 그렇지만 카를로스는 자신의 역할을 수행한 것뿐이었습니다. 그러니 용서하고 말고 할 것도 없는 일이죠. 역할이 바뀌었다면 저 역시 그와 똑같이

행동했을 것이고, 참전하게 된 다른 모든 군인도 그랬을
겁니다.

이런 만남은 확실히 도움이 됐습니다. 그러나 저는 매일
행복하지는 않아요. 영원한 행복 같은 것은 터무니없다고
생각합니다. 크리스마스를 무척 좋아하지만, 죽을
때까지 매일 크리스마스면 좋겠다고 바랄 수는 없는
노릇이잖습니까. 나날이 같은 일이 반복된다면 굉장히
지루하겠죠. 우리는 다양성을 필요로 해요. 그렇기 때문에
저는 차도 마시고 커피도 마십니다. 계절이 다채로운
것도 좋아합니다. 그런데 기쁨은, 행복과 다릅니다. 우리
삶에는 더 많은 기쁨의 순간이 필요합니다. 저는 예술에서
기쁨을 얻습니다. 자연에서, 사람들에게서 기쁨을 얻지요.
또 골이 득점으로 이어지는 순간을 볼 때도 기쁨을
느낍니다.

저는 삶을 평평한 선과 같은 것이라고 여깁니다. 가능한
한 그 선을 벗어나지 않는 것을 목표로 살고 있습니다.
그러면 지루하지 않으냐는 사람들도 있는데, 저는 오히려
극심한 슬픔이나 희열의 기복을 겪지 않을 수 있기 때문에
아주 좋다고 생각합니다. 누구나 슬픔의 깊은 골짜기를
피하고 싶어 하듯, 희열의 꼭대기에서만 살 수도 없는
법입니다. 저는 우리가 웃고, 즐거워하고, 재미를 느끼는,

185

삶 속의 그런 아주 작은 상승의 순간들을 좋아합니다.
결국 그러한 것들이 모여 큰 것이 되니까요.

예를 들면, 책을 읽는 것도 그래요. 앞을 볼 수 있고
글을 읽을 수 있다는 것만 해도 기뻐해야 할 일입니다.
세상에는 읽는 방법을 배우지 못한 사람도 많으니까요.
난독증이나 실명으로 읽을 수 없는 사람들, 다른 방법으로
읽어야만 하는 사람도 많아요. 또 삶은 물질적 요소에
달려 있지 않습니다. 제 말씀을 오해하지는 마세요. 저도
좋은 물건을 좋아하고, 가족들에게도 좋은 걸 주려고
합니다. 결론적으로 말해, 따뜻하고, 쾌적하고, 편안한
상태에 놓여 있다면 그것이 바로 자신의 평평한 선입니다.
자신의 정상 상태입니다. 제가 늘 목표로 삼는 것이 바로
그것이죠.

유명해지고 싶었던 적은 한 번도 없습니다. 제 관심사가
전혀 아니었는데, 끔찍한 비극을 겪으며 그렇게 됐을
뿐입니다. 저는 조명을 받고 인기를 얻기 위해 노력한
적이 없습니다. 그래서 유명 인사가 됐을 때, 어떻게
대응해야 할지 몰라 어려움을 겪기도 했습니다. 그러나
결국 세상에 나가 다른 사람들의 삶에 변화를 불러일으킬
수 있었기에, 지금은 대중의 주목을 받은 것을 큰
행운이라고 생각합니다. 그 덕분에 다른 사람들이 이끄는

자선단체에 참여하기도 하고, 저 또한 웨스턴스피릿을
설립하게 됐습니다.

인생의 의미는 자신의 삶과 관련되는 데서 쉽게 찾을 수
있다고 생각합니다. 하지만 늘 무엇과 관련되는 건 어려운
일이죠. 저는 군대와 더는 관련될 수 없었기에 다른 것과
관련을 맺어야 했습니다. 제 자신을 좋아하는 법도 다시
배워야 했고요. 저는 누구나 자신을 사랑해야 한다고 믿는
훌륭한 사람이 아닙니다. 하지만 아침에 일어나면 거울 속
자기 모습을 바라보며 "난 네가 좋아. 난 네가 진심으로
좋아. 넌 좋은 사람이야. 넌 주어진 환경에서 최선을
다하는 사람이야"라고 말하는 것을 중요하게 생각합니다.

저는 여전히 사회와 다른 사람들의 삶에 기여할 수 있는
제 능력을 알아보는 법을 배워야 했습니다. 사람들의
삶과 관련되는 건 어려운 일이지만, 사실 다른 사람들과
관련되지 않는다면, 자기 자신과도 관련되기 어렵습니다.
우리는 세계 곳곳에서 벌어지는 갈등 상황을 바꾸지
못할지 모릅니다. 형편없는 지도자들을 막을 수도
없습니다. 특별한 기회가 주어지지 않는 한, 우리는 이
모든 것을 바꿀 수 없습니다. 또 슬픈 일도 막을 수가
없습니다. 하지만 우리가 속한 커뮤니티, 우리가 한 약속,
우리가 맡은 일과 깊이 관련되어 의미 있는 역할을 할 수

있습니다.

지난 세월 동안 영국 곳곳에서 제게 다가와 제가 참여하고
있는 기관들 덕분에 삶의 방향이 바뀌었다고 말하는
사람들을 여럿 만났습니다. 저는 받은 것은 돌려줘야
한다고 생각합니다. 수많은 사람이 저에게 관심과 사랑,
존경과 연민, 관용을 나눠줬는데, 제가 뭔가 되돌려줄 수
있는 일을 하지 않으면 이기적이고 배은망덕한 사람밖에
더 되겠어요. 최근에도 한 자선 행사에서 어린 시절
상당한 어려움을 겪은 젊은 여성이 웨스턴스피릿 덕분에
현재 유명 가수들의 보조 가수로 활발히 활동하고 있다는
이야기를 들었습니다. 이런 이야기를 들을 수 있다는
사실에 가슴이 벅차오르는 걸 느꼈습니다. 이 사례처럼
다른 사람들의 삶과 관련되어 어떤 역할을 할 수 있다는
것은 저에게 엄청난 기쁨입니다. 정말로요. 대단한
충만감을 느낍니다.

예전에 한 군 관계자가 제게 일자리를 구하는 건 불가능할
거라고 말한 적이 있습니다. 제 이야기를 그 사람이
들었으면 좋겠다는 생각을 합니다. 제가 부상 당한
인물이기에 얼마나 많은 사람에게 긍정적 영향을 줄 수
있었는지 말입니다. 병원 침대에 앉아 도대체 어떻게
살아가야 할지 고민했던 그때 제가 염원했던 변화를

이뤄냈다는 사실을 깨달았습니다.

_사이먼 웨스턴

Mike Haines

마이크 헤인스

글로벌 액츠 오브 유니티(Global Acts of Unity) 캠페인 창립자. 2014년 형 데이비드가 시리아에서 IS에 의해 잔혹하게 살해된 후, 이 캠페인을 일으켰다. 그는 무고한 무슬림들이 형의 이름으로 비난받거나 피해를 보는 상황을 두고 볼 수 없어 단결과 관용을 호소하기 위해 TV에 출연하기도 했다. 10만 명이 넘는 사람을 만나 자신이 속한 공동체를 넘어 단결과 관용의 정신을 바탕으로 서로를 이해하자는 메시지를 전하고 있다. NGO 액티드(ACTED)의 이사이자 서바이버스 어게인스트 테러 (Survivors Against Terror) 창립자 중 한 명이다.

"다양성, 우리 자신은 물론
 공동체와 사회 전체를 위해서도
 필수불가결한 삶의 요소"

제 생각에 인류의 진정한 재산은 다양성입니다. 저는 운이
좋아 많은 곳을 여행할 수 있었고, 그러면서 기회가 닿아
다양한 문화, 신념과 교리를 가지고 살아가는 수많은
사람을 만났습니다. 모두 굉장히 유익한 만남이었습니다.
더군다나 저는 사람들이 어떤 배경과 믿음을 가졌는지
살피고, 여러 가지를 물으며, 제 이해를 넓히는 과정을
좋아합니다.

삶을 색상도, 굵기도, 소재도, 길이도 모두 다른 셀
수 없이 많은 실을 엮어 만드는 태피스트리라고
상상해보십시오. 태피스트리의 아름다움과 흥미로움을
좌우하는 것은 바로 이러한 다양성과 변주입니다. 굵기와
소재가 같은 한 색상의 실로만 짠 태피스트리라면 매력을
잃고 말 것입니다. 사회는 무궁무진한 변화와 삶, 색채,
문화, 믿음이 박동하며 만들어내는 풍부한 다양성을
반영합니다. 우리는 마땅히 이 다양성을 존중하고
환영해야 합니다. 스코틀랜드인이라고 해서 제가 다른
사람보다 우월한 것이 아니듯, 모든 사람이 그렇습니다.
그 어떤 특성도 우리를 다른 사람보다 우위에 서게 하지
않습니다. 다양성은 이해와 협력을 불러옵니다. 여러
관점과 공감하는 마음을 가질 수 있도록 촉진합니다.
공감은 매우 중요합니다. 다양한 경험에 노출될수록
연민의 능력이 배양되고, 더 많은 차이를 포용할수록

우리의 유대는 강화됩니다.

그런데 다양성은 비단 사회에만 필요한 것이 아니라,
우리 개인에게도 필요합니다. 우리는 자신의 생각,
행동, 자기 인식에 다양성을 녹일 수 있어야 합니다.
그렇게 스스로에게 도전함으로써 우리는 성장합니다.
저는 다양성이 우리 자신은 물론 공동체와 사회 전체를
위해서도 필수불가결한 삶의 한 요소라고 생각합니다.
우리의 차이가 분열을 낳는 것이 아니라 다양성으로
승화될 수 있기를 늘 바라고 있습니다.

_마이크 헤인스

내털리 케이로스

사회적 기업 '인스파이어 2 큇 블레이즈(Inspire 2 Quit Blades)'의 설립자이자 대표. 청소년 폭력 및 흉기 범죄를 예방하고 청소년들이 행복한 삶을 살 수 있도록 지원하는 데 주력하고 있다. 케이로스는 가정 폭력 생존자로서 해당 문제를 알리는 홍보대사로 활동하고 있으며, 동기부여 연설가이자 대영제국 5급 훈장 수훈자다. 2019년에는 자신의 이야기를 담아 《스틸 스탠딩(Still Standing)》을 펴냈다.

Natalie Queiroz

"언제나 친절하세요. 정직하세요. 그리고 진실하시길 바랍니다."

"내털리 씨……. 내털리 씨, 정신이 드세요? 여기가
어딘지 아시겠어요?"
"병원이요. 병원인 것 같은데." 제 발음은
부정확했습니다. 눈도 똑바로 떠지지 않았습니다.
"맞아요. 지금 병원에 계세요. 어제 길에서 심하게
다치셔서 병원에 실려 오셨어요. 기억나세요?"
저는 고개를 끄덕였어요.
"칼……. 칼에 찔렸는데……."
"귀여운 따님을 출산하셨어요, 내털리 씨. 따님도
살았어요……."
"네?"

2016년 3월 5일 토요일, 저는 인위적 혼수상태에서
막 깬 상태였습니다. 불과 24시간 전, 제 삶은 '행복한
일상'의 마지막 순간에 있었습니다. 금요일 오후 세 시에
아름다운 교외 중심가에서 목숨 걸고 싸워야 할
거라고는 꿈에도 상상하지 못했습니다. 임신 8개월
차였던 저는 어느 변장한 남성에 맞서 싸웠습니다. 그는
30센티미터짜리 부엌칼로 저를 스물네 번 찔렀습니다. 그
행위는 9분이라는 긴 시간 동안 계속됐습니다. 그리고 그
남성은 제 남자친구였던 것으로 밝혀졌습니다.

세상이 무너졌습니다. 제 삶은 다시는 예전과 같을 수

없었습니다. 삶을 바라보는 관점도 완전히 바뀌었습니다. 제가 어떻게 살아날 수 있었는지 설명할 수 있는 사람이 없었습니다. 제 아기에 대해서도 마찬가지였고요. 그러나 우리 두 사람은 살아남았습니다. 이후 며칠, 몇 주가 지나도 머릿속이 너무 혼란스러웠어요. 그러다 분명한 생각 하나가 계속되고 있다는 걸 알아차렸습니다. 내 삶에서 정말로 중요한 건 뭔가?

저는 성인이 된 후 줄곧 경력 사다리의 다음 단계, 또 다음 단계를 오르는 데 힘을 쏟아왔고, 꽤 성공적이었습니다. 두 자녀를 뒀으며, 제약업계 주요 회사들에서 성공적으로 커리어를 쌓았습니다. 전문성을 갖췄고, 각종 업무 성과를 냈습니다. 좋은 차를 몰고, 재정적 안정성을 손에 넣었습니다. 하지만 매번 관리자 회의나 교육 프로그램에 참여하느라 많은 시간을 가족과 떨어져 지냈습니다. 그렇다면 저는 정말 행복했던 걸까요? 무엇보다도 중요한 존재인 제 아이들에게 충실했다고 할 수 있을까요? 아이들에게 안정된 환경을 제공했지만, 엄마인 저는 항상 분주했고, 언제나 일하러 나갈 가방을 꾸리고 있었습니다. 2016년 3월 그 금요일 오후에 죽었다면, 제 삶이 과연 의미 있었다고 할 수 있었을까요?

회복 기간 동안 제게는 기묘하고, 어떻게 보면 사람들이

부러워할 수도 있는 기회가 주어졌습니다. 저는 거의
'부유'하는 느낌으로 제 상황 바깥에서 제 주변의 모든 걸
살피고 관찰할 수 있었어요. 저는 마침내 직업적 야망을
접고, 이전에 경험한 적 없는 제 안의 자유를 마음껏
발산했습니다. 선택권이 저에게 있다는 걸 깨달은 거예요.

우리는 모두 끊임없이 노력해서 한 단계 더 올라서야
한다고 길들어 있습니다. 그것이 승진 사다리든 부동산
사다리든 간에 말입니다. 그런데 우리는 올바른
사다리를 오르고 있는 것일까요? 더 높이 있는 가로대를
붙잡겠다는 일념으로 맹목적으로 올라가고만 있지는
않나요? 멈춰 서서 뛰어내린 다음 다른 사다리에
올라가볼 수도 있을까요? 자기 자신에게 정말로 중요한
것을 발견할 자유를 감히 허락할 수 있나요? 즉, 자기
삶의 '가치 기준'을 점검하고 자신이 그 기준에 충실한지
살펴볼 수 있나요?

살다보면 때때로 우리는 그 가치를 잊습니다. 오늘날
누구나 빠르게 변하는 사회에서 바쁜 일상을 살고 있고,
가족은 가족대로 복잡합니다. 그러니 우리는 멈추고,
자신을 돌아보는 시간을 가져야 합니다. 모두들 삶이 한
번뿐이라는 걸 압니다. 그러나 안타깝게도 대다수가 삶을
잃기 직전이 되기 전까지는 그 의미를 충분히 이해하지

못합니다. 저도 극적인 일을 겪고 나서야 깨달았습니다. 용기를 내 달라지는 겁니다. 용기를 내 행동으로 옮기는 겁니다. 그리고 비록 제 소견이지만 세상을 우리가 처음 만난 모습보다 더 나은 모습으로 만들기 위해 노력하는 일이 가장 중요합니다. 자신만 생각해선 안 됩니다. 다른 사람이 사랑과 안정감을 느낄 수 있게 하는 것도 좋고, 그저 웃음과 빛과 같은 밝은 마음을 안겨주는 것도 좋고, 커다란 기계의 작은 톱니가 되어 이 세상을 조금 더 좋은 곳으로 만드는 데 기여하는 것도 좋습니다. 언제나 친절하세요. 정직하세요. 그리고 진실하시길 바랍니다.

마지막 날이 언제가 될지 알 수 없지만, 무엇을 선택하든 자신이 하는 모든 일의 중심에 자신의 핵심 가치들을 두고 살아가야 합니다. 그러면 자신의 진정한 삶의 의미를 따라 살 수 있을 겁니다.

_내털리 케이로스

Terry Waite

테리 웨이트

인도주의자, 작가. 캔터베리 대주교 특사로 이란에서 인질 석방 협상 활동을 했다. 특히 1984년 리비아의 카다피(Gaddafi) 대령과 협상하면서 전 세계 이목을 끌었다. 1987년 레바논에서 서방 인질 석방 협상을 진행하던 중 인질로 잡혀 1,763일 동안 구금됐다. 1991년 석방된 뒤 《테이큰 온 트러스트(Taken on Trust)》를 포함해 여러 책을 썼다. Y케어인터내셔널(Y Care International) 공동 설립자 겸 회장, 호스티지 UK(Hostage UK) 공동 설립자 겸 의장, 노숙인을 위한 자선단체 엠마우스UK(Emmaus UK) 회장이다.

"무엇을 믿든 간에 인생의 의미와 목적을 찾고 싶다면, 몸과 영혼을 모두 잘 돌봐야 합니다."

오후가 되니 한 시간쯤 여유가 생겨 제임스 씨의 물음에 답해보려 합니다. 인생의 의미에 관한 질문은 태초부터 있어왔습니다. 어떤 답이든 그것은 삶의 신비에 대한 부분적 통찰일 수밖에 없습니다. 삶과 우리의 존재는 여전히 신비로 남아 있으며, 그 신비에 의미를 부여하려면 우리를 어느 정도 만족시키고 충만감으로 이끌어줄 철학을 형성할 수 있어야 합니다.

인생의 의미를 생각하니 이 말이 떠오릅니다. '우리는 신과 공동 창조주다.' 저는 우리가 이 세상과 이 안의 모든 것에 책임이 있다는 사실을 인정합니다. 우리는 무언가를 창조하고, 또 파괴합니다. 물론 우리에게 세상에 대한 절대적이고 완벽한 통제권은 없습니다만, 꽤 많은 통제권이 있습니다. 인류는 충분한 정보에 입각해 창조적 선택을 함으로써 책임을 다해야 합니다. 그러한 접근 방식으로부터 우리는 삶의 의미를 얻고, 나아가 충만감을 느낄 수 있을 것입니다.

다른 이의 죽음을 목격한 적이 있는 사람은, 죽음의 순간 무언가가 그 사람의 몸을 떠난다는 사실을 알 것입니다. 우리는 그것을 영혼이라고 부르기도 합니다. 여러 시대에 걸쳐 사람들은 '영혼'을 정의하는 데 곤란을 겪어왔고, 지금도 그 어려움은 계속되고 있습니다. 사람의 몸은

덧없고, 우리는 언젠가 죽습니다. 이는 논쟁의 여지가
없지요. 영혼은 초자연적 존재이며, 시간의 한계에
얽매이지 않는다고 믿는 이들도 있습니다. 무엇을 믿든
간에 인생의 의미와 목적을 찾고 싶은 사람이라면, 몸과
영혼을 모두 잘 돌봐야 합니다. 다시 말해, 몸을 돌보는
것처럼 우리 내면에도 영양을 공급해야 합니다.

이 신비를 푸는 데 도움이 되는 한 가지 중요한 단어가
있는데, 바로 사랑입니다. 이웃을 향한 사랑, 자기 자신을
향한 사랑, 그리고 삶을 향한 사랑 말입니다. 진정한
사랑이 있다면 삶의 목적과 의미, 충만감 역시 일정 부분
찾을 수 있을 것입니다.
제 답장이 제임스 씨에게 도움이 되었길 바랍니다.

_진심을 담아, 테리

크리스 문

Chris Moon

국제적인 동기부여 연설가. 전 육군 장교로, 지뢰 제거 자선단체 활동을 위해 군을 떠났다. 이후 캄보디아에서 지뢰 제거 작업 도중 크메르 루주 포로로 붙잡혔으나, 다른 두 동료와 살아남았다. 1995년 동아프리카 지역에서 지뢰 폭발로 오른팔과 오른 다리를 잃었으나, 다시 달리는 법을 터득했고, 퇴원 후 1년 만에 런던 마라톤을 완주하고 석사 학위를 취득했다. 지뢰 제거 활동 공로로 대영제국 5급 훈장을 받았고, 1998년 나가노 동계올림픽 때 성화를 봉송하는 영광을 안았다.

"자신을 초월해
 잘못에 맞서 싸우는 것.
 자기중심으로만 생각하면
 어둠이 승리하고 말 것"

저는 늘 진실을 향한 열망을 품었고, 무슨 일이, 왜 일어나고 있는지 알고 싶어 했습니다. 저는 사람마다 진실이 서로 다르다는 사실도 꽤 빨리 알아챘습니다. 이 사람 버전의 진실과 다른 사람 버전의 진실 그리고 진짜 진실이 있다는 걸 말입니다. 저는 진실을 탐구하고 지혜를 추구하는 데 제 삶의 많은 부분을 할애해왔으며, 고백하건대 가끔은 혼란스럽기도 합니다.

저는 수차례 죽음에 직면했습니다. 생존 상황을 연구하는 학자가 저를 보더니 이미 몇 번이나 죽었어도 이상하지 않다고 말해 함께 웃었던 기억이 납니다. 이 대화로 누구의 말을 들을지 신중하게 선택해야 한다는 걸 깨달았죠. 그러기까지 시간이 좀 걸렸습니다만, 삶은 실로 우리가 당연하게 여기곤 하는 선물입니다.

1993년에 캄보디아에서 지뢰 제거 자선단체 활동을 하던 중 크메르 루주 게릴라들에게 붙잡혔습니다. 저희는 당시 당국의 요청으로 숲 가장자리에 있는 마을의 지뢰를 처리하고 있었지요. 저희의 안전을 위해 그 지역 3개 보병 대대도 함께 있었습니다. 매복 습격을 당한 건 그곳에서 작업을 시작한 지 이틀째 되는 날이었습니다. 저와 캄보디아인 동료 두 사람이 포로로 끌려갔습니다. 처음 맞았을 때는 모든 것이 슬로모션으로 느껴졌습니다.

지금도 당시의 상황이 생생하게 떠오릅니다. 외부로부터 속수무책으로 밀려들었던 그때의 공포와 악의를 결코 잊을 수가 없습니다. 그들은 제가 전쟁 포로가 됐으며, 크메르 루주 군인들의 명령을 곧장 따르지 않거나 탈출을 시도하면 그 즉시 사살할 것이라고 협박했습니다.

그들은 제가 유엔군 소속이 아니라는 걸 알았고, 군복을 입지 않았으니 스파이라고 결론짓더군요. 저는 캄보디아 정세를 이해하기 위해 할 수 있는 모든 노력을 다한 상태였습니다. 손에 넣을 수 있는 자료는 모두 읽은 후였어요. 그래서 두 가지를 알고 있었습니다. 크메르 루주 군인들이 '죽이는 건 일도 아니다'라고 여긴다는 것과 그들이 포로에게 심문, 고문, 처형을 자행하고 있다는 사실이었죠. 억류돼 있던 3일 동안 총에 맞을 수도 있겠다고 느낀 게 일곱 번입니다. 죽을지도 모른다고 생각하자 이런 의문이 들었습니다. 삶의 이유가 뭐지? 삶은 도대체 뭔가?

그럴 때마다 삶의 의미가 분명해졌습니다. 목적과 의미를 찾는 것입니다. 그 목적과 의미는 다 다르지만, 분명 삶은 도착지가 아니라 여정입니다. 아마도 희망을 찾고 믿음을 지키는 과정일 것입니다. 그리고 우리를 끌어내리는 것들을 극복하는 게 삶이라는 걸 확실히 배웠습니다. 저는 세상에서 저의 자리를 발견했고, 제가 진심으로 믿는 일을 하고 있었습니다. 제가 가진 농업과 군사 기술을 활용해, 장애와 죽음을 초래하는 전쟁 잔해로부터 무고한 사람들을 지키는 일 말입니다. 믿음과 열정이 자신보다 더 큰 대의를 위한 것이라면 인간의 정신은 대부분의 것을 극복할 수 있습니다. 그리고 결국 죽음에 대한 두려움도 사라집니다.

저는 고통스러웠고, 최후의 순간을 직감했습니다. 그런 순간에 우리는 자신이 사랑하는 사람들과 자신을 사랑해주는 사람들을 떠올리게 됩니다. 심판이 있을 거라는 생각도 들었습니다.

모든 철학, 모든 신조, 모든 종교가 인간관계에 가치를 둡니다. 아마도 삶은 사랑하고 사랑받으며, 신뢰와 상호의존 관계를 쌓는 게 전부일지도 모릅니다. 결국에는 영원한 것들이 있습니다. 맥도날드 감자튀김도 있고, 선거 결과에 동의할 수 없어 자신들이 원하는 결과가 나올 때까지 다시 투표해야 한다고 우기는 정치인들도 있습니다. 그렇게 따지면 투표가 끝이 날 리 없죠. 이렇게 영원히 지속되는 것들 중에서 가장 위대한 것은 사랑입니다. 진정으로 다른 사람들을 돕고 세상을 더 나은 곳으로 만들기 위해 작은 무언가를 할 수 있다면,

그 행동은 우리의 존재에 가치와 의미를 더할 것입니다.
우리는 우리가 주는 만큼 받습니다.

의미와 목적을 찾고 싶다면, 우리가 살아가는 이유에
초점을 맞춰야 합니다. 우리는 세상의 잘못된 것들에
압도되기 쉽습니다. 불공정한 일이 넘쳐나기 때문입니다.
하지만 세상에는 좋은 일과 희망도 가득합니다. 어쩌면
그러한 잘못에 맞서 싸우는 것이 가장 큰 삶의 목적과
의미 중 하나일지도 모릅니다. 감사하게도 저는 지금까지
세계 곳곳을 여행할 수 있었고, 인종, 신념, 국적, 종교
같은 것들과 관계없이 우리 인류는 차이점보다 공통점이
훨씬 많다는 것을 확인했습니다. 화해의 손길을 내밀고,
판단하는 마음을 버려야 합니다. 다른 사람을 비난해서
얻을 수 있는 것은 거의 없습니다.

플라톤은 말했습니다. "첫 번째이자 가장 위대한 승리는
자신을 정복하는 것이다. 자기 자신에게 지는 것은
무엇보다도 수치스럽고 비참한 일이다." 삶의 가장
큰 도전 중 하나는 자신을 초월해 더 큰 그림을 보는
것입니다. 사람들이 자기중심으로만 생각하면 어둠이
승리하고 말 것입니다. 크메르 루주 포로가 된 상황에서
살아남을 수 있었던 까닭은 제가 더 큰 그림을, 제 자신
너머를 볼 수 있어서였습니다. 그 덕분에 저는 저의

투쟁, 도피, 경직 반응을 다스리고, 객관적으로 생각하고, 그들을 어떻게 설득해야 할지 따져볼 수 있었습니다.

1995년에는 모잠비크 북부에서 대규모 지뢰 제거 작업을 실시하다 폭발에 휘말렸습니다. 이 사고로 오른쪽 팔 아래쪽과 다리를 잃었습니다. 희생이라고 말할 수는 없는 일입니다. 저는 제가 진심으로 믿는 일을 할 수 있었던 것을 큰 행운이라고 생각합니다. 잃은 것에 대해 괴로워하기보다, 가진 것에 감사하기로 선택했습니다. 그렇다면 충만감과 평화는 어디에서 찾을 수 있을까요? 제가 느끼기에 그 답은 자신의 재능을 최대한 발휘하고, 될 수 있는 최고의 모습이 되고, 삶의 여정을 즐기고, 다른 이들과 자연에 연결되는 데 있습니다.

팔과 다리를 하나씩 잃은 채 퇴원한 지 1년도 안 돼 마라톤 경기에 나갔습니다. 17.7킬로미터 지점에 도달하기 전까지 제가 꽤 잘 달리고 있다고 생각했습니다. 그런데 그때 닭 탈을 뒤집어쓴 덩치 큰 신사에게 추월당했습니다. 그 순간 제 중심으로만 생각하지 말고, 다른 사람들과 저를 비교하지도 말고, 그저 제가 될 수 있는 최고의 모습이 되면 된다는 것을 깨달았습니다. 저는 다른 누구보다도 빨리 달리고 싶은 게 아니라, 그저 제 자신의 속도를 뛰어넘고 싶을 뿐입니다. 거기에 행복으로

가는 길이 있습니다. 그래서 달리기를 계속했고, 세계 최초의 절단 장애 초장거리 달리기 선수가 됐습니다.

수년 동안 전문 연설가로 활동하면서 자주 받는 질문이 하나 있는데, 바로 종교가 있냐는 질문입니다. 여러 경험을 겪으며 종교에 대한 믿음은 약해졌습니다. 사람이 종교를 만들었지, 종교가 사람을 만들지 않았습니다. 오히려 더 영적인 사람이라고 할 수 있습니다. 저는 선의 힘, 신, 사랑, 창조성 등으로 부를 수 있는 무언가가 존재한다고 믿습니다. 그 반대의 것도 겪었으며, 빛을 향해 나아가는 법도 배웠습니다. 때로는 빛이 어둠을 끌어당기기도 한다는 사실도 알게 됐습니다. 아인슈타인은 "우리의 기술이 우리의 인간성보다 더 빠르게 발전하고 있다"고 말했습니다. 미래에 우리의 인간성이 기술을 따라잡고 자연의 아름다움과 창조성을 지킬 수 있기를, 인류가 자신을 넘어서기를 간절히 바라고 있으며, 또 기도합니다.

_크리스 문

Matt Lewis

맷 루이스

난파선 생존자. 해양 생물학자로 첫 임무를 안고 남극 바다를 항해하던 중 어선 펌프가 고장 나 표류하게 됐다. 해안에서 수백 마일 떨어진 곳이었고, 영하 1도의 바닷물이 배에 들어찼다. 한밤중 겨울의 폭풍으로 배는 침몰했고, 승무원 절반 가까이가 목숨을 잃었다. 루이스는 목숨을 건지기 위해 사투를 벌인 과정을 담아 《라스트 맨 오프(Last Man Off)》를 펴냈다.

"제 아픔은 다른 사람의
 고통을 보고도 너무 무력해,
 그들을 돕지 못한 데서
 비롯됐습니다."

아마도 제임스 씨께서는 제게서 매일 살아 있음에
감사한다거나, 배가 가라앉은 그날부터 25년이 지난
지금까지 모든 나날이 축복 같다는 내용의 답장을 받게
되리라 기대하실지 모르겠습니다. 난파 사고가 삶의
목적에 어느 정도 깨달음을 줬으리라 여기실 테니까요.

맞습니다. 당시 죽음에 얼마나 가까웠는지 떠올리면 제가
지금 이곳에 있다는 게 커다란 행운임을 다시금 깨닫고,
감사의 마음이 차오릅니다. 하지만 제 삶도 다른 모든
사람의 삶과 마찬가지로 혼란스럽고, 지루하고, 답답하고,
그러한 것들이 삶에 걸림돌로 작용합니다. 그날 밤 함께
출항했던 사람들 중 열일곱 명이 사망했습니다. 그중 열
명은 저와 같은 구명정에 있었는데, 영하 1도의 바닷물이
허리 높이까지 차오른 상태였지요. 저수온 쇼크나
저체온증에 걸리는 건 차라리 자비로운 축이었습니다.
대부분이 고통을 겪을 새도 없이 사라졌습니다. 이 사실을
아는 건, 제가 그 사람들 바로 뒤에 있었기 때문입니다.
그들의 삶은 끝났지만, 그들이 남긴 영향은 사라지지
않았습니다. 그들은 모두 저마다 가족과 친구, 사랑과
갈등, 존경과 빚진 마음이 얽힌 복잡한 망을 남기고
떠났습니다. 많은 이가 아버지였고, 그중에는 아직
태어나지 않은 아이들의 아버지도 있었으며, 그들의
자손은 이제 성장해 자기 삶을 살아가기 시작했습니다.

우리가 쌓고 남기는 이러한 관계망이 우리를 죽음
이후에도 이 세상에 살아 있게 합니다.

바로 얼마 전, 죽은 선원의 자녀로부터 연락을
받았습니다. 제가 책에서 자신의 아버지가 한 행동에 관해
서술한 내용을 인정할 수 없다며, 아버지를 두둔하더군요.
본의 아니게 상처를 준 건 무척 미안하지만, 그렇다고
제가 쓴 내용을 철회하거나 수정할 수는 없었습니다.
구조가 요원한 상황에서 일어난 일을 전하는 데 필요하기
때문입니다. 하지만 그 아이가 아버지를 변호하고 싶어
했다는 사실은 그가 여전히, 비록 가족의 마음속이지만,
존재하고 있다는 것을 보여줍니다. 인생의 의미라는 것이
우리가 세상이나 주변 사람들에게 끼치는 영향에 있다면,
그의 영향은 아직도 계속되고 있는 것이죠. 저는 이 사고
이야기를 전하고, 사람들이 여기서 뭔가를 배울 때 마음의
평화를 얻습니다. 수드르 하비드호 침몰 사고는 안일한
인식 탓에 벌어졌다고 해도 과언이 아니며, 거기에는
교훈으로 삼을 만한 것이 있습니다. 저희의 이야기가 압박
속에서 일어나는 행동을 이해하고자 하는 사람들이나
현장에서 안전을 다루는 사람들에게 유용하다면,
계속해서 말할 가치가 있다고 생각합니다.

저는 다른 사람들, 즉 가족, 친구, 독자, 다른 나라에서

예기치 않게 만나는 사람과의 연결 속에서 보상을
얻습니다. 그리고 움직일 때 충만감을 얻습니다. 자연으로
나가 산길을 따라 걷거나 물 위를 건널 때, 정신이 맑고
고요해집니다. 제 아픔은 저의 세포에 박힌 얼음 파편이
아니라, 다른 사람들이 고통받는 것을 보면서도 그들을
돕지 못한 데서 비롯되었습니다.

그렇다면, 이런 의미로도 생각할 수 있을 것 같습니다.
삶의 치유와 아름다움은 주위 사람들에게 손을 내밀고,
말을 걸고, 따뜻한 마음과 도움을 건네는 데 있는
것이라고 말입니다.

_맷

Brian Clark

브라이언 클라크

캐나다인 사업가, 9·11 테러 생존자. 9·11 테러 당일, 유로브로커스 (Euro Brokers Inc.) 뉴욕 지점에서 일하고 있었다. 이 지점은 이날 전체 직원의 5분의 1에 해당하는 예순한 명을 잃었다. 클라크는 84층에 있던 자신의 사무실에서 빠져나왔다. 세계무역센터 남쪽 타워에서 항공기가 충돌한 지점과 그 위쪽에서 탈출한 사람은 불과 열여덟 명으로, 클라크가 그중 하나다. 이후 클라크는 사망한 직원들의 가족을 지원하기 위해 설립된 유로브로커스 릴리프 펀드(Euro Brokers Relief Fund) 회장으로 임명됐다.

"삶이 끝날 때
지나온 날들을 되돌아보며
'잘 살았다', '잘 사랑했다'라고
느낄 수 있기를…"

저는 감사하게도 2001년 9월 11일 세계무역센터의 극한
상황 속에서 살아남았습니다. 그 후 삶은 저에게 새로운
의미로 다가왔습니다. 제가 깨닫게 된 몇 가지 내용은
다음과 같습니다.

과거의 일들

저는 스스로에게 '왜 나는 살아남았나? 왜 다른 이들은
살아남지 못했나?'라고 물을 수도 있습니다. 하지만
논리적으로 볼 때, 이 두 질문은 답이 없습니다. 이제 저는
답이 없는 질문 때문에 고민하고, 심지어 답을 찾으려
애쓰는 것이 시간낭비라는 걸 압니다. 이제 저는 그렇게
'답이 없는' 질문에 부딪힌 사람이 있으면, 과거에 일어난
불가해한 일들에 에너지를 낭비하지 말라고 조언합니다.

미래

미래에 집중하십시오. 미래에 집중하면 우리는 앞으로
나아갈 수 있으며, 자신을 괴롭히는 것들로부터
멀어집니다. 그리고 대부분의 경우, 장애물은 오히려
기회입니다. 동시에, 미래에 대해 걱정하지 마세요.
미래가 어떻게 될지, 어떤 식으로 펼쳐질지 누구도
확신할 수 없습니다. 계획이 있는 것은 좋지만, 그 계획이
기대만큼 결실을 볼 수 있을지는 모릅니다. 그렇더라도
걱정하지 마세요. 일은 어떻게든 흘러가고, 우리는 거기에

맞춰 나아갈 것입니다. 그런 점에서 우리 인간은 참으로
대단한 존재입니다.

현재

'답이 없는' 질문들에 매달리지 않고 미래에 대해
걱정하지도 않으면, 우리에게 남는 것은 현재입니다. 바로
제가 머무는 곳입니다. 저는 지금 이 순간에 있습니다.
환한 미소를 지으며 사람들에게 말합니다. "모든 날이
좋은 날이에요. 다른 날보다 더 좋은 날이 있을 뿐이죠."
9월 11일의 비극에서 살아남았으니, 젊은이들에게 '삶이
얼마나 귀중한 것인지' 전하고 싶은 데는 충분한 이유가
있는 셈입니다.

앞으로 나아가기

이제 저는 '잘 살아가기'를 말하며 남은 시간 동안 유익한
사람이 되자고 저 스스로와 주변 사람들을 격려합니다.
우리의 재능과 능력을 활용해 자기 삶을 발전시키고,
가족, 이웃, 마을, 나아가 도시, 국가, 더 넓게는 세상
사람들의 삶에 긍정적인 영향을 미치기 위해 노력하자는
이야기입니다. 그러면 분명 자신에게 행복이 돌아오게 돼
있지요.

잘 사랑하기

또 사람들이 '잘 사랑하기'를 바랍니다. 사랑하는
사람들에게 진심으로 사랑한다는 말을 한 적이 있나요?
사람들은 그 말을 듣고 싶어 합니다. 제임스 씨도
사람들로부터 사랑한다는 말을 듣고 싶을 겁니다. 삶이
끝날 때 지나온 날들을 되돌아보며 '잘 살았다'라고, 또
'잘 사랑했다'라고 느낄 수 있다면, 자신의 존재로 인해
조금 더 나아진 세상이 곧 자신이 남기는 유산이 될
것입니다.

_브라이언 클라크

John Hoskison

존 호스키슨

전직 프로 골프 선수. 유럽 골프 투어에서 활약하던 중 1994년 음주 운전으로 자전거 운전자를 치어 사망에 이르게 해 징역 3년형을 선고받았다. 이후 15년간 과거의 일을 만회하기 위해 노력했다. 200개 이상의 학교에서 학생들에게 불필요한 위험을 감수할 때 실제로 발생할 수 있는 위험에 관해 이야기했다. 또 교도소 개선 방안을 논의하는 수많은 콘퍼런스에 참석했고, 사법연구위원회 세미나에도 정기적으로 참석했다. 2007년 모든 관계자의 축복 속에서 유럽 시니어 투어 카드를 획득한 뒤 2위에 오르며 다시 정식 출전 자격을 얻었다.

"다른 이들의 안녕에 기여하고,
친절이 만들어내는
변화를 보는 것"

저는 어린 나이에 프로 선수가 됐습니다. 불과 열일곱 살에 엡섬에 있는 RAC 컨트리클럽 프로 골프 선수 연습생이었고, 그로부터 채 3년도 안 돼 유럽 골프 투어에 나갔습니다. 수직 궤적을 그렸달까요. 저는 삶을 흑백으로 보도록 배웠습니다. 성공하거나 실패하거나, 좋거나 나쁘거나. 저는 오로지 제 커리어에 관한 생각뿐이었습니다. 그래서 성공한 사업가들과 세계 최고의 운동선수들과 어울렸지요.

특별히 행복하지는 않았습니다. 열한 살 때는 기숙학교에서 형편없는 시간을 보냈어요. 열다섯 살 때는 부모님이 1년 안에 A레벨(영국의 대학 입학 자격 과정으로 일반적으로 2년이 걸린다.―역주)을 마치라고 강요했지요. 열여섯 살에 가족들과 언쟁을 벌인 끝에 집에서 도망쳐나왔습니다. 혼란스러운 시기였죠. 그러나 RAC 컨트리클럽에서 저는 마음을 추슬렀고, 성장할 수 있었습니다. 여간 힘든 일이 아니었어요. 골프공에 맞아 손에서 피가 났습니다. 매일 밤 잠들지 못한 채 어떻게 하면 실력이 더 나아질 수 있을지 고민했습니다. 놀랍게도 10년 뒤, 저는 유럽팀 챔피언십에 잉글랜드 대표로 출전했고, 미국과 맞붙는 PGA컵 경기에 유럽 대표로 두 차례 출전했습니다. 꿈이 현실이 된 거죠. 저는 바라는 거의 모든 것을 이뤘습니다. 그런데 그때 얻은 물질적

부가 제게 큰 의미가 없었고, 그래서 필요하지 않은 것
대부분을 기부했습니다.

유럽 골프 투어에서 뛰다 보면 아무래도 혼자 여행하는
시간이 깁니다. 그러다 보니 생각에 빠질 여유가
있었고, 그때 제가 아주 제한적인 삶을 살고 있다는 걸
깨달았습니다. 이후 다양한 철학을 탐구하는 데 시간을
투자하기 시작했습니다. 그러다 정상에 오르기 위해
싸우기보다 산을 돌아보며 경치를 살핀다는 개념에
매료됐습니다. 그 덕분에 새로운 시선을 갖게 되었고,
제가 방문했던 훌륭한 골프장 상당수가 빈곤하고 열악한
지역에 둘러싸여 있다는 사실도 인식하게 됐습니다.

그러던 어느 날 끔찍한 실수를 저질렀고, 제 삶은 완전히
바뀌었습니다. 저는 음주 운전을 하는 위험한 행동으로,
사망 사고를 일으키고 말았습니다. 그 결과는 징역형으로
이어졌습니다. 그런데 제게 선물이 주어졌습니다.
고인의 부인이 제 양형 심리에 관대한 처분을 호소한
것입니다. 믿기 어려울 정도로 엄청난 용서 덕분에
당초 5년형이 예상됐으나 3년형이 확정됐습니다. 최종
선고가 내려지기까지 1년의 시간 동안 감옥이 어떤
곳일지 상상해봤습니다. 현실은 제가 상상한 것과 완전히
달랐습니다. 좁은 감방에 갇혀 느끼는 밀실공포증만 그런

게 아니라 함께 지내는 사람들도 그랬습니다. 제 곁에 있는 사람들은 더 이상 아침 식사 자리에서 다음 국제선 비행을 계획하는 세계 정상급 선수들이 아니었습니다. 대개 헤로인에 중독돼 다음번 약을 어디에서 구할지에 관한 생각밖에 없는 유령 같은 사람들에 둘러싸여 있었지요.

감옥에 가기 전의 저라면 이 동료 수감자들을 무조건 나쁜 사람들로 단정지었을 겁니다. 감옥에 갈 만하니 간 것이라면서 말이죠. 하지만 몇 달을 함께 지내며 그들을 알아가다 보니, 삶이 그렇게 단순하지 않다는 걸 깨닫게 됐습니다. 제가 저지른 범죄에 대해 용서를 받은 입장으로서, 사람들이 어떻게 문제를 일으키게 되는지 곰곰이 헤아려보게 됐습니다.

저는 특권을 누리는 환경에서 어린 시절을 보냈습니다. 사립학교, 스포츠 시설, 뛰어난 주치의……. 제가 동료 수감자들과 같은 궁핍하고 열악한 환경에서 자랐다면 어땠을까요. 갱단에 몸을 담는 삶을 피할 수 없었을 것입니다. 경쟁심도 강하니 누구보다도 약을 유통하는 데 힘을 쏟아 정점에 올랐을 것입니다. 사회가 제가 만난 많은 젊은이를 저버렸다는 생각을 떨칠 수 없었습니다.

여하튼 그 안에서의 시간을 버텨냈습니다. 마약을 하거나
흠씬 맞는 상황은 피할 수 있었지요. 교도소 안에서
폭동이 벌어졌을 때는, 제가 사귀었던 수감자들이 저를
감싸고 보호해줬습니다. 그렇게 저는 그들에게 막대한
빚을 졌습니다. 마침내 출소한 순간, 감사의 마음이 가득
차올라 저절로 무릎을 꿇을 수밖에 없었습니다. 놀랍게도
PGA는 저를 다시 프로 무대로 초대해줬습니다.
사람들은 제게 아주 친절했고, 시간이 지남에 따라
자신감을 얻은 저는 젊은이들이 문제를 피할 수 있도록
돕기 위해 강연을 다니기 시작했습니다. 지금까지 800회
이상 강연을 했는데, 누군가에게 조금이라도 도움이
됐다고 생각하면 기쁩니다. 강연을 시작한 초기에는, 제
삶의 의미를 이해하는 데 흐릿하게 가까워지고 있었던 것
같습니다.

그러다 2019년, 아내와 함께 생활 규모를 줄이고
불필요한 물건들을 정리한 뒤, 햄프셔에 있는 파크
홈(park home, 이동 주택의 일종으로, 주로 공원 내에
단지를 이루고 있다.—역주)으로 이사를 단행하면서,
드디어 그 의미를 또렷이 이해하게 됐습니다. 저희
부부는 돌봄 공동체의 일부가 됐습니다. 모두가 서로를
돌보고, 누구도 혼자서 문제에 직면하지 않습니다.
저는 기본적으로 독립적인 삶을 살아왔는데, 갑자기

사람들이 진심으로 제 안녕을 염려해주는 커다란 팀의
일원이 된 겁니다. 삶의 의미가 더없이 명확해졌습니다.
진정한 행복은 받는 것보다 더 많은 것을 돌려주는
데서 옵니다. 다른 사람들이 삶의 어려움을 이겨낼 수
있도록 정신적으로 육체적으로 돕는 데서 옵니다. 돌봄
공동체에서 살아가며 다른 이들의 안녕에 기여하고,
친절이 만들어내는 변화를 보는 것이 제게는 최고의
보상이 됐다고 말할 수 있겠습니다.

_존 호스키슨

친절과 선의
kindness and goodwill

다른 이들의 안녕
welfare of others

인류애
love for humanity

베네딕트 앨런

세계적인 탐험가. 전화, GPS를 비롯한 각종 지원 없이 탐험에 나서는 것으로 잘 알려져 있다. 원주민들 사이에 자연스럽게 녹아드는 모습으로 유명세를 얻기 시작하다, 자신이 직접 촬영한 BBC 시리즈를 바탕으로 TV 모험 프로그램 장르를 개척했다. 아마존 분지 중 너비가 가장 넓은 곳을 건넌 최초의 인물이며, 나미브 사막 전체를 도보로 가로지른 최초의 인물이다. 앨런의 모험은 그가 펴낸 열 권의 책과 여섯 편의 BBC 시리즈로 소개돼 있다.

"불만족스러운 상태가
 제 일을 하는 데 '당연히
 따라오는 일부'라는
 사실을 배웠습니다."

제임스 씨, 공교롭게도 막 서파푸아로 사라질 채비를 하고 있던 참이라, 답장을 쓸 시간이 많지 않네요. 그렇더라도 진심을 담아 써보려고 합니다. 머릿속에 떠오르는 대로 두서없이 씁니다만, 모쪼록 도움이 되길 바랍니다!

솔직히 말씀드리자면, 어릴 때 저는 세상을 잘 이해하지 못했던 것 같아요. 겉으로는 대개 잘 어울리긴 했지만(축구도 하고 그랬으니까요), 주변 세계에서 기쁨이나 만족을 찾으려면 다른 사람들보다 더 많은 노력이 필요했던 것 같아요. 그러다 보니 안 그래도 책에 푹 빠져 지내던 사람으로서, 제가 리빙스턴Livingstone이나 로버트 스콧Robert Scott 같은 탐험가가 될 운명이라는 생각이 커져갔습니다. 삶의 답이 저 먼 숲이나 평원, 사막 어딘가에 있을 것만 같았어요. 문제는 정말 그걸 찾으러 갈 것인가였죠. 결국 저는 떠났습니다. 충만감을 얻었고, 의미도 찾았지요. 하지만 결코 쉽진 않았어요. 예순셋이 된 지금까지도 만족하기란 쉽지 않네요.

그러나 저는 불만족스러운 상태가 제 일을 하는 데 '당연히 따라오는 일부'라는 사실을 배웠습니다. 모든 탐험가, 그렇습니다. 어딘가에 분명 존재하고 있을 진실을 찾으려는 탐구자들입니다. 실제로는 존재하지 않는다고 해도 우리는 위험과 육체적 고통을 감수하고서,

길을 나섭니다. 그런 다음 어떻게 해서든 돌아오고, 그 덕에 나아진 기분을 느끼죠. 말하자면 가려운 데를 긁고 오는 거예요.

정말 드리고 싶은 말씀은, 우리 모두는 결국 탐험가라는 것입니다. 불안함과 탐구 정신은 우리를 인간으로 만드는 요소예요. 그 점에 있어 우리 모두 한배를 타고 있다는 사실이 꽤 위안이 되지 않나요? 그리고 중요한 것은 인간으로 살아가는 게 쉽지는 않다는 걸 받아들이는 겁니다. 제가 겪은 모험들이 어느 하나 쉽지 않았던 것과 마찬가지예요. 개인적으로 저는 말라리아에 여섯 번이나 걸렸던 사람입니다. 총에 맞고, 강도를 만나기도 하고, 방치돼서 죽을 뻔한 적도 있습니다. 하지만 저는 계속해서 나아갑니다. 끝에 가서 주어지는 삶의 보상이 너무나도 훌륭하기 때문이죠. 최악의 순간들은 그야말로 최악이지만, 최고의 순간들은 이루 다 말로 표현하기 어려울 정도로 환상적이라고나 할까요. 그래서 저는 계속해서 앞으로 나아가고 있으며, 이 아름다운 세상을 마음껏 보며 살아올 수 있었던 것에 대해 저의 행운의 별에게 감사하고 있답니다.

_베네딕트 앨런

225

톰 터시치

Tom Turcich

걸어서 지구를 한 바퀴 돈 모험가. 친구의 죽음을 계기로 2015년 도보 일주를 시작했다. 파나마에서는 칼로, 튀르키예에서는 총으로 협박을 당했고, 페루 사막에서는 자기 내면의 깊은 곳을 헤맸다. 조지아에서는 민주주의가 굳건해지는 모습을 목격하기도 했다. 7년 동안 약 4만 5,000킬로미터를 걸은 터시치와 그의 개 서배너(Savannah)는 걸어서 세계를 일주한 열 번째 사람과 첫 번째 개가 됐다.

"인생의 의미를 추정하는 건
오만하고 어리석은 일이에요.
자신이 중요하다는 착각은
우리 세상을 파괴합니다."

우리 중 누가 이 질문에 대답하는 것이 좋을까요? 전쟁, 기근, 질병의 변덕에 휘둘리지 않고 철학을 할 수 있는 여유를 누리는 선진국 사람들이겠죠. 물론 모든 사람의 관점이 유효해요. 우리는 모두 각기 동등한 복잡성과 깊이를 지닌 우주에 살고 있으니, 그 의미를 어떤 공통분모로 묶으려는 것은 지나친 시도일지도 모릅니다.

엘살바도르에서 사탕수수를 수확하는 일꾼에게 삶의 의미는 뭘까요? 사헬에서 소 떼를 돌보는 목동에게는요? 역사에 도둑맞고, 훼손당하고, 끌려 다닌 소녀들에게는 어떨까요? 그들에게 자유의지에 관해 말할 수 있을까요? 열정, 동기, 뭔가 하고자 하는 마음에 대해 말을 걸 수 있을까요? 우리는 우리가 생각하는 것보다(혹은 인정하고 싶은 것보다) 작아요. 우리는 헤아릴 수 없이 드넓은 바다에 녹아드는 소금 알갱이에 불과하죠. 인생의 의미를 추정하는 건 오만하고 어리석은 일이에요. 자신이 중요하다는 착각이 세상을 파괴하는 가장 큰 요인입니다. 좁은 시각에 사로잡힌 사람들은 타협과 연민의 마음을 잃어버려요. 어떤 의미나 사상이 견제되지 않고 자기 확신과 권력과 결합하면 역사상 가장 끔찍한 잔혹 행위를 저지른 이들과 같은 이념가가 탄생하게 되죠.

한 사람의 가치를 헤아릴 수 있는 유일무이한 척도는 그가

지닌 행복과 그가 다른 이들에게 안긴 행복입니다. 인간이
구성한 다른 모든 개념도, 심지어 의미라는 개념도,
행복을 추구하는 과정에 놓여 있어요. 우리는 안정감을
얻기 위해 집과 사랑하는 파트너를 갖고 싶어 합니다.
자신에 대한 존경을 불러일으키는 명성과 찬사를 원하죠.
인간성을 초월하고 영원한 자아 수용 상태에 도달할 수
있다는 믿음으로, 자신의 꿈을 실현하기 위해 노력합니다.
그러나 안정감, 존경, 자아 수용에 이르는 구불구불한
길들은 결국 모두 같은 성배, 즉 행복을 추구하는 다른
길일 뿐이에요.

운 좋게도 자신이 삶의 방향을 통제한다고 믿을 만큼
충분한 안전과 부가 확보된 곳에 거주하는 사람들에게는
행복을 느끼고 행복을 나누는 것이 가치 있는 목표라고
할 수 있어요. 대부분의 경우, 행복을 이루는 좋은 방법은
자신의 인간성을 포용하는 것이에요. 우리를 깎고 다듬어
효율적인 자동장치로 만들려는 산업화의 압박에서
벗어나라는 말입니다. 운동하고, 잘 자고, 자연으로
들어가고, 가족과 함께 시간을 보내세요. 안 좋은 날도
있을 거라는 걸 받아들이고, 자신을 용서하세요. 다른
사람들이 안 좋은 날을 보낼 때면, 그들도 이해하고
용서하세요. 작은 목적도 세우세요. 인생의 의미처럼
거창할 필요도 없어요. 하루하루를 계획적으로 보낼 수

있는 열정만 있으면 됩니다.

이조차도 사치일지 몰라요. 한 인간의 삶을 훨씬 넘어서는 막대한 힘에 짓밟히고 있다면, 그저 지켜보는 것만으로도 충분해요. 최선을 다해 자신을 온전히 받아들이고 '이런 게 인생이라는 건가? 뭐, 내가 어떻게 알겠어. 나도 처음 태어난 건데'라는 생각으로 살아가세요. 인생에 특별한 의미 같은 건 없어요. 그래도 괜찮아요. 우리는 살아 있잖아요. 세상은 아름다운 복잡성으로 가득 차 있으며, 친절하고 흥미롭고 매력적인 사람들로 북적입니다. 자기중심성을 버리세요. 집중해야 할 것에 집중하세요. 그거면 충분합니다.

_톰 터시치

Ann Daniels

앤 대니얼스

극지 탐험가. 북극과 남극에 모두 도달한 역사상 첫 여성이다. 1997년 당시 스포츠 활동 경험이 없고 18개월 된 세쌍둥이를 둔 엄마였는데, 무려 200명이 넘는 경쟁자들을 물리치고 맥비티즈 펭귄 폴라 릴레이 (McVitie's Penguin Polar Relay) 첫 번째 팀에 합류했다. 이 탐험에서 400일 이상 얼음 위에서 썰매를 끌며 4,800킬로미터가량 이동했다. 또한 세계 여러 과학 기관과 협력해 지구 극지의 얼음을 측정하고 데이터를 수집해, 인간이 지구에 미치는 환경적 영향을 이해하는 데 기여했다.

"순진하고 무력한
작은 존재들을 돌보는 것이
제 삶의 초점이자 목적입니다."

제 삶의 의미는 나이를 먹고 상황이 바뀌면서 계속
변해왔어요. 한 가지 변함없는 것이 있다면 더 잘하고
싶고, 더 나은 사람이 되고 싶다는 열망이에요. 제임스
씨의 질문에 제대로 답하려면 저에 대해 알려진
것들보다는 개인적인 이야기를 하는 것이 옳은 것 같아요.

저는 오빠가 네 명이나 있어요. 어릴 때 저는 언제나
그중에서 제일 도전적으로 나서곤 했어요. 버려진 건물을
타고 오르거나, 넓은 강을 건너뛰거나, 오빠 친구가
다트로 사과를 맞추려고 하면 바로 그 사과나무 아래에
서 있거나 하는 식이었죠. 대개 머리가 찢어지거나,
무릎에 피가 나는 걸로 끝이 났고, 사과나무 사건 때는
이마에 다트가 박힌 채 집으로 실려 갔던 것 같아요.
어떤 도전에 나서기 전에는 늘 겁이 났지만, 그 두려움이
오빠들이 던져주는 도전 과제나 무모한 장난 같은 것들에
참여하고 싶은 열정을 꺾지는 못했어요. 오빠들이 저를
형제 중 하나로 인정해주고, 저를 데리고 다니고, 제가
키는 작지만 크고 용감하다고 여겨주길 바라는 마음에서
비롯된 것이었어요. 유치하고 단순한 바람이었지만
지나고 보니 그 덕분에 저에게는 늘 목적이 있었고,
목적이 없었으면 하지 않았을 여러 일들에 도전할 수
있었던 것 같아요.

나이가 들고, 가족 중 처음으로 은행에서 첫 직장 생활을
하게 되면서도 저는 가능한 한 많이 성장하고 싶었어요.
스스로 발전하고 일을 잘 해내기 위해 계속 노력했죠.
돌이켜보니 이때도 저를 움직인 동기는 참 감정적인
거였네요. 저는 저보다 훨씬 경험이 풍부한 동료들이 저를
존중해주고, 제가 일을 열심히 하고 또 잘하는 사람이라고
생각할 수 있도록 제 자신을 증명하고 싶었어요. 은행
관리직에 오르고 싶다거나 은행 업무가 본래부터
멋지다고 생각했던 적은 없었죠. 제 동기는 다른 데
있었던 거예요.

그러다 아이들이 태어나며, 아니 임신하는 순간부터
제 삶이 바뀌었어요. 세 아이가 뱃속에 자라고 있다니
무서우면서도 경이로웠고, 이 아이들을 지켜야 한다는
생각이 가장 먼저 들었죠. 아기를 낳고 키우는 일은
굉장히 어렵고 감당하기 힘들 것이라는 말을 계속해서
들었지만, 저는 그 사람들이 틀렸다는 걸 증명할 수 있을
거라고 믿었어요. 그 사람들이 저를 어떻게 생각하는지가
중요해서 그런 게 아니라(실제로 그렇지 않았고요), 제
생명보다 더 소중한 세 생명이 있기 때문이었죠. 그 무렵
저는 물러서지 않고 도전에 임하는 데 익숙했고, 아이들이
태어나자(예정일보다 4주 일찍 태어났죠) 순진하고 무력한
그 작은 존재들을 돌보는 것이 제 삶의 초점이자 목적이

232

됐어요. 물론 힘들고 정신없이 바쁜 나날이었습니다.
출산 3주 만에 임신으로 늘었던 38킬로그램이 전부
빠질 정도였지만, 그보다 더 큰 것은 아드레날린과
행복감이었어요. 제 마음은 더할 나위 없이 충만한
느낌으로 가득했죠.

그러나 아이들이 태어나고 얼마 지나지 않아 흔들리기
시작했던 제 결혼 생활이 끝내 파경을 맞으면서, 그
감정들도 무너져내렸어요. 방심했기 때문에 상황을
바로 알아차리지 못했고, 마침내 깨달았을 때는 이미
늦은 상태였죠. 처음에 저는 슬픔과 무력감 그리고
무가치하다는 느낌 속으로 가라앉기 시작했어요.
아이들을 위해 육체적으로 필요한 일은 모두 하고
있었지만, 감정적으로는 대처하지 못했죠. 삶의
의미와 충만감 같은 것은 그저 어둡고 텅 빈 공허로
다가왔습니다.

좋든 나쁘든 수많은 일이 그렇듯, 뭔가를 해야겠다는
결정으로 이어지는 중대한 순간들이 있잖아요. 저에게
그 순간은 다이닝룸에서 18개월 접어든 아이들과 놀다
제가 공황발작을 일으킨 날이었어요, 숨을 제대로 쉬지
못하는 엄마를 보고 두려움에 찬 아이들의 눈을 마주한
때였습니다. 저는 뭔가를 해야 했어요. 사랑스러운

아이들을 육체적으로뿐만 아니라 감정적으로도 돌보는
것이 제게 주어진 책임이라는 사실을 그때 깨달았습니다.
두려움과 자기 비하에 사로잡혀 껍데기만 남은 사람이
아니라, 온전한 존재가 되어야 한다는 것을요. 당시에
저는 스스로를 정말 그렇게 여기고 있었어요. 그리고
그 뭔가가 뭐가 될지는 몰랐는데, 예상 밖의 형태로
찾아왔죠.

도보와 스키로 북극까지 갈 첫 여성 탐험대를 꾸리려고
평범한 여성들의 지원을 받고 있다는 이야기가 귀에
들어왔어요. 스키를 타본 적도, 별다른 스포츠 경험도
없는 세쌍둥이 엄마인 제게 터무니없는 도전이었지만
어린 시절의 경험과 두려움을 다스리고 결국엔 해내는
저의 능력을 살려 한번 해보자는 생각이 들었습니다.
그렇게 첫 선발 대회에 지원했지만, 가망이 없었죠.
그런데 9개월 후에 있을 두 번째 선발 대회에서 탐험대가
구성될 예정이었으니 여전히 기회가 있었어요. 그
기회는 제 개인을 위한 기회이기도 했지만, 저희 가족을
위한 기회이기도 했죠. 난생처음 갖게 된 꿈이었어요.
목적과 비전이 생기고, 목표가 명확해졌어요. 삶이 다시
의미를 갖기 시작한 거예요. 이후 9개월 동안 저는 세
어린 자녀를 돌보는 시간 외에는 이 탐험대에 합류하기
위해 모든 노력을 쏟았어요. 지도 읽는 법, 대자연에서

활동하는 데 필요한 기술 같은 것들을 익히거나 단련했죠.
삶이 다시 한 번 정신없이 바쁘게 돌아갔지만, 그런 게
힘들거나 싫지 않았어요. 가치 있는 목표가 있었으니까요.
단지 북극에 가는 것이 중요한 게 아니라, 제 자신의
한계를 극복하고 온전한 인간으로 거듭나는 것이 개인적
목표였죠. 제 미소를 되찾고, 아이들을 기본적인 수준
이상으로 돌볼 수 있게 되길 바랐어요.

9개월 후 저는 다시 다트무어(영국 잉글랜드의 고원 지방)로
갔습니다. 그곳에서 혹독한 두 번의 주말을 보내며 두
번의 선발대회를 치른 뒤, 탐험대에 합류하게 됐답니다.
믿을 수 없었어요. 진심으로 그 순간이 제 탐험 경력에서
가장 큰 성취였다고 생각하고 있어요. 제게는 그 어떤
세계기록이나 과학 탐험보다도 커다란 의미였어요.
거기에 도달하기까지 어떤 노력이 필요했는지는 오직
저만이 알죠. 그곳에서 저는 진정한 제 자신과 제가
되고 싶은 저의 모습을 발견했습니다. 스스로 가치 있고,
유능하며, 행복하다는 느낌을 안고 집으로 돌아왔어요.
정말 만족스러운 기분이었죠.

저의 탐험 성과들은 공식 기록으로 잘 남겨져 있지만,
잠시 소개해드리면 다음과 같습니다. 첫 번째 탐험은
네 명의 여성으로 구성된 다섯 팀이 두 여성 가이드와

릴레이로 썰매를 끌며 북극으로 향하는 것이었어요. 이 탐험에서 저는 첫 번째 구간에 참여했기 때문에 북극점에 도달하지는 못했습니다. 이어 2002년에 저와 다른 네 여성은 또 다른 여성 탐험대를 통해 남극대륙 끝에서부터 남극점까지 스키로 탐험했고, 폼 올리버Pom Oliver, 캐롤라인 해밀턴Caroline Hamilton과 함께 여성으로만 구성된 팀의 일원으로서 북극점과 남극점을 모두 스키로 탐험한 역사상 첫 번째이자, 이 편지를 쓰는 시점에서 유일한 여성 중 한 명으로 이름을 올렸습니다.

이 목표들을 달성함으로써 제 삶은 충만해졌고 목적과 의미를 갖게 됐지만, 결국 그것만으로는 충분하지 않았어요. 그때쯤 저는 연설가로 활동을 시작했기 때문에 재정적으로도 안정된 상태였죠. 부유하지는 않았지만, 어차피 당시에 부유한 삶은 제 목표가 아니었어요. 저는 목표 지점에 도달하는 것 외에는 딱히 다른 목적이 없는, 극한의 탐험을 하는 삶에 대한 열망을 잃었습니다. 그 정도의 육체적 어려움을 감수하려면, 뭔가 그 이상의 의미가 있어야 했어요.

저는 얼음으로 뒤덮인 세상의 끝을 사랑하게 됐고, 그곳에서의 제 경험들로 우리 행성의 연약한 극지에서 무슨 일이 일어나고 있는지 알게 됐지요. 세상 사람들과

저는 마침내 지구 전체에 걸친 기후변화의 파괴적인
영향에 눈을 뜨고 있었어요.

제 오랜 친구이자 멋진 탐험 지도자인 펜 해도우Pen
Hadow 역시 자신의 탐험에 진정한 가치를 더할 방도를
모색했고, 곧 세간의 주목을 받으며 캐틀린 북극 탐사대를
꾸렸습니다. 이 탐사의 유일한 목적은 과학자들과 협력해
북극권 지역의 상황과 그에 따라 전 세계에 초래될 영향을
조사하는 것이었죠. 펜은 자신이 탐사의 과학적 목적에
집중할 수 있도록, 제게 탐사대에 합류해 선두에서 경로를
찾고 팀을 이끄는 역할을 맡아달라고 하더군요. 그렇게
또다시 저는 제 일의 진정한 목적과 의미를 발견했고,
이 탐사대와 3년이 넘는 기간에 걸쳐 세 번의 탐험을
떠났답니다. 이후에도 나사, 유럽 우주 기구, 그 외 여러
과학 기관과 협력해 다양한 탐험을 했어요. 과학자들이
인간이 세상에 끼치는 환경적 영향을 이해하는 데 도움이
될 수 있도록, 극지방에서 빙하를 추적하고 측정하고
자료를 수집했지요.

지금 제 인생의 의미는 완전히 달라졌어요. 다시
결혼했고, 네 명의 다 큰 아이들이 있죠. 나이가 들었고,
아이들은 독립했으며, 제가 누군가에게 도움이 될 때
가장 큰 기쁨을 느낍니다. 2018년 이후에는 북극 탐험을

떠나지 않았고, 지금은 탐사대를 도우며 의미와 충만감을
얻습니다. 삶의 목적이 분명해지니, 제가 가치 있다는
느낌을 받습니다. 앞으로 어떤 일이 또 생길지는 모르지만
60세가 코앞인 지금, 저는 만족스럽고 행복합니다.

_앤 대니얼스

엘런 맥아더

2005년 최단기간 단독 요트 세계 일주 기록을 세운 인물. 지금도 영국에서 가장 성공적인 해양 요트 선수로 꼽힌다. 선형 경제가 의존하는 자원의 유한성을 깊이 인식하게 돼 요트 선수에서 은퇴하고, 2010년 엘런맥아더재단을 설립했다. 엘런맥아더재단은 순환 경제로의 전환을 촉진하는 활동에 주력하고 있으며, 세계 각국 결정권자들이 이 문제를 안건에 올리도록 돕고 있다. 대영제국 2급 훈장과 데임 칭호를 받았다.

Ellen Macarthur

"제가 대접받고 싶은 대로
다른 사람들을 대접하며
친절함을 잃지 않을 겁니다."

저는 모든 일에서 목표를 찾습니다. 크든 작든 목표를
세워야 현명한 결정을 내리고 방향을 잡을 수 있기
때문이죠. 이러한 태도가 제 삶에 충만한 의미를 줍니다.
또 저는 모든 일에 최선을 다하겠다고 다짐합니다.
경주를 할 때도 그랬고, 세계 경제를 선형에서 순환형으로
전환시키고자 노력하는 일에서도 마찬가지입니다.

끝으로 저는 항상 친절함을 잃지 않고, 제가 대접받고
싶은 대로 다른 사람들을 대접하며, 제가 하는 모든
일에서 즐거움을 찾으려 한답니다.

_엘런 맥아더

마크 보몬트

영국 장거리 사이클 선수, 방송인, 작가. 2017년 9월 18일, 79일이 채 걸리지 않아 2만 9,000킬로미터를 완주하며 가장 빨리 자전거 세계 일주에 성공한 사람으로 기네스 세계기록에 등재됐다. 알래스카 앵커리지에서 아르헨티나 최남단 우수아이아까지 자전거로 달렸으며, 다른 다섯 사람과 팀을 이뤄 캐나다 누나부트 준주의 레졸루트 베이에서 1996년도 자북극점까지 보트를 타고 노를 저어 이동하는 데 성공했다. 카이로에서 케이프타운까지 42일 8시간 만에 달려, 단독 아프리카 자전거 종단 세계 신기록을 세웠다.

Mark Beaumont

"인생의 의미는
놀랍도록 단순하니,
기꺼이 시간을 내 기억에 남을
순간을 만들어야 합니다."

저는 인생의 의미는 행복을 찾는 데 있으며, 만족과는
거리가 멀다는 걸 알게 됐습니다. 만족이라는 건 정적인
상태인 데 반해, 저는 제 여정 속에서 뭔가를 이루기 위해
애쓸 때 최고의 행복을 발견하기 때문입니다.

나이를 먹고 세상을 보는 관점이 달라지면서, 제가 갖고
있던 성공에 대한 정의도 크게 바뀌었습니다. 운 좋게도
저는 자전거로 온 세상을 누비며 여행할 수 있었고,
그 과정에서 끊임없이 제 생각에 의문을 품고, 무엇이
중요한지 재평가할 수 있었습니다.

제가 정말로 우선시해야 할 게 무엇인지 깨닫게 해준
인생의 커다란 사건 중 하나는 대서양 한가운데서 배가
전복돼 익사할 뻔한 일이었습니다. 그 일을 겪으며 제
자신이 필멸의 존재라는 사실을 실감한 후 비로소 가장
중요한 게 무엇인지 깨달았습니다. 그건 가족이었습니다.
우리는 집에 돌아와 일상에 있는 것들에 감사하기 위해
세상을 여행하는 것 같기도 합니다. 저는 종교는 없지만,
여러 문화와 역사에 깊은 흥미를 느낍니다.

인생의 의미는 놀랍도록 단순하니, 기꺼이 시간을 내
기억에 남을 만한 순간들을 만들어야 합니다. 그렇게
우리는 나이가 들어감에 따라 뭔가를 받을 때보다 줄 때,

누군가 자신을 보살펴줄 때보다 자신이 누군가를 보살필
때 더 큰 즐거움을 느끼게 됩니다.

_마크 보몬트

Ben Smith

벤 스미스

마라톤 선수. 401일 동안 401번 마라톤을 하며 세계기록을 경신했다. 영국 전역을 가로지르는 약 1만 6,908킬로미터에 이르는 대장정을 수행하며, 309개 지역을 달렸고, 101개 학교를 방문했다. 그 결과 각각 아동 보호와 성소수자 권리 보호를 위한 자선단체인 키드스케이프(Kidscape)와 스톤월(Stonewall)에 기부할 33만 파운드(당시 환율로 약 4억 6천만 원)를 모금했다. 2016년 BBC 올해의 스포츠인으로 뽑혀 헬렌 롤라슨상을 받았다. 401재단을 설립하고, 개인 및 기관들이 자존감과 정신 건강 문제에 관심을 쏟을 수 있도록 지원하고 있다.

"살아가는 내내 변화가 있을 거라는
사실을 인정하고, 그에 대비해
기술과 역량을 갖추는 게 중요해요."

우리는 태어나 한 번의 삶을 살아갑니다. 그 삶은
유한합니다. 하지만 저는 우리가 일생에 걸쳐 여러 번의
다른 삶을 산다고 생각합니다.

401 마라톤을 뛰기 전, 저는 사람들이 바라는
모습이 되려고 애쓰며 살았습니다. 그렇게 된 데는
학창시절의 경험, 그중에서도 사람들이 갖고 있는
호모포비아의 영향이 컸죠. 그러다 스물아홉 살에
일과성 허혈발작TIA을 겪으며, 불현듯 삶이 덧없음을
깨달았습니다. 동시에 제 안에서 뭔가가 딸깍하고
맞아떨어지는 듯한 느낌이었어요. 영화에서 그려지는
것처럼 갑자기 모든 해답을 얻은 건 아니었고요. 처음에는
오히려 더 혼란스러웠죠. 변화할 필요가 있다는 생각이
들었고, 상황이 달라지길 바랐지만, 어떻게 해야 할지 알
수 없었습니다.

너무 오랫동안, 저는 제가 게이 남성으로 살아갈 수
있다는 걸 믿지 않았어요. 행복해질 수 있다는 것도
믿지 않았고요. 그래서 제가 어떤 사람인지 있는 그대로
받아들이는 과정이 중요했어요. 그런 다음에는 스스로를
떳떳하고 자랑스럽게 여길 필요도 있었죠. 그렇게 하자 제
안에 힘이 생기는 느낌이 들었습니다. 제 자신을 감추는
데 쏟아온 에너지를 이제 다른 데 쓸 수 있을 것 같았어요.

그렇게 제 도전이 시작됐습니다.

401일 동안 401번 마라톤을 한 건 누군가에게 뭔가를
증명하고 싶어서가 아니었어요. 괴롭힘 근절을 위해
활동하는 두 자선단체, 키드스케이프와 스톤월에 전달할
기금을 모금하기 위해서였습니다. 이 마라톤을 하는 동안
1만 3,500명이 저마다 다른 날 저와 함께 달렸습니다.
이 프로젝트의 기본 정신은 사람들의 동참을 이끌어내는
것이었어요. 인식을 확산하고, 변화를 만들어내고,
필요한 기금을 모으려면 저 혼자 외치는 것으로는
역부족이었으니까요. 저는 이 놀라운 도전을 하던
하루하루를 사랑했습니다. 물론 외로운 순간도 있었고,
환희의 순간도 있었으며, 슬픔의 순간도, 좌절의 순간도
있었죠. 마침내 끝마쳤을 때는 우울의 순간이 닥치기도
했고요. 제 자신을 찾기 위한 여정에 있었고, 그러다 이
도전에 이르게 됐는데, 이제 그 도전이 끝난 것입니다.
게다가 이전에는 401일 동안 401번 마라톤을 한 사람이
없었으니 그 영향에 대해 참고할 만한 의학 저널도
없었고, 예상치 못한 다른 종류의 압박도 찾아왔죠.
그때부터 지금까지 사람들은 제게 가장 먼저 "그래서
다음 도전은 뭔가요?"라고 묻습니다.

사람들이 원하는 모습에 얽매이지 않겠다고 다짐했건만,

아이러니하게도 일이 이렇게 흘러가자 다시 같은
상황에 놓이게 됐어요. 세계적 규모의 도전을 염두에
두고 마라톤을 시작한 게 아니었는데도 어느새 뭔가 더
해야 한다는 기대를 받게 된 거죠. 한발 물러서서 내적
기반을 다질 필요가 있다고 느꼈기에 고민이 됐어요.
하지만 머릿속에서는 뭔가 더 큰 일, 더 훌륭한 일을 해야
한다는 생각이 떠나지 않았죠. 401재단을 위해서도 더
많은 기금을 모으고 싶었고요. 그렇게 저희는 기세를
몰아 야심차게 미국 도전(88일간 달리거나 자전거를
타며 미국 전역 약 1만 7,200킬로미터를 완주하는 도전)을
계획했습니다.

그러나 팬데믹이 닥쳤고, 이후 3년이 흐르는 동안 각종
제한 조치로 저희는 팀도 잃고, 기존에 확보해뒀던 자금도
잃게 됐습니다. 그 과정에 대단히 큰 노력이 들어갔고,
모든 것은 기금 모금 목표와 연관돼 있었기 때문에,
어쨌든 행동해야만 할 것 같았어요. 그래서 결국 저 혼자
떠났습니다. 당연히 처음 계획했던 것과 아주 달랐고,
잘되지 않았어요. 저는 고개를 떨군 채 영국으로 돌아올
수밖에 없었죠. 미처 마무리하지 못한 일이 있는 듯한
기분이 들었고, 그런 상태로 있고 싶지 않았습니다.

솔직히 말씀드려, 저는 더 이상 달리기를 즐기지

않습니다. 작년에 달리기를 1년 쉬기로 의식적으로
결단을 내렸는데, 달리기가 제게 아무런 행복을
가져다주지 않는다는 걸, 기쁨을 주지 않는다는 걸
깨달았기 때문이었어요. 사실 달리기는 오히려 제
삶에 스트레스를 더하고 있었어요. 다시 달리게 될지,
다시 달리기를 통해 기쁨을 찾게 될지 어떨지는 잘
모르겠습니다.

그런데 모금 목표를 달성할 방법이 꼭 물리적 도전만 있는
건 아니라는 데 생각이 미쳤습니다. 제가 이루고 싶은
목표를 다른 방법들로도 얼마든지 이룰 수 있는 거였죠.
저는 지금이 더 만족스럽다고 확실히 말할 수 있어요.
그리고 마라톤에 도전하기 이전처럼, 사람들의 기대에
휘둘리지 않는 마음 상태로 돌아온 것 같습니다.

401재단의 슬로건은 '당신의 행복을 찾아주세요'입니다.
저는 누구나 삶에서 자신을 행복하게 하는 게 무엇인지
찾는 일이 중요하다고 생각해요. 동시에, 다소 식상하게
들린다는 건 알지만, 행복이 종착지가 아니라는 사실을
굳게 믿고 있어요. 행복은 과정이고, 여정이에요. 핵심은
우리가 하는 일과 만나는 사람들에게서 행복을 찾는
것이죠. 행복은 지속되는 것이 아닙니다. 그 사실을 아는
게 중요해요. 끊임없이 행복해지려고만 한다면, 굉장히

비현실적인 기대를 하고 있는 거니까요.

마찬가지로 인생의 의미는 한 번 찾아낸다고 해서 평생의 삶이 해결되는 것도 아닙니다. 수많은 것들이 오고 가니까요. 살아가는 내내 변화가 있을 거라는 사실을 인정하고, 그 변화에 맞춰 바뀔 수 있는 기술과 역량을 갖추는 게 중요해요. 우리는 여러 삶의 목적을 갖게 될 거예요. 제 경우, 그 목적들이 제 내면의 나침반을 따라 결정된 것인 한 제가 올바른 길로 나아가고 있다고 생각합니다. 다른 사람들의 견해에 따라 방향이 결정될 때, 그때 우리는 길을 잃기 시작하는 게 아닐까요.

지난 5년 동안 저는 다섯 개 대륙을 돌며, 대규모 글로벌 기업에서부터 소규모 초등학교에 이르기까지 다양한 곳을 방문해 28만 명 이상의 사람들과 이야기를 나누는 특권을 누렸습니다. 저는 먼저 나서서 제 이야기를 터놓는 편인데, 어쩌면 취약성이 오히려 강점이 될 수도 있다는 걸 보여주려고 이 지구에 오게 된 것일지도 모르겠네요. 401재단은 정신건강 문제로 고통받는 사람들이 더 밝고, 따뜻하게 살 수 있도록 노력하고 있습니다. 그러려면 사람들이 정말로 필요로 하는 지원을 적절한 시기에, 적절한 방법으로 제공하는 게 중요하죠. 우리는 모두 다르니까요. 각기 다른 시기에 다른 방식으로 고통을

겪습니다. 필요로 하는 것도 다 다르고요. 401재단은
그런 부분을 고려해 대응하려 합니다. 쉬운 일은 아니라는
건 압니다. 아무래도 제 다음 도전은 이것이라고
생각해주시면 될 것 같네요.

_벤 스미스

이브 로시

'제트맨'으로 잘 알려진 파일럿, 모험가, 발명가. 제트 추진식 날개를 착용하고 하늘을 난 항공 역사상 유일무이한 인물로, 영국해협, 그랜드캐니언, 리우데자네이루, 후지산 일대 상공을 극적으로 비행했다. 비행기 형태의 반강성 탄소섬유 날개가 장착된 백팩으로 구성된 시스템을 직접 개발하고 제작했다. 이 제트 슈트는 손에 쥔 스로틀로 조종하는데, 시속 305킬로미터 이상의 속도를 내며, 4,000미터 상공까지 도달할 수 있고, 최대 16킬로미터까지 이동할 수 있다.

"제약은 최소한으로,
자신의 상상력을 따라가며
배우고 즐기세요!"

이 문제에 대해 제 의견을 물어봐주시다니 정말
영광입니다. 짧은 질문이지만, 답은 훨씬 길고 심오한
형태가 될 수도 있을 것입니다. 특히 대답하는 사람의
신체 상태에 따라 달라질 것 같군요. 무엇보다도 대답을
하려면 굶주리지 않고, 목마르지 않아야 할 테고요…….
내일도 무사히 살아남는 것밖에 생각할 수 없는 난민
캠프에서 이 문제에 대해 답해줄 사람을 찾기란 어려울
것입니다.

아무튼 제 대답은 다음과 같습니다. '제약은 최소한으로,
자신의 상상력을 따라가며 배우고 즐기세요. 그리고
사랑하는 사람들과 삶과 경험을 함께하세요.'

_파란 하늘의 행운이 함께하길! 제트맨

제시카 왓슨

Jessica Watson

16세에 요트를 타고 단독 무정박 세계 일주에 성공한 최연소 항해자. 지구에서 가장 외진 바다들을 탐험하고, 일곱 번의 폭풍우에서 살아남고, 210일을 바다에서 홀로 버텼다. 케빈 러드(Kevin Rudd) 당시 호주 총리는 항해를 마치고 돌아온 왓슨을 맞이하며 호주의 국민 영웅이라고 칭송했다. 2012년에 호주 4급 국민훈장(OAM)을 받았다.

"인생의 의미라는 주제를
깊이 파고들기에는
제가 아직 어린 것 같습니다."

인생의 의미를 탐구하는 과정에서 저를 떠올려주시다니 정말 감사드려요. 세상에는 제 삶에 의미를 불어넣는 멋진 일과 작은 즐거움이 정말 많아요. 제가 중요하게 생각하는 것 중 하나는 가족과 친구들과의 깊은 유대와 훌륭한 사람들과의 인연이에요.

하지만 제게 가장 큰 의미를 주는 두 가지는, 힘든 노력을 쏟았을 때만 얻을 수 있는 경이로운 성취감 그리고 크든 작든 긍정적 영향을 미칠 수 있는 능력입니다. 제 짧은 답변이 도움이 되길 바랍니다만, 인생의 의미라는 주제를 깊이 파고들기에는 제가 아직 어린 것 같습니다. 고맙습니다.

_제시카

크리스 유뱅크

전 프로 복싱 선수, 1990~1995년 세계복싱기구(WBO) 미들급 및 슈퍼미들급 타이틀 보유자. 세계복싱사이트 복스렉(BoxRec) 선정 영국 역대 최고의 슈퍼미들급 선수 3위다. 5년 넘게 세계 챔피언으로 군림했고, 프로선수로 활동한 뒤 처음 10년 동안 무패를 기록했다. 이후에도 미들급에서 그 기록을 이어갔다. 영국 선수 나이젤 벤(Nigel Benn), 마이클 왓슨(Michael Watson)과 세계 타이틀전을 펼치며 1990년대 영국의 복싱 인기를 절정으로 끌어올렸다.

Chris Eubank

"우리의 삶은 선물입니다."

삶의 의미를 묻는 질문이 사회에 만연합니다. 그런데
이 질문이 되레 그 의미를 찾는 걸 방해하는 것 같아요.
그보다는 먼저 살아간다는 것 자체가 선물이라는 걸
깨달아야 하지 않을까 싶네요.

삶이 선물이라는 걸 깨달은 후에야 비로소 우리는 자신의
우주적 마음(창조적 상상력)을 의도적으로 활용해 원하는
결과를 만들어낼 수 있습니다. 이것으로 줄이겠습니다.

_크리스 유뱅크

파티마 휘트브레드

영국 전 창던지기 선수. 14년간 여러 보육원을 전전했다. 열한 살에 창던지기를 시작했고, 십 대 때 모스크바 올림픽에 출전했다. 1987년 세계 선수권 대회에서 금메달을, 1984년 하계 올림픽에서 동메달을, 1988년 하계 올림픽에서 은메달을 획득했다. 1982년 영연방 경기 대회에서 동메달을, 1986년에 열린 같은 대회에서 은메달을 목에 걸었다. 1987년 BBC 올해의 스포츠인으로 선정됐고, 2023년에는 보육 시설 아이들을 위해 지속적으로 활동한 공로를 인정받아 헬렌 롤라슨상을 받았다.

"실천하고 실패하며 배웁니다.
시도하지 않는 것이
문제입니다."

다른 사람들의 삶에 가치를 더하고 있다면, 목적 있는
삶을 살아가는 데 어려움을 느끼지 않을 겁니다. 그
목적은 궁극적으로 행복으로 이어집니다.

사회는 성공을 지나치게 강조합니다. 그래서 어떤
사람들은 성공의 기준을 아주 엄격하게 잡고 스스로를
가혹하게 몰아붙이기도 하죠. 그러지 말고, 자기 자신에게
물어보세요. 오늘 나는 어떤 가치를 더할 수 있나? 그러고
나서 실천하는 겁니다.

제가 깨달은 건 우리는 반드시 몇 번의 실패를 거칠
거라는 것입니다. 삶에서 특별히 가치 있는 일을 하려
한다면요. 반대로 안전하게만 행동한다면 실패할 일도
없을 거예요. 하지만 자기 잠재력을 최대한 발휘할 수는
없겠죠.

실패는 괜찮아요. 중요한 건 실패를 대하는 자세입니다.
실패에 대해 누구도 탓하지 마세요. 특히 자신을 비난하지
마세요. 그저 일어난 일을 인정하고, 뭘 배웠는지, 다음엔
어떻게 다르게 하고 싶은지를 되새긴 후, 넘어가세요.

변명하지 마세요. 변명은 모두의 시간을 낭비할 뿐입니다.
최악의 상황에도 우리는 새로운 것을 배우고, 더욱더

입체적이며 매력적인 사람이 될 수 있어요. 중요한 것은
실패 그 자체가 아니라 실패에서 배우는 것입니다. 그런데
시도하지 않으면, 애초에 어떻게 실패할 수 있을까요?

_파티마 휘트브레드

게일 뮬러

모험가, 교육가, 작가. 십 대 때 마흔이 되면 걸을 수 없을지도 모른다는 진단을 받았지만, 포기하지 않았다. 15년 넘게 만성질환과 싸우면서도 희망을 잃지 않았다. 치료법을 찾아 전 세계를 헤맨 끝에 재활에 성공했고, 새롭고 충만한 삶을 향한 첫발을 내디뎠다. 거의 잃을 뻔했던 몸으로 2019년에는 애팔래치아 트레일(황무지와 산, 험준한 지형으로 이루어진 약 3,540킬로미터의 긴 트레일)을 걸었다. 마지막 1,370킬로미터가량은 발 뼈가 두 개 부러진 상태로 완주했다.

Gail Muller

"세상을 살아가는 데 있어서
 해를 덜 끼치는 길을 찾으려
 노력합니다."

'의미'란 흥미로운 단어예요. 해마다 날짜가 바뀌어
찾아오는 축일처럼요. 저는 제 삶이 제게 어떤
의미인지보다는, 다른 사람들을 위해 봉사하는 것이
어떤 의미인지를 더 잘 알고 있어요. 제 손길이 사람들을
일으키고 세상에 긍정적인 영향을 미치는 것을 볼 때,
커다란 행복감과 목적 있는 삶을 살고 있다는 느낌을
가져요. 제가 저 자신만을 위한 삶을 산다면, 우울한
고립감에 빠질 것 같아요. 우리 모두를 연결하는 에너지에
몸을 던지고, 받는 것보다 더 많은 걸 주려 할 때, 제 안에
비로소 의미가 흐르는 걸 느낍니다.

제가 어렸을 때 할아버지께서 다른 사람들의 불행
위에 행복을 쌓는 것은 불가능하다고 말씀하셨어요.
그때의 저는, 그런 구조는 겉으로는 성한 것처럼 보여도
속에서는 삐걱거리고 신음을 낸다는 말인가 보다 하고
받아들였어요. 영혼의 침하라고 할까요. 이 가르침을
가슴에 새기고, 제 신조로 삼고 있습니다.

저는 사람들이 양질의 땅에 행복한 토대를 마련하고
진실하고 튼튼한 구조를 쌓아갈 수 있도록 돕는 데서 삶의
만족을 얻어온 것 같아요. 이런 접근이 확실히 효과가
있다는 것도 봐왔고요. 수년간 학교에서 학생들을 만나고,
또 지금은 코치이자 연설가로 일하면서, 사람들이 자신의

토대가 튼튼하다는 걸 깨닫도록 돕거나 그렇게 만들도록
도우면서 말이죠. 이 일이 언제나 가능하다고 믿을 만큼
이상주의적인 사람은 아니지만, 세상을 살아가는 데 있어
해를 덜 끼치는 길을 찾으려 노력하는 것 또한 의미가
있다고 믿어요. 비록 늘 그런 길을 찾을 순 없다고 해도요.
우리는 모두 이곳에 잠시 머무를 뿐이에요. 그러니 오늘,
지금, 이곳에서 우리가 필요하다고 느끼는 것들에만
집중하는 대신, 앞으로의 세상이 어떤 식으로든 더 좋은
곳이 되도록 기여할 수 있다면 좋지 않을까 해요.

좋은 토대 위에 행복을 쌓아야 하는 건 사람들
개개인에게만 해당하는 사항이 아니에요. 이는 우리가
지구와 협력하고, 지구를 위해 일하는 방식에도 적용해야
하죠. 지구는 의미 있는 삶을 사는 방법에 대해 우리에게
엄청나게 많은 조언을 건네요. '행복'은 지구에겐
고민해야 할 거리도 아닌 데도요. 행복은 조화를 이룰
때 찾아오는데, 자연은 늘 스스로 조화를 이루려 하죠.
계절의 순환, 활동과 휴식의 균형, 활발한 공생 관계를
통해 스스로를 지탱하는 방식을 보세요. 이러한 것들을
알아차리고 깨달을 때, 우리는 마음의 치유를 얻고 우리
삶에서도 균형과 조화를 찾을 수 있을 거예요. 그러려면
얼마만큼 주고 얼마만큼 받는지도 중요해요. '주고받기'
시소의 리듬에서 벗어나면, 의미도 행복도 흐릿해지곤

한답니다.

저는 아이를 갖지 않기로 결정했고 미혼이에요. 그
덕분에 제 삶에는 전통적으로 삶의 '목적'이나 '의미'를
이루는 핵심 요소로 받아들여진 것들이 부재하죠. 하지만
이 같은 것들이 없다고 해서 삶의 의미가 줄어드는 건
아니라고 생각해요. 오히려 제 자신과 가족의 안정을
지키고자 하는 저의 필요를 넘어, 그 이상의 목적을 찾을
수 있어요. 엄마가 될 운명은 아니라고 할 때(생물학적
의미에서요), 그렇다면 나는 뭘 위해 존재하는 걸까 하고
더 많이 생각할 수 있는 자유가 주어지죠. 거짓말은 하지
않을게요. 뚜렷한 목적이 없어서 슬프고 막막하게 느껴질
때도 있고, 인간도 동물로서 생식에서 의미를 찾아야 하는
건 아닐까 의심이 들 때도 있어요.

하지만 곧 주워야 할 쓰레기, 도와줘야 할 친구들이
눈에 들어와요. 다음 책을 위한 아이디어가, 걷고
싶은 트레일이 생겨요. 시간, 에너지 그리고 거울이
필요한 사람들도 눈앞에 나타나요. 자기 내면과 외면의
아름다움을 잘 모르는 사람들에게는 이들이 내뿜는 빛을
거울로 보여줘야 하죠. 그렇게 저는 제 인생의 의미를
정확히 알게 됐어요. 다른 사람들을 위해 손에 흙을
묻히며, 그들도 의미가 있는 삶을 위한 토대를 세울 수

있게 돕는 거죠.

저도 항상 올바른 결정만 했다거나 항상 '만족스럽게'
살아온 건 아니지만, 30대 후반을 지나 40대에 접어든
지금, 제가 원한다고 생각했지만 실제로는 제게 맞지
않았던 것들을, 무엇이 무의미하게 느껴졌고 무엇이
진정으로 만족스럽게 했는지를 분명히 깨닫게 됐어요.
어떤 의미로든 일반적으로 정해진 길을 걸은 적이 없고,
ADHD를 겪다 보니 종종 핀볼처럼 엉뚱하고, 위험하고,
분별없어 보이는 궤적을 따랐어요. 그래서 득보다 실이
많기도 해요. 외적으로도 내적으로도 종잡을 수 없이
이리저리 왔다 갔다 하는 경험을 하며, 진정한 행복과
의미가 어떤 느낌이고 어떤 모습인지에 대해 더 넓은
관점을 갖게 됐지요.

늘 불행해 하는 억만장자들과도 일한 적이 있고, 물질적
의미에서 가진 게 아무것도 없는데 내면이 단단하고
행복감이 흘러넘치는 사람들과도 일한 적이 있어요. 이
모든 삶의 지형을 가로지르며 삶에서 주는 것과 받는
것 사이의 균형이 깨질수록 만족과 행복은 멀어진다는
사실을 똑똑히 알게 되었죠. 저는 제 기술을 바탕으로
사람들이 목적과 균형을 찾도록 돕고, 그 결과 사람들이
튼튼한 기반을 바탕으로 활기차게 살아가는 것을 볼

때마다 삶의 의미를 느껴요.
여기까지 진심을 담아 써보았습니다. 잠시 멈춰 이 멋진
질문에 대해 천천히 생각해볼 기회를 주셔서 감사드려요.

_게일

보니타 노리스

세계적인 모험가. 2010년 당시 22세로 에베레스트산 등정 최연소 영국인 여성이라는 기록을 썼다. 세계에서 네 번째로 높은 산인 로체산을 등정한 최초의 영국인 여성이라는 기록도 세웠다. 마나슬루산, 아마다블람산, 임자체산을 오르고 스키로 북극점 원정에 나서는 등 다양한 탐험을 성공적으로 마쳤다. 영국 서리 지역의 화이트로지 장애인센터(White-Disability Centre)를 비롯해 여러 기관의 홍보대사로도 활동한다.

"아이들에게 자연, 타인 그리고
자기 자신과 연결을 이루는 것의
중요성을 가르쳐주고 싶어요."

기쁨joy: 안녕과 만족의 느낌에서 비롯되는 극도의 즐거움, 환희, 정신의 고양감

제게 인생의 의미는 자연, 타인, 제 자신이 삼위일체를 이루는 것과 밀접한 관련이 있어요. 우리는 자연, 다른 사람들, 자기 자신과 깊이 연결될 때 현재를 살아가고 있다는 것을 깨닫죠. 이렇게 깊고 현재적인 연결의 순간이 바로 인간의 가장 심오한 감정 상태인 '기쁨'을 경험하는 때랍니다.

기쁨은 단순히 행복과 감사의 감정이 아니에요. 물론 이것들도 기쁨의 일부죠. 기쁨은 소중한 것과 연결될 때 찾아오는 초월적 감정이에요. 뭔가를 성취하거나 우리 자신과 깊이 연결돼 있음을 느낄 때, 친구들과 음식을 만들어 같이 먹거나 다른 사람들과 연결돼 있다고 느낄 때, 자연의 힘을 경험할 때 느낄 수도 있어요.

저는 스무 살에 지구상 여덟 번째로 높은 산인 마나슬루산에서 그 순간을 겪었어요. 구름이 갈라지며 사방으로 저를 둘러싼 히말라야산맥이 드러났어요. 그 순간 무릎을 꿇고 기쁨의 눈물을 흘렸어요. 이후로 그 강렬한 감정이 무엇이었는지, 왜 그 감정을 경험했는지 줄곧 생각했죠. 산을 오르며 겪은 그 모든 어려움에도 불구하고 제가 있어야 할 곳에 있다는 느낌을 받았거든요. 이전까지 경험한 적 없는 영적 깨달음과 현존의 순간이었죠.

2010년에 저는 영국 여성으로서 가장 어린 나이에 에베레스트산 정상을 오르는 데 성공했어요. 그리고 얼마 지나지 않아 베키Becky라는 여자아이로부터 연락을 받았죠. 저처럼 에베레스트산을 오르고 싶고, 자신이 '최연소 영국인 여성' 기록을 다시 쓰고 싶다는 내용이었어요. 가족과 친구들은 도와주지 말라고 했지요. 그런데 이전 기록 보유자인 토리 제임스Tori James가, 런던에서 저를 만나 "넌 꼭 해낼 수 있을 거야"라고 말해준 기억이 떠올랐어요. 이제 제가 그 말을 전해줄 차례였죠. 저는 베키를 지도했고, 2년 뒤 베키가 에베레스트산 정상에 올라 새로운 기록을 세우며 제 영예를 가져가는 데 성공한 그때, 마침 저는 로체산을 다녀오느라 에베레스트산 베이스캠프에 있었어요. 그래서 캠프에 도착한 베키를 가장 먼저 안아줄 수 있었죠. 그때 제가 느꼈던 가슴 터질 듯한 기쁨은 말로 표현하기가 어려워요. 눈물이 주체할 수 없이 흘러내렸고, 입이 귀에 걸릴 정도였어요. 에베레스트산 정상에 직접 올랐을 때보다 그 순간이 제게 더 의미 있다는 생각이 들었죠.

기쁨이라는 감정은 때때로 우리를 놀라게 하는 거 같아요. 어떻게 제가 기록을 세웠을 때보다 제 기록을 깬 사람을 보고 더 큰 기쁨을 느낄 수가 있죠? 우리 조상들이 고난을 헤쳐 나가도록 기쁨이 이끌어주었을 거예요. 서로를 돌보고, 새로운 걸 이루기 위해 노력하고, 주변 세계의 아름다움을 인식함으로써 위험과 트라우마, 갖가지 위협 요소가 가득한 세상에서 목적과 의미를 발견할 수 있었을 거예요. 그렇게 강렬하게 벅차오르는 기쁨의 감정을 추구했기 때문에 우리의 조상들은 살아남을 수 있었을 거예요.

후손인 우리는 선조들처럼 일상적으로 생사의 갈림길에 서진 않아요. 하지만 반대로 현대 사회에서 느낄 수밖에 없는 의미의 부재로 상당한 외로움과 절망을 겪으며 단절된 삶을 살아가죠. 무언가 잘못됐다는 것은 알지만, 그게 정확히 뭐라고 꼬집어 말하기는 어려워요. 솔직히 도시 환경은 기쁨을 불러일으키지 못해요. 단절된 삶의 방식도 마찬가지고요. 다른 사람들과 아무 교류가 없어도 며칠씩 지내는 게 가능한 데다, 다른 인간 존재와의 깊은 연결을 경험할 기회는 더더욱 드물죠. 편리성 위주의 문화는 결심하고 우리가 무언가를 해내는 데서 오는 기쁨을 모르게 만들어요. 그러다 보니 우리는 우리에게 깊은 연결감을 주는 세 요소와 철저히 단절되고 말아요.

저는 제 아이들에게 자연, 타인, 자기 자신과 연결을
이루는 것의 중요성을 가르쳐주고 싶어요. 그래서
아이들도 가장 본질적인 감정인 기쁨을 경험할 수 있기를
바라죠. 아이들이 음악 한 곡에서든, 산을 오르면서든
또는 다른 사람과의 깊은 연결에서든 기쁨을 발견한다면,
인생의 의미도 이해할 수 있으리라고 믿습니다.

_보니타 노리스

알렉산더 캠벨

도보 여행자. 현재 전 세계를 걷고 있다. 2023년 2월, 고향인 호주 시드니에서 출발해 4년에 걸쳐 지구를 일주한 뒤 돌아오는 것을 목표로 여정에 올랐다. 캠벨이 선택한 경로에 따르면 4개 대륙 30개국을 거치며 약 4만 킬로미터를 걷게 된다. 콜로라도 트레일(800킬로미터), 네팔 전역을 종단하는 그레이트 히말라야 트레일(1,600킬로미터), 호주 플린더스 레인지에서 시드니에 이르는 구간(3,750킬로미터)을 걸은 바 있다.

Alexander Campbell

"도전 의식을 불러일으키고
설레게 하는 일을
받아들이세요."

제임스 씨의 질문에 답하는 가장 좋은 방법은 지난 제 삶과 그 속에서 제가 의미와 목적을 찾기 위해 했던 노력을 돌아보는 일인 것 같네요. 지금은 네팔에서 답장을 쓰고 있어요. 세계 일주를 시작한 지 1년이 막 넘었고, 지금까지 1만 킬로미터를 걸었죠. 저는 장거리 하이킹과 모험 덕분에 삶의 방향성과 충만감을 갖고 살아올 수 있었다고 생각해요. 하이킹이 제 삶의 일부가 된 지도 거의 10년이 됐으니까요. 어릴 때부터 히치하이킹이 됐든 사이클링이 됐든 도보 여행이 됐든, 모험적인 여행 형태에 끌렸어요. 그래서 고등학교를 졸업하고 마침내 자유로워졌을 때, 10개월 동안 모든 형태의 여행을 실험해봤죠. 헝가리에서 친구와 생애 처음으로 며칠간 도보 여행을 했어요. 첫날에 헝가리인 농부들의 집에 초대받았죠. 집주인은 하룻밤 묵고 가라고 침대를 내주고, 고기와 술도 잔뜩 주셨어요. 다음날 이른 아침, 떠나기 전까지 식사를 챙겨주시더라고요.

이후 잉글랜드, 모로코, 네팔을 계속 걸어서 여행했어요. 인도에 있는 동안에는 중고 자전거를 10달러에 사서 몇 주 동안 서부 해안을 따라 달렸지요. 모험은 한 번씩 정말 힘들고 괴롭고 두렵기도 했지만, 삶에 대한 열망과 어린아이 같은 호기심으로 저를 가득 채웠어요. 세상사람 대부분이 친절하고, 우호적이고, 기꺼이 뭐든 도와준다는

것도 직접 겪어 알게 됐죠. 궁극적으로 모든 것이 제가
꿈꾸고 바랐던 낭만적인 모험과 삶의 모습 그대로였어요.

마침내 여행을 마치고 집으로 돌아온 저는 대학에서
인류학과 고고학을 전공하는 문학사 과정을 공부하기
시작했고, 이케아 매장에서 아르바이트도 했어요. 모험도
틈틈이 했지요. 교환 학생 프로그램으로 몬트리올로
향하는 길에 800킬로미터 정도 되는 콜로라도 트레일을
걸었고, 그러면서 장거리 하이킹에 대한 애정이
확고해졌죠. 2년 뒤에는 한 학기를 휴학하고 네팔 국토
길이에 해당하는 1,600킬로미터를 걸었고요. 이후
장거리 도보 여행자들이 여행 후 일상생활 재적응
과정에서 겪는 경험과 고충을 주제로 인류학 우등
논문까지 썼어요. 그러고는 논문 쓰느라 노트북 앞에서
스트레스 받으며 1년을 보내 지칠 대로 지친 터라,
재충전과 회복을 위해 또다시 긴 도보 여정에 나섰지요.
이번에는 플린더스 레인지에서 시드니에 있는 저의
집까지 3,750킬로미터를 걸었어요. 집에 도착했고
모험도 마쳤는데, 그다음이 문제였죠.

매번 모험 뒤에는 복학을 했는데, 이젠 대학도 마쳤으니
갈 필요가 없었죠. 멈춰 서서 생각할 때였어요. 이제 뭐
하지? 나는 뭘 하고 싶지? 오랜 고민 끝에, 제가 진심으로

273

좋아하는 건 이렇게 모험을 떠나는 것임을, 모험은 제가
다른 것을 통해서는 찾을 수 없는 삶을 향한 설렘과
감사의 마음을 갖게한다는 걸 깨달았지요.

이 열정에 전부를 걸면 제 삶이 어떤 모습이 될지
상상했어요. 그리고 여러 해에 걸쳐 이어질 모험을
구상하기 시작했죠. 마침내 걸어서 세계 일주를 한다는
아이디어를 떠올린 뒤 설레는 마음으로 부모님께 제
커다란 새 계획을 말씀드렸죠. 그때 어머니가 저를
바라보며 하셨던 말씀을 잊을 수가 없어요. "네 눈빛이
반짝거리는 걸 보니 참 좋네." 저는 그 반짝거림을
알아봐주고 존중해준 부모님에게 정말 감사하고 있어요.
저는 행운아라고 생각해요. 제가 선택한 길이 남들과
달라도 제가 열정과 행복을 느끼고 목표 의식을 갖는 한,
부모님은 늘 저를 지지해주세요.

열여덟 살 때 고등학교 졸업을 앞두고 저는 넘치는
에너지와 가능성은 느꼈지만 그걸 무엇에 쏟아야 할지
몰라 두렵다고 일기에 썼어요. 그 무엇을 영영 못 찾을까
봐 무서웠죠. 걷기가 제가 찾던 바로 그것, 전심전력으로
제 자신을 던질 수 있는 바로 그것이 됐다고 믿어요.
육체적으로나 정신적으로 도전을 마다하지 않고 그
경험들로부터 배우고 성장해, 더 강하고 유능하고 따뜻한

사람이 될 수 있기를 바라고 있죠.

이 도보 여행이 끝나고 나면 제 인생의 의미가 무엇이
될지는 잘 모르겠지만, 현재로서는 이 여행이 안내하는
뚜렷한 길과 방향이 상당히 만족스러워요. 그게 바로
제가 장거리 도보 여행을 좋아하는 주된 이유이기도
하죠. 매일 아침 깨어났을 때 제가 가야 할 방향을 정확히
알고 있는 건 꽤 아름다운 위안입니다. 저는 도보 여행이
선사하는 충만한 느낌을 좋아해요. 더 큰 목표를 향해
매일같이 노력해야 하고, 한 발 한 발 내디딜 때마다
확연하고 가시적인 진전을 볼 수 있죠. 지금의 여정을
마친 뒤 맞이하게 될 가장 큰 도전은, 새롭게 나침반을
맞춰 노력을 기울이고 싶은 대상을 찾아내는 일이 될 것
같네요. 물론 다음 모험이 뭐가 되든 기대돼요. 새로운
직업이든, 아버지가 되는 것이든, 언젠가 또 다른 긴
(하지만 그렇게 길진 않은) 길을 떠나는 것이든 말이에요.

이야기를 장황하게 늘어놓았지만 제가 꼭 전하고 싶은
말은 자신의 열정을 믿고 꿈꾸기를 두려워하지 말라는
거예요. 도전 의식을 불러일으키고 설레게 하는 일을
받아들이세요. 이 크고 아름다운 세상에 살아 있다는
것은 멋진 일이죠. 그러니 부디 있는 힘껏 자신의 여정을
즐기길 바라요. 또 아무리 별나고 불완전한 사람이라고

해도 우리를 알아봐주고 사랑하며 지지해주는 사람들을 소중히 여기고, 다른 사람들에게도 마찬가지로 그렇게 해주기를 바랍니다. 우리는 모두 삶이라는 이 놀라운 여정을 함께 걸어 나가고 있으니까요.

_행운을 기원하며, 알렉산더

데이비드 스미스

운동선수, 연설가, 코치. 2012년 런던 하계 패럴림픽 영국 조정 대표팀 일원으로 출전해 금메달을 획득했다. 2010년에 처음 척수암 진단을 받았다. 암은 네 번 더 재발했다. 여러 차례 수술을 했고, 2016년의 수술 이후 왼쪽 몸이 마비됐다. 조정 경기 부문에 대한 공로로 2013년에 대영 제국 5급 훈장을 받았다.

David Smith

"매일 아침 눈을 떴다는
사실만으로도
감사의 마음을 느낍니다."

저는 14년 전부터 제 자신의 죽음을 생각해왔고, 삶의
의미를 비롯한 비슷한 질문에 대해서도 오랫동안
고민해왔습니다. 중환자실과 암 병동에서 사람들이
마지막 숨을 쉬고 생을 마감하는 모습을 지켜보며 그
질문들과 씨름했습니다. 죽음 이후에 우리는 어디로
가는지, 호모 사피엔스의 미래와 지구의 미래에 관한
질문과도 씨름했습니다. 이 모든 고뇌 끝에 확실한 답을
얻었다고 말할 수 있다면, 얼마나 좋을까요!

제 삶이 변화함에 따라 이 질문에 대한 제 인식과
답변도 변화해왔습니다. 질문을 받은 사람이 십 대
초반의 데이비드 스미스였다면, 만족, 쾌락, 즐겁고 기쁜
감정을 가져다주는 것들을 좇는 데 삶의 의미가 있다고
대답했을지도 모릅니다. 어떤 사람들에게는 그게 예술이
될 수도 있고, 음악이 될 수도 있고, 술을 마시거나
나이트클럽에 가는 게 될 수도 있겠지요. 어린 시절의
데이비드 스미스에게는 그것이 스포츠였습니다. 처음에는
그저 친구들과 함께하는 게 즐거웠지만, 곧 최고 수준의
경기를 펼치는 것과 승리에 상당한 중점을 두게 됐습니다.
메달을 획득하고 제가 하는 일에서 세계 최고가 되기 위해
노력했지요.

처음 암 진단을 받은 것은 2010년이었습니다. 그때

처음으로 제 삶의 유한성을 직시하게 됐습니다. 하지만 당시 런던 올림픽을 2년 앞둔 상황이어서 마음은 여전히 올림픽에 진출해 세계 챔피언이 되는 것에 사로잡혀 있었습니다. 암 진단 이후 지난 14년은 일곱 번의 수술과 마비를 겪으며 빠르게 흘렀고, 이제 죽음은 제 삶의 일부가 됐습니다. 가장 최근에 수술을 받은 것이 약 6주 전인데, 그때 제 옆 침대를 쓰던 사람은 죽음을 선택했습니다. 쉰네 살이었는데, 삶을 이어가기 위해 선택할 수 있는 방법이 세 가지 정도 있었지만, 어느 것도 시도하고 싶지 않다고 했죠. 그저 "이제 더 이상은 못 하겠어요"라고 말했습니다. 간호사가 그 사람의 마지막을 준비하며 믿음에 관해 물어보자, 이렇게 말하더군요. "믿음이요? 그냥 편안해지고 싶어요. 기계 다 꺼주세요. 그럼 다 끝나겠죠." 이윽고 간호사가 와서 그 사람이 있던 공간을 정리하고, 벽에서 그의 이름을 지웠습니다. 그렇게 그 사람은 떠났습니다.

병원에서 퇴원한 뒤로, 저는 생명의 진화에 관한 내용들을 살펴보고 있습니다. 다윈의 자연 선택설 중 가장 원초적인 관점에서 보면 삶의 의미는 궁극적으로 종의 존속에 있다고 할 수 있습니다. 생물학적 본능에 따라 우리는 짝을 찾고, 번식하고, 더 많은 호모 사피엔스를 생산하고, 그렇게 인류는 이어지죠. 호모 에렉투스 시기로

거슬러 올라가면, 아니 네안데르탈인 시기까지만 거슬러
올라가도 삶은 생존과 번식, 종의 존속이 전부였습니다.
이 내용을 보며 저는 생각하지 않을 수 없었습니다.
인생의 의미가 그저 번식과 인간 종족 유지에 있다면, 내
자리는 어디지?

그래서 삶을 인류 전체로 바라보며 이 행성에서 호모
사피엔스가 어떤 의미를 가지는지 궁금해하기보다는,
데이비드 스미스의 삶이 어떤 의미를 갖는지에 관해
생각하기 시작했습니다. 메달을 따고 최고 수준에서
경쟁하는 건 정말 대단한 성취였지만, 그게 스쳐
지나가는 순간일 뿐이라는 사실을 깨달았습니다. 우리는
위험하게도 과거나 미래에 살려고 합니다. 지금 이 순간을
살지 못하지요.

한번은 메달을 딴 지 6개월이 지난 어느 날 문득 삶이
달라진 게 하나도 없다는 걸 알아차린 적도 있습니다.
제게 따라붙는 병명이 늘어가고 죽음과 씨름하는 날이
많아지면서 스포츠 선수들의 역사를 살펴보게 됐고, 그
사람들이 실제로 꽤 빨리 잊힌다는 것을 알게 됐습니다.
메달에 기대어 남은 평생을 세계 챔피언으로 살아가고
싶어 하는 사람들이 더러 있지만, 그건 한순간에
불과합니다. 젊은 선수들에게 1908년 올림픽 400미터

육상 챔피언이 누구였는지 물어보세요. 역사학자가 아닌
이상, 아무도 모를 겁니다. 가족이라고 해도, 누군가
당신 할아버지의 할아버지의 할아버지의 할아버지가
누구였고 무슨 일을 했는지 물으면, 대부분 대답하지
못할 것입니다. 증조부에 대해서도 많은 사람이 대답을
못 합니다. 그래서 저는 순전히 외부의 인정에서 오는
만족감을 얻으려 무언가를 좇는 건 위험한 일이라고
생각합니다.

이제 조금 더 나이를 먹은 데다(그에 따라 조금은 더
지혜로워지지 않았을까요), 죽음에 가까워지고 있다 보니,
스포츠는 제 일이라는 걸 깨달았습니다. 물론 스포츠는
제 정체성의 일부입니다. 그러나 스포츠가 곧 제 자신은
아닙니다. 저는 아들이기도 하고, 파트너이기도 합니다.
또 철학과 심리학을 굉장히 좋아합니다. 마찬가지로 저는
제 자신을 암을 앓는 사람이나 장애가 있는 사람이라고만
규정하지도 않습니다. 암과 장애는 제가 가진 한 부분이지
제 자신은 아닙니다.

어느 하나로 자신의 정체성을 규정하는 일은 위험합니다.
예컨대 병원 침대에서 깨어나 생사를 걸고 싸우는
순간 그 정체성은 더는 남아 있지 않을 테고, 그러면
자신이 누구인지 다시 알아내야 하는 어려움에 빠질

281

수밖에 없습니다. 저는 키가 193센티미터, 몸무게가 100킬로그램인 조정 선수였는데, 이후 휠체어를 이용하는 매우 취약한 상태의 장애인이 되었습니다. 이 정체성들에 얽매이지 않으려고 합니다. 제 자신은 이 두 가지 육체적 정체성보다 큰 존재이기 때문입니다. 영적인 방식으로 말하자면 저는 제가 속한 육체 이상의 존재입니다.

척수 병원에서는 사람들을 부상 이름으로 부릅니다. 그래서 저는 사지 마비 ASIA D(마비 정도에 따른 등급)로 불렸습니다. 사람들이 저에 대해 물으면 "데이비드 스미스입니다. 운동선수예요"라고 대답하는 대신, "사지 마비 ASIA D예요"라고 대답하는 겁니다. 정말 이상하죠.

누군가를 만나면 가장 먼저 받는 질문 중 하나가 "무슨 일 하세요?"입니다. 우리의 대답을 들은 상대방은 자신의 인지 편향에 근거해 우리가 어떤 사람인지 판단합니다. 자신과 같은 집단에 속한 사람인지 아닌지, 혹은 자신의 집단에 쓸모가 있을지 아닌지 가늠합니다. 그리고 대체로 대화는 그렇게 끝이 납니다. 저는 이런 것이 정말 싫습니다. 그래서 저는 사람들에게 어떤 열정을 갖고 있는지, 그 사람을 움직이게 하는 것은 무엇인지,

꿈은 무엇이고, 여가 시간에는 어떤 것을 하는지 등을
물어보려고 합니다. 그러면 그 사람이 어떤 사람인지 더
잘 알 수 있습니다.

개인적으로 저의 열정은 자연에 머물고, 변화를 일으키고,
사람들이 영감과 동기를 얻을 수 있도록 돕고, 스포츠를
하고 제 몸을 움직이는 데 있습니다. 이것들을 모두 할
수 있다면 행복할 것입니다. 언젠가 죽을 것을 알기에,
매일 아침 눈을 떴다는 사실만으로도 감사의 마음을
느낍니다. 해가 뜨는 것을 볼 수 있는 축복을 받았으니,
해가 지는 것도 볼 수 있기를 소망합니다. 저는 가장
단순한 것들에서 평온과 만족을 얻습니다. 더 이상 더블
블랙 다이아몬드 코스(스키 최상급자 코스―역주)로 스키를
타러 가지 않습니다. 그저 일어나 커피 한 잔을 음미하고
즐깁니다. 몸이 마비됐지만 걸으면서 얻은 큰 깨달음 중
하나는 매 걸음마다 현재에 집중해야 한다는 것입니다.
그러지 않으면 넘어지고 맙니다. 현재 이 순간에 머무는
법을 터득했고, 그 결과 행복은 부수적으로 따라온다는 걸
알게 됐습니다.

제게 인생은 마치 책 속 여러 장과도 같습니다. 우리는 한
장이 끝나면, 새로운 장을 읽기 시작하죠. 이제 저는 암
병동에서의 경험과 다가올 죽음에 대한 성찰을 나누고,

어떻게 하면 사람들이 풍요로운 삶을 살며 더 많은 행복과
기쁨을 누리되 고통은 조금이라도 덜 겪도록 도울 수
있을지 그 고민도 나누고 싶습니다.

_데이비드 스미스

평화와 자유
peace and freedom

평등한 세상
world a more equitable

자연과의 조화
harmony with nature

캣 스티븐스

싱어송라이터, 뮤지션. 1967년 데뷔 앨범과 타이틀곡 「매튜 앤드 선 (Matthew and Son)」 모두 영국 차트 톱 10에 올랐다. 네 번째와 다섯 번째 앨범인 『티 포 더 틸러먼(Tea for the Tillerman)』(1970)과 『티저 앤 더 파이어캣(Teaser and the Firecat)』(1971)은 미국에서 트리플 플래티넘 인증을 받았다. 1972년에 내놓은 「캣치 불 앳 포(Catch Bull at Four)」는 빌보드 200 1위에 올랐다. 2014년에 로큰롤 명예의 전당에 이름을 올렸다.

"현명한 사람이 되고,
 신중하게 생각하며,
 올바른 행동을 하고,
 잘 선택해야 합니다."

진실은, 우리 중 누구도 이 세상에 오고 싶어서 온 게 아니라는 겁니다. 그렇다면 숨을 쉬고, 살아 있는 목적은 뭘까요? 인생의 의미를 찾아 나서고 찾아내는 것은 모든 사람의 목표가 돼야 해요. 그리고 저는 시간이 다하기 전에 확실히 그 일을 해냈습니다.

「온 더 로드 투 파인드 아웃On the road to Find Out」이라는 곡을 쓴 적이 있는데, 삶 자체를 은유하는 곡으로, 미래는 기본적으로 발견의 여정이라는 내용이었습니다. 열아홉 살 때 결핵과 싸운 직후에 쓴 곡이었어요. 그때가 저의 유약함과 죽음을 피할 수 없다는 한계를 처음으로 직면한 순간이었습니다.

병원에서 치료를 받는 동안 시간도 보낼 겸 읽으라며 책을 한 권 받았습니다. 폴 브룬턴Pual Brunton이 쓴 《더 시크릿 패스The Secret Path》였는데, 당시의 제게 꼭 필요한 책이었죠. 그 책 덕분에 '자아'와 '존재'에 대한 탐구를 시작하게 됐습니다. 제게는 수많은 질문이 있었지만, 가장 큰 미스터리는 '죽음의 문 너머에는 무엇이 있을까'와 같이 보이지 않는 것과 관련되었습니다. 마음을 심란하게 하는 이 질문을 쥐고 필사적으로 삶의 일상적 문제들을 넘어 영혼과 관련된 다양한 길을 알고자 했습니다. 엄격한 가톨릭 학교에서 교육을 받은 저는 불교, 선종, 도교 등

'다른' 종교들을 깊이 들여다보며 해방감을 느꼈습니다,
나아가 수비학을 살피기도 했어요. 그렇게 형이상학적
여정을 따라가던 저는 1975년에 코란을 만났습니다.
찾아 헤매던 답이 뚜렷한 형태로 제 앞에 나타났죠.
의미와 단어들이 실존의 모든 측면에서 제게 쏟아져
들어왔습니다. 코란에 실린 이야기와 우화들이 기독교나
유대교 서사의 연장선 같으면서도, 의미는 진화해 있는
것처럼 느껴졌습니다. 성경을 읽을 때는 경험한 적 없는
밝고 명료한 느낌이었습니다.

아담의 이야기도 들어 있었습니다! 하지만 여기에서
아담의 창조를 중심으로 펼쳐지는 사건들은 인간이
된다는 것의 의미를 완전히 새롭게 이해하도록
이끌었습니다. 전에는 언제나 '원죄'의 문제가
있었습니다. 하지만 코란의 이야기에는 중대한 비밀이
담겼는데, 바로 아담이 '배우는 존재'로서 창조됐다는
것이었습니다.

"그리고 하나님이 아담에게 만물의 이름을
가르치셨다."(코란 2장 31절) 이 최초의 가르침 이후,
아담과 이브는 낙원에서 자유롭게 살 수 있었으나,
하나님은 두 사람에게 특정 나무의 열매는 절대 먹지
말라고 명령했습니다. 이는 두 사람이 선택을 해야 했다는

288

의미입니다. 결국 아담과 이브는 주어진 명령을 어기고 사탄의 속임수에 넘어갔습니다. 그러나 모든 것을 잃은 건 아니었습니다! 큰 교훈을 얻었으니까요! 이제 아담과 이브는 지구에서 살도록 보내졌습니다. 하지만 여기에서 중요한 점은, 하나님이 인도의 말씀을 보내겠다고 약속했다는 것입니다.

"내 인도를 따르는 자는 두려움도 슬픔도 없을 것이다."(코란 2장 38절) 인간과 동물의 가장 분명한 차이는 우리에게 내면의 양심이 있다는 점입니다. 우리의 삶은 본질적으로 도덕적 선택들로 구성됩니다. 우리가 하는 결정들은 목적을 이루고, 좋든 나쁘든 운명으로 우리를 이끕니다. 다행히 우리는 삶의 규칙들을 스스로 만들지 않아도 됩니다. 계시와 예언자, 메신저들이 그 연결 고리를 제공하기 때문입니다.

요약하자면, 저는 우리가 하나님의 끝없는 우주 속 이 장엄한 왕국에 특별히 초대된 것이라고 믿습니다. 은혜롭게도 자연의 경이로움이 넘치는 가장 아름다운 이 행성에 자리하고 있습니다. 과일과 양식, 가족과 동반자가 있고, 강과 산으로 펼쳐진 녹색 카펫이 있고, 은빛 구름이 흘러가는 푸른 지붕과 우리를 따뜻하게 지켜주는 금빛 별이 있습니다. 우리는 별들과 수십억 개의 은하로

가득한 광대한 우주 한가운데 떠 있는 구형의 집에 살고
있습니다. 이 모든 것이 아무런 대가 없이 주어졌습니다.

아니, 아닐 수도 있습니다. 이 아름다운 시나리오에는
함정이 있습니다. 우리 모두 죽음을 피할 수 없다는
것입니다! 죽기 전 우리 마음은 여러 선택지를 만나는데,
그중에는 좋은 것도 나쁜 것도 있습니다. 나쁜 것을 너무
많이 선택하면 낙원으로 다시 초대돼 놀라운 선물이
무한정 주어지는 한없이 즐거운 삶을 누릴 기회를 잃게
됩니다. 그곳에서는 금지된 '나무'도, 행복을 방해하는
불쾌하고 성가신 그 어떤 것도 없습니다. 그러니 주의해야
합니다. 잘못된 선택을 하면 불행하게도 가장 형편없는
이들과 부대끼며 모든 것이 역겹고 고통스럽고, 비좁고
갑갑한 곳으로 가게 되는데, 그곳에서 벗어날 기회나
선택권도 주어지지 않을 것입니다. 그러니 현명한
사람이 되고, 신중하게 생각하며, 올바른 행동을 하고, 잘
선택해야 합니다.

결국 제 곡 「온 더 로드 투 파인드 아웃」의 가사는 신이
정해준 운명과 완벽한 조화를 이뤘습니다. 여기에서
답장을 마치고, 나머지는 제임스 씨께 맡기도록
하겠습니다.

Yes, the answer lies within, why not take
a look now?
Kick out the devil's sin, pick up, pick up
a good book now!

그래, 답은 내 안에 있어, 지금 한번 보는 게 어때?
악마의 죄는 몰아내고, 지금 당장 좋은 책을 집어
들라고!
— 「온 더 로드 투 파인드 아웃」 중에서

_캣 스티븐스

Jesse Tyler Ferguson

제시 타일러 퍼거슨

배우. 시트콤『모던 패밀리(Modern Family)』미첼 프리쳇 역으로, 프라임타임 에미상 코미디 시리즈 부문 남우조연상 후보에 5회 연속 이름을 올렸다. 2016년 브로드웨이 원맨 코미디쇼『풀리 커미티드(Fully Committed)』로 드라마 데스크상에서 뛰어난 솔로 공연상을 받았고, 2022년 리바이벌된 브로드웨이 공연『테이크 미 아웃(Take Me Out)』으로 토니상 연극 부문 남우조연상을 받았다. 미국 내외 LGBTQIA+ 커뮤니티의 시민권을 옹호하는 자선단체 프로나운(Pronoun)의 설립자이기도 하다.

"아빠가 된 뒤로는
제 삶이 아이들을 위한
구명 뗏목이 됐습니다."

한 번도 받아본 적 없는 흥미로운 질문이에요. 삶은 제게 특권입니다. 노력해서 얻은 게 아니지만, 그렇다고 그냥 주어지는 것도 아니죠. 제가 속해 있는 지금 이 순간을 살 수 있어 행운이라고 느낍니다.

아빠가 된 뒤로는 제 삶이 아이들을 위한 구명 뗏목이 됐습니다. 아이들을 위한 놀이터이고, 학교이고, 청사진입니다. 제 것이라기보단 아이들을 위해 보호해야 할 무언가라는 생각이 듭니다. 그러네요, 삶은 제가 책임지고 맡고 있는 것입니다!

_제시 타일러 퍼거슨

JAMES -

WHAT AN INTERESTING
QUESTION THAT I HAVE
NEVER BEEN ASKED.
LIFE IS A PRIVILAGE
FOR ME - SOMETHING
THAT ISN'T EARNED
BUT ALSO NOT JUST
GIVEN. I FEEL LUCKY
TO LIVE IT IN THE
MOMENT I AM IN.
NOW, I'M A DAD SO
LIFE IS A LIFE RAFT

FOR MY ~~KIDS~~ KIDS.
LIFE IS A PLAYGROUND
AND A SCHOOL AND
A BLUEPRINT FOR
THEM. IT FEELS
LESS MINE AND
MORE SOMETHING I
PROTECT FOR THEM.
LIFE IS SOMETHING I'M
IN CUSTODY OF!

Xo.
JESSE TYLER FERGUSON

레이철 포트먼

작곡가. 영화 『엠마』의 음악으로 1996년 여성 작곡가 최초로 아카데미
상을 받았다. 영화 『베시(Bessie)』로 여성 작곡가 최초로 프라임타임 에
미상도 받았다. 영화 『사이더 하우스』와 『초콜릿』(2000)으로 아카데미
상 후보에 두 차례 더 올랐으며, BBC 프롬스와 휴스턴 그랜드 오페라를
위한 작품을 비롯해 여러 무대와 음악회 작품을 작곡했다. 대영제국 4급
훈장을 받았다.

"사람들에게 지구, 나무, 강의
 아름다움을 느낄 수 있는 순간을
 선사하는 게 정말로 좋아요."

저는 음악과 사랑을 통해 작게나마 사람들에게 변화를
안기고 삶을 떠나고 싶어요.

얼마 전까지 2년간 저는 생텍쥐페리의 《어린 왕자》를
오페라 음악으로 작곡하는 데 몰두했어요. 그
이야기로부터 깊은 영향을 받을 수밖에 없었죠. 《어린
왕자》의 주제를 찬찬히 흡수해 저만의 음악적 언어로
표현하고, 그 메시지에 영향받은 공연자들이 이를
관객에게 전달하는 과정을 보는 종합적 경험이었죠.
굉장히 의미 있었답니다.

"마음으로 봐야만 잘 볼 수 있단다." 저는 삶의 주변부에
있는 순간들, 이를테면 다른 사람과 잠시 인연이 닿거나
친밀한 무언가가 공유되거나 친구가 내면세계의 문을
열어 보여주는 것 같은 순간과 작은 것들에서도 의미를
발견합니다.

작곡을 하며 가장 충만해지는 때는 음악을 통해 다른
사람들과 연결되는 순간이에요. 작곡은 때로 쉽지
않은 일이기도 하지만, 저는 사람들에게 감동과, 잠시
동안 지구, 나무, 강의 아름다움을 느낄 수 있는 순간을
선사하는 게 정말로 좋아요. 어떤 이유에서인지 제 음악을
통해 다른 사람들에게 감정을 불러일으키고 싶은 바람이

끊임없이 솟는답니다. 그리고 점점 더 사랑이나 유대와
더불어 지구와 관련된 테마들을 다루고 있고요.

또 세 딸과 가까운 가족, 친구들, 멋진 남편과의 친밀한
관계로부터 깊은 충만감을 느껴요. 저는 몇 년간 심리
치료를 받았고, 그 경험으로 심리 치료사 훈련 과정을
밟기도 했어요. 덕분에 제 인생에서 의미를 찾고 다른
사람들도 그렇게 할 수 있도록 돕는 법을 어느 정도
알아차리게 됐죠. 끝으로 그렇게 제 인생의 의미에 대해
깨닫게 된 것들을 말씀드릴게요.

온전해지는 법 배우기
전적으로 사랑하는 법 배우기
사랑받는 법 배우기
조화를 이루는 법 배우기
새, 나무, 대지와 함께하고 감사하기
다른 이들을 돌보기
주의 깊게 듣기
마음으로 잘 보기
자신의 영혼과 하나가 되기
감동을 주는 음악 만들기

_레이철 포트먼

Meaning of Life

I would like to leave life having made a difference, however small, to others whether through my music, by listening or love.

Those are the three things that bring most meaning and nourishment to my life.

A while ago I spent two years working very closely with Saint-Exupéry's The Little Prince, writing an opera on it. I was deeply affected by the story. My experience was a synthesis of absorbing the book's themes for an extended period, expressing them musically in my own language and then the realisation of the opera itself in which the performers were again moved by the story's message and in turn passed it to the audience. The experience was a very meaningful one.

"One sees clearly only with the heart."

I find meaning too in small things and those moments around the edges of life, where a brief connection with someone happens, something intimate is shared or a friend opens up a door to their inner world.

In composing, what fulfils me most is to be able through music to connect with others and though it's sometimes tough to write, what I really want is to move people and for a moment, for them to feel the beauty of the earth, or the trees and rivers. I seem for whatever reason to constantly want to bring emotion to others through my music and increasingly this is through themes of the earth as well as love and connection.

My personal relationships bring me much fulfilment - my three daughters, my family, friends and my wonderful husband.

I had therapy for several years and even trained as a psychotherapist as a result. It brought me closer to understanding how to find meaning in my life and to help others to do the same.

So these would be my thoughts on the meaning of my life —

to learn to be whole
to learn to love completely
to learn to receive love
to learn to be congruent
to be with and appreciate birds, trees
 and the earth

to care for others
to listen carefully
to see clearly with the heart
to be at one with my soul

to make music that moves

Rachel Portman

Michael Eavis

마이클 이비스

워디 팜(Worthy Farm) 소유주, 글래스톤베리 페스티벌 공동 창립자. 1969년 '배스 페스티벌 오브 블루스'에서 레드 제플린(Led Zeppelin) 의 공연을 보고 영감을 받아, 이듬해 필턴 팝, 포크 앤드 블루스 페스티 벌을 개최했다. 1971년 글래스톤베리 페어를 열었는데, 이 축제는 후 에 글래스톤베리 페스티벌로 발전해 오늘날 주요 행사로 자리 잡았다. 2010년 스티비 원더(Stevie Wonder)와 무대에 섰으며, 2016년에는 여든의 나이로 콜드플레이(Coldplay)와 무대에서 「마이 웨이」를 불렀 다.

"우리가 가진 재능과 자원을
  불우한 사람들의 삶의 질을
  높이는 데 써야 합니다."

편지 잘 받았습니다. 심사숙고하여 내린 결론을 씁니다. 인류, 특히 현대의 인간이 지금 우리가 있는 이 지점에 도달하기까지는 수백만 년이 걸렸습니다. 저는 이 사실만으로도 삶이 실제적 가치를 지닌다고 봅니다.

삶은 계획하고, 사랑하고, 음식을 먹고, 음악, 스포츠, 예술적 성취와 같은 즐거운 활동들에 몰두하고, 아이들을 기르고, 또 아이들에게 다른 아이들과 어울리는 법을 가르쳐 기쁨을 느낄 수 있도록 돕는 데 많은 시간을 쏟는 과정입니다! 평범하다고 할 수 있는 이 존재 방식이 적응하기 어렵거나 마음에 들지 않는 사람들도 있을 것입니다. 그 사람들에게는 영적인 길을 통해 행복과 기쁨을 발견하는 또 다른 방법이 있습니다. 전 세계 수백만 명이 '깨달음을 통한 궁극적 평화의 상태'에 이름으로써, 또 자신이 믿는 신과 긴밀한 관계를 맺음으로써 커다란 기쁨을 얻죠.

다소 종교적인 이야기가 나왔으니 덧붙이자면, 저는 감리교 신앙을 바탕으로 성장해서, 우리가 가진 재능과 자원을 보다 불우한 사람들의 삶의 질을 높이는 데 써야 한다는 믿음도 갖고 있는 것 같습니다.

_마이클 이비스 드림

09/04/18

Thank you for your letter. A most reasonable and considered response from me goes like this:

It's taken millions of years for mankind, particularly humans, to get to the point we're at now. That creates a real value to life.

The process of living takes a lot of time planning, loving, eating and enjoying pleasurable pursuits like music, sport, artistic achievements, raising kids and teaching them to mix with their peers so that they can feel joyful about being alive and kicking!

However, for those who are not able or willing to fit into my fairly normal way of existing, then there's another way perhaps to find happiness and joy through seeking a path to spirituality. Millions upon millions of people across the world get huge joy from reaching 'Nirvana' and being in close contact with who they believe to be their creator, or even their God.

On that quasi-religious note, I was brought up a Methodist and to use whatever talent and resources one has to improve the quality of life for others less fortunate than ourselves.

Yours sincerely,

supporting **GREENPEACE** OXFAM **WaterAid** and other worthwhile causes

Glastonbury Festivals Ltd., Worthy Farm, Pilton, Shepton Mallet, Somerset BA4 4BY *(Registered office)*
VAT N° 601 0982 76
Registered in England and Wales • Company no. 2737866

304

사난다 마트레이야

미국 싱어송라이터. 이전 활동명은 테런스 트렌트 다비(Terence Trent D'Arby)다. 히트송 「싱 유어 네임(Sign Your Name)」, 「위싱 웰(Wishing Well)」이 담긴 첫 앨범 『인트로듀싱 더 하드라인(Introducing the Hardline)』으로 큰 인기를 끌었다. 록, 팝, R&B를 융합하며 수십 년에 걸쳐 다재다능한 활동을 펼쳤고, 2024년 발매한 앨범 『더 페가수스 프로젝트: 페가수스 & 더 스완(The Pegasus Project: Pegasus & The Swan)』에서 정점을 이뤘다. 소울 넘치는 보컬과 혁신적 스타일로 유명하며, 사회적 대의와 예술적 표현을 옹호한다.

"자신을 발견하는 과정에서
삶 또한 발견하게 됩니다.
삶은 결코 그대의 존재보다
크지 않습니다."

우리 인식에 따른 시공간 연속체 터널을 통과하며 계속
진화하는 내 여정으로 빚어진 관점에 따르면, 그대가
인생의 의미라 정한 바로 그것이 인생의 의미예요.

파트 1
삶은 유연하죠. 형태상 그 본질이 고정돼 있지
않으니까요. 그대가 삶의 정체를 보길 원한다면, 삶은
기꺼이 응할 거예요. 삶은 여러 기능을 하는 가운데
거울처럼도 기능하니까요. 그냥 뒷좌석에 앉아 그대가
삶을 모는 걸 지켜보기만 할 수도 있지만요. 당신은
조직에 섞여들어 그들이 자의적으로 내놓는 인생의
정의를 받아들일 수도 있겠죠. 또는 이 전부를 무시하고
삶에 생명력을 불어넣는 영靈과 협력해, 이끌리는 길로
나아가며 의식의 형태를 창조하고, 또 재창조할 수도
있어요. 그 과정에서 공감되는 철학에서 도움과 위안을
얻을 수도 있고요. 하지만 결국 우리에 대한 우리 의식의
믿음이 내면의 힘을 깨우고, 우리가 '우리 아버지의
형상을 따라' 만들어진 창조자임을 깨닫게 하고, 자신을
꿈과 의지가 결합된 존재로 만들도록 한답니다. 파트 1
끝!

파트 2
제 뿌리라고 할 수 있는 원주민 부족 이야기인데요,

306

우리는 '죽음'을 믿지 않아요. 죽음은 서구식 개념이고,
영혼을 지배하고 정신을 통제하는 수단에 불과해요. 기본
물리 법칙의 핵심 중 하나는 에너지가 죽임을 당하거나
죽을 수 없으며, 오로지 또 다른 형태의 생명으로 전환될
뿐이라는 거예요. 그러니 우리에게 주어지는 것은 언제나
삶이죠. 많은 부분이 우리가 가진 고정된 주파수의 이해
범위를 뛰어넘어요. 그리고 우리는 삶 자체에 대해
정의할 능력이 없어요. 우리 영혼에게 더 큰 두려움은
'죽음'이 아니에요. 삶이죠! 가장 위대한 명상은 '삶의
신비'를 탐구하며, 스스로를 자신의 마스터로 받아들이는
거예요. 우리가 움직이면 삶도 따라와요. 두려움에
사로잡힌 눈으로 보면 자연히 삶은 두려움을 쫓는
의식으로 전락하죠. 한편 두려움은 흥미진진하고 극도로
매혹적이에요. 게다가 우리에게는 두려움에 싫증 나 그
너머로 나아갈 준비가 될 때까지 두려움 속에서 씨름할
수 있도록 신이 부여한 권리가 있어요. 우리는 두려움에서
벗어나기 전까지는 두려움에 의해 통제돼요. 두려움은
매우 효과적인 도구죠. 두려움은 손쉽게 퍼지고, 잘
달라붙으며, 실제로 힘을 발휘해요.
사회와 조직을 결속하게 하는 근원은 두려움이에요.
우리가 두려움에 굴복할 때 힘을 얻는 자들에게,
두려움은 아주 유용해요. 불행은 동반자를 찾고, 두려움은
명분을 찾으니까요. 그러나 '삶은 한낱 꿈'이므로, 일단

두려움 게임에서 깨어날 준비를 갖춘 뒤 '도전하는 자가
승리한다'라는 격언을 떠올리세요. 우리는 자신의 꿈을
꾸기 시작하고, 자신의 드라마를 쓸 수 있는 위치에 서게
돼요. 개인적으로 저는 모든 꿀을 지금 먹어치울 필요는
없다는 사실을 인정하면 해결되는 문제라고 생각해요.
저는 인내심을 발휘할 수 있으며, 쓴 과일이 무르익어
삶과 노력의 결과로서 마땅히 기대해도 좋은 단 과일이 될
때까지 기다릴 수 있어요. 우리에게는 이 세상에서 필요한
모든 시간이 주어져 있어요. 정말로 '시간은 내 편'이에요.
파트 2 끝!

파트 3
삶의 목적은 우리가 나아감에 따라 나타나기도 하고,
서서히 드러나기도 하며, 우리가 원하는 대로 만들어갈
수도 있어요. 우리는 (우리가 끝났다고 하기 전까지) 결코
끝나지 않아요. 좋은 소식이죠! 과수원은 변함없이 우리
곁에 있고, 우리는 하루를 마치면 집으로 돌아와 휴식과
성찰로 자신을 '정화'하고 힘을 다시 채울 수 있어요.
우리 삶의 모든 측면은 명상이며, 의식적으로 임할 때 이
삶은 더욱더 강력한 명상으로 변모해요. 이 삶의 파도를
계속해서 타고 싶고 흥미를 느끼는 한 우리는 자주
돌아와요. 그러다 이 환상의 베일 너머에 머물 준비가
되면, 그때 우리의 흥미가 있는 그곳으로 가죠. 그곳에

있는 것은 오로지 삶, 더 많은 삶이거든요. 우리에게는
필요한 모든 종류의 '말'이 있지만, 우리는 이 말들을
모는 기수이지 말이 아녜요. 이 말들을 다스리고자 하는,
즉 우리의 재능과 우리 내면의 '마귀들'을 다스리고자
하는 열망은 우리를 '필멸의 육신'에 속박되도록 붙잡는
거대한 매력의 상당 부분을 차지하죠. 그리고 한걸음
나아가 자신이 누구인지 판단하기를 멈춘다면, 이
자아실현 과정은 훨씬 수월하고 충만하게 이뤄질 거예요.
우리가 누구인지에 대한 깨달음과 기억, 그리고 깊은
잠에서 깨어나 찾게 될 용서는 우리가 이곳에 있는 주된
목적이고, 우리 삶의 의미예요. 우리는 자신을 발견하는
과정에서 삶 또한 발견하게 돼요. 우리는 삶이자 삶 속의
모든 것이에요! 그대가 아니라고 우기지만 않는다면, 삶은
결코 그대의 존재보다 크지 않아요. 이야기는 여기까지!

_사난다 마트레이야

루스 로저스

런던 해머스미스에 있는 이탈리안 레스토랑 '더 리버 카페(The River Café)' 오너 셰프. 미쉐린 가이드 3 스타를 받았다. 또한 요리 예술과 자선 활동에 대한 공로로 2010년에 대영제국 5급 훈장을, 2020년에 대영제국 3급 훈장을 받았다. 리버사이드의 로저스 남작 부인이다. 퐁피두센터를 공동 설계한 건축가 리처드 로저스(Richard Rogers)와는 2021년 사별했다.

"폭력이나 불공정으로
 사람들이 어떤 영향을 받고
 있는지에 관심을 기울입니다."

저는 삼 남매 중 막내로, 뉴욕 북쪽의 아주 작은 마을 출신입니다. 부모님은 언제나 제게 시간과 에너지를 아낌없이 쏟으셨고, 그 덕에 어린 시절부터 삶의 본질은 사람들과의 유대에 있다고 생각했던 것 같아요. 가족이든, 친구든, 함께 일하는 사람들이든, 아니면 가게나 택시, 길거리에서 스치는 사람이든지 간에요.

사람에 중점을 두는 경향은 제 삶 전반에 걸쳐 이어져왔어요. 고등학교도 공동체적 철학에 상당한 기반을 둔 학교를 다녔어요. 이후에는 런던으로 왔고, 리처드의 세계와 그의 이탈리아인 가족들에게 둘러싸여 지냈어요. 스물두 살밖에 안 됐을 때 세 의붓자녀가 생겼죠. (대가족이다 보니 지금 저에게는 손주가 열세 명 있답니다.) 첼시 인근 지역으로 이사했을 때는 동네 극장이나 노숙자 쉼터 등 어디를 통해서든 지역공동체에 참여하고자 했어요. 그런 의지가 있다 보니 정치와 사회 이슈에 늘 관심을 가진 것 같습니다. 특히 폭력이나 불공정으로 사람들이 어떤 영향을 받는지에 관심을 기울였죠. 제 남편 리처드는 자신의 건축물이 지역사회나 사람들에게 미칠 영향을 굉장히 신경 쓰는 건축가였어요. 저도 셰프가 되어 더 리버 카페를 시작할 때, 사람을 통해 의미를 찾는 세상을 만들자는 윤리와 가치관을 무엇보다 중시했어요.(훌륭한 요리를 내는 것은 물론이고요!)

311

오늘날에도 레스토랑에서 식사하는 사람과 요리하는
사람 모두가 즐거움을 느끼길 바란답니다.

편안하고 안도할 수 있는 가정에서 자랐기 때문인지, 가정
역시 저에게 무척 중요한 장소예요. 그래서 여행만큼이나,
집으로 돌아오는 일이 늘 그립고 즐거운 것 같아요.

_루스 로저스

루크 제람

Luke Jerram

설치 작가. 조각과 설치미술, 라이브 예술 프로젝트 기획에 중점을 둔다. 달을 본떠 제작한 작품 「달의 미술관(Museum of the Moon)」은 30개국에서 300회 이상 전시했고, 「마음껏 연주하세요(Play Me, I'm Yours)」 프로젝트를 전 세계 70개 도시에서 진행해 1,900대 이상의 피아노를 설치했으며, 「공원과 슬라이드(Park and Slide)」로 브리스틀에 거대한 워터 슬라이드를 설치했다. 뉴욕 메트로폴리탄 미술관과 상하이 유리 예술 박물관, 런던 웰컴 컬렉션 등 전 세계 60여 곳 이상에 그의 작품이 영구 소장돼 있다.

"예술 작품을 통해 사람들에게
독특하고 행복한 경험을
선사하는 것이
아주 즐겁습니다."

편지를 보내주셔서 감사합니다. 정말 중요한 질문이네요!
제게 인생의 의미는 제가 만나는 사람들과의 연결 그리고
제 작품을 찾은 사람들의 경험에서 옵니다. 저는 다른
사람들에게 기쁨을 주는 일이 굉장히 좋아요.
그래서 사람들이 제 작품을 만난 순간에 관해 이야기하는
걸 들을 때 무척 즐겁지요.

제 프로젝트 중에는 「마음껏 연주하세요」라는 게 있는데,
도시 곳곳에 피아노 수십 대를 설치해 사람들이 연주할 수
있도록 해요. 서로 모르는 사이였던 사람들이 이 피아노
덕분에 만나, 사랑에 빠지고 결혼에 이른 사례도 있죠.
실제로 한 커플은 저를 결혼식에 초대해주기까지 했어요.
두 사람을 사랑에 빠지게 만든 거리 피아노도 결혼식장에
전시돼 있었죠!

2013년에 만났던 이탈리아인 피아니스트 사무엘레
로시니Samuele Rossini 씨 이야기도 해줄게요.
그 무렵 아무것도 없이 런던에 막 도착해서(집도 당연히
없었죠), 일자리를 구하고 있었대요. 런던에 온 건
처음이었는데, 세인트 판크라스 국제선 역에 내렸더니
피아노 한 대가 자길 기다린 것처럼 거기에 있더래요.
그 역에서 매일 피아노를 쳤는데 한 프로듀서 눈에 띄어
첫 앨범을 제작하게 됐다지 뭐예요!

한번은 상파울루의 어느 기차역에서 피아노 앞에 앉은
어린 여자아이와 그 곁에서 울고 있는 어머니를 봤어요.
사연을 들어보니 어머니가 4년 동안 청소부 일을 해오며
딸아이 피아노 레슨비를 마련하고 계셨더라고요.
피아노 가격이 1년치 월급과 맞먹으니 피아노를 살
형편이 안 됐고, 그래서 그때가 딸이 연주하는 피아노를
처음 들은 순간이었던 거예요.
무척 아름다운 순간이었고, 제가 그 순간을 목격할 수
있어 감사했죠. 그리고 기차역 측에서는 이 프로젝트를
상당히 마음에 들어 해서 도시 내 다른 모든 역에도
피아노를 놨고요.

지금 저는 인도 케랄라에 있습니다. 어제 이곳에
「달의 미술관」을 설치했죠. 나사NASA의 이미지 자료로
만든 직경 7미터짜리 달 복제품이에요. 어젯밤 그
달을 보러 10만 명이 넘는 사람들이 공원으로 왔어요.
정말 대단했습니다. 수많은 사람과 언론인 사이를
빠져나오느라 경호원분들 도움을 받아야 할 정도였죠.
거기에서 한 어린아이가 물었어요. "나중에 달을
다시 제자리에 갖다놓을 거죠?" 그날 저녁이 지나면
꼭 다시 원래 자리에 돌려놓을 거라고 안심시켜줬지요.

저는 사람들에게 이렇게 독특하고, 바라건대 행복한

315

경험을 선사하는 일이 아주 즐겁습니다. 할 수 있는 한
계속 그럴 수 있기를 바랍니다.

_루크 제람

스테판 사그마이스터

그래픽 디자이너, 스토리텔러, 타이포그래퍼. 음악 업계에서 디자인 활동을 하기 위해 1993년 디자인 회사 사그마이스터(Sagmeister Inc.)를 설립했다. 이후 루 리드(Lou Reed), 롤링스톤스(The Rolling Stones), 에어로스미스(Aerosmith), 브라이언 이노(Brian Eno) 등의 앨범 커버를 디자인했으며, 그래미상을 세 차례 받았다. 10년에 걸쳐 탐구한 행복을 주제로 다큐멘터리 『더 해피 필름(The Happy Film)』 제작했으며, 이와 연계해 로스앤젤레스 현대미술관에서 전시 「더 해피 쇼(The Happy Show)」도 기획했다.

Stefan Sagmeister

"모든 관계를 더
  높은 단계로 끌어올리고자
  노력하며 삽니다."

저는 제 일이 다른 사람들에게 도움이 되고 즐거움을 줄 때 의미 있다고 느낍니다. 삶에서는 가깝든 그렇지 않든 저와 연결된 모든 관계를 더 높은 단계로 끌어올리고자 노력하는 것이 하나의 방법일 듯합니다. 특별히 기대하거나 의도적으로 좇지 않아도, 그 사이에서 작은 행복들이 자연스럽게 생겨날 수 있는 그런 단계로 말입니다.

개인적인 차원 이상의 더 큰 무언가에 대해서도 그와 같은 성취를 위해 노력할 수 있다면, 의미 있는 인생이 되리라 봅니다.

_사랑을 가득 담아, 스테판 사그마이스터

Hello JAMES,

I find my WORK goes to
be meaningful when it is
able to help & delight
other people.

In my LIFE, I can
try to lift all my relationships,
- the close ones & the not so close
ones - onto a level high
enough that little happinesses
can come out from in-between -
when I don't expect them & without
me pursuing them -

I CAN TRY to ACHIEVE
the SAME WITH my WORK
& WITH SOMETHING BIGGER THAN
MYSELF.

IF I'M ABLE to
do THAT, MY LIFE WILL
HAVE MEANING.

much love from
NEW YORK,

Stefan
Sagmeister

토미 캐넌

Tommy Cannon

코미디언. 북부 노동자클럽(19세기 영국 공업 지역에서 등장한 노동자 계급의 여가 및 교육 공간—역주)에서 두각을 나타낸 뒤 1968년 경연 프로그램 『오퍼투니티 노크스(Opportunity Knocks)』로 TV에 진출했다. 1980년대에 바비 볼(Bobby Ball)과 콤비를 이뤄 TV 프로그램 『캐넌 앤 볼 쇼(The Cannon & Ball Show)』를 진행했다. 이 프로그램은 토요일 황금 시간대에 평균 시청자 수 2천만 명을 기록하며 9년간 롱런했다.

"제 평생은 웃고, 웃기는
 일을 하며 흘러왔습니다.
 저는 웃음 없이는
 살 수 없답니다."

제게 인생의 의미란 행복해지는 것입니다. 뻔한
이야기지만, 무슨 일을 하든 행복해지는 게 아주
중요합니다. 행복을 주지 않는 일이라면, 뭔가 잘못된
점이 있거나 하지 말아야 하는 일이라는 뜻이죠. 저는
모든 일에는 이유가 있고, 삶은 갈 길을 알려준다고
열렬히 믿는 사람입니다. 물론 우리가 그 길에서 벗어날
수도 있고, 그 길이 예상치 못한 방향으로 이어질 수도
있지만, 결국 우리는 그 길 위로 다시 돌아가게 돼
있습니다.

제게 소중한 것 중 하나는 가족입니다. 가족의 사랑,
가족과의 대화, 가족에게 받는 이해, 그런 것 덕분에 제
인생은 충만해지고, 목적을 갖습니다.

끝으로 제 평생은 웃고, 웃기는 일을 하며 흘러왔습니다.
저한테는 웃는 게 말하는 것이나 다름없습니다. 저는 웃음
없이는 살 수 없답니다.

_토미 캐넌

코너 브라더스

마이크 스넬(Mike Snelle)과 제임스 골딩(James Golding)으로 이루어진 아티스트 듀오. 주로 소셜 미디어, 정치, 가짜 뉴스 같은 오늘날의 이슈들을 파헤친다. 과거 작품을 재해석하고 인간관계에 대한 비현실적 이상주의와 부, 명성에 집착하는 현대인의 모습을 유머러스하게 비트는 것으로 유명하다. 이들의 작품은 세계 곳곳에서 전시되고 있으며, 공공 및 개인 컬렉션으로 인기가 높다.

"의미를 창조하려는
무수한 시도는
그 어떤 것보다도 많은
고통과 폭력을 초래합니다."

인류의 의미 찾기는 진화 과정에서 나타난 불행하고
변칙적인 현상이며, 아무것도 없는데도 의미를
창조하려는 무수한 시도는 그 어떤 것보다도 많은 고통과
폭력을 초래합니다.

우리는 이 세상에서 그렇게 중요하지 않습니다. 욕설을
삼키며 이 모든 게 무슨 소용이냐고 생각하는 나무는
없습니다. 특별하고 우월한 위치를 차지하겠다는
일념으로 전쟁을 일으키는 바위도 없습니다. 삶이
무엇인지 묻는 질문마저도 우리가 다른 모든 생명체와
다를 바 없다는, 우리 생명에 모기 생명 이상의 의미가
없다는 사실을 못 받아들이는 우리의 한계를 드러내는
것입니다.

삶이 무의미하다는 것을 받아들이면 우리가 비길 데
없이 경이롭고도 섬세한 생태계의 한 부분임을, 지구 위
생명의 한 부분임을 인정할 여지가 생깁니다. 그렇게
된다면 지배적 종으로 군림하고자 하는 광적인 욕망으로
생태계를 파괴하는 대신, 보호에 나설 수 있게 되지
않을까 생각합니다.

특히 이 의미 없는 세상에서 우리는 서로를 향해, 그리고
우리는 무슨 특권에서인지 작은 역할만 해도 되는 이 믿을

수 없을 정도로 풍요로운 세상을 향해 친절하기 위해
노력해야 합니다.

최고의 기쁨은 의미를 찾는 데서 오는 게 아니라, 자연
세계를 알아차리고 그 안의 온전한 일부로 거듭나는 데서
올 것입니다.

_코너 브라더스

David Hurn

데이비드 헌

다큐멘터리 사진작가. 매그넘 포토스 멤버이자, 뉴포트 다큐멘터리 포토
그래피 학교(Newport's School of Documentary Photography) 설
립자다. 1956년 헝가리 혁명을 기록해 명성을 얻었고, 이후 영화 및 TV
촬영장을 무대로 수많은 작업을 했다. 숀 코네리(Sean Connery), 소피
아 로렌(Sophia Loren), 오드리 헵번(Audrey Hepburn), 제인 폰다
(Jayne Fonda), 마이클 케인(Michael Caine) 등 시대를 대표하는 명
배우들의 사진을 찍었다. 애버판 참사 같은 역사상 중요한 순간도 여럿
포착했다.

"과거와 현재의 사람들로부터
 가져오는 영감 덕분에
 삶이 풍부해졌습니다."

저는 딱히 종교가 없기 때문에 사후 세계를 준비할 수 있다는 위안도 얻지 못합니다만, '내가 이곳에 있는 이유가 있나?'라는 의문을 스스로에게 던져봤습니다. 그동안 보람 있는 경험도 했고, 사랑(잘 이해는 못 해도, 마음에 드는 일입니다)도 경험했고, 설명하기 몹시 어려운 우정도 경험했습니다. 바라건대 우리 모두가 있는 그대로의 자신을 드러낼 수 있는 사람을 만날 수 있기를 바랍니다.

저는 제 삶이 과거와 현재의 사람들 덕분에 더욱 풍부해졌다는 걸 잘 압니다. 그들로부터 자주 뭔가를 가져오거든요. 저는 그걸 '영감'이라고 부르죠. 윌리엄 터너William Turner, 얀 브뤼헐Jan Brueghel, 제바스티안 바흐Sebastian Bach, 주세페 베르디Giuseppe Verdi, 프란츠 슈베르트Franz Schubert, 미셸 몽테뉴Michel Montaigne, 조지 오웰George Orwell, 잰 모리스Jan Morris, 마리 퀴리Maria Curie, 앙리 카르티에 브레송Henri Cartier Bresson, 요제프 쿠델카Josef Koudelka. 그 외에도 수많은 인물 덕분에 제 삶은 풍요롭고 다채롭습니다. 제가 언급한 이들의 공통점은 자신이 떠난 뒤에도 계속 생명력을 지닐 수 있는 활동을 즐겼다는 겁니다. 여러 변수에 따라 달라지겠지만, 그들의 성취는 영원히 남을 겁니다.

제가 열정을 쏟은 다큐멘터리 사진은 이 한 가지 기능을
수행하는 데 탁월합니다. 특정 순간, 특정 조건에서 어떤
존재가 어떤 모습이었는지를 보여주죠. 이 같은 특수성은
과거에도, 지금도 사진의 득이자 독입니다. 사진은
현실의 해석입니다. 눈 위의 발자국처럼 실제로부터
직접 스텐실로 옮긴 흔적이죠. 제가 생계를 위해 하는 이
일이 미래에도 남아 있는 이상, 아마도 제 삶의 목적은
미래가, 과거의 한 사람이 보고 느끼고 사랑한 것을
불완전하게나마 볼 수 있도록, 진실성과 정확성 그리고
주관성과 객관성에 대한 타협 없이 제 일을 최대한 잘
해내는 데 있을 것입니다.

_데이비드 헌

맥스 포시

Max Fosh

유튜버, 코미디언. 400만 이상의 구독자를 보유하고 있으며, 전체 플랫폼 총합 누적 조회수가 3억 회 이상에 이른다. 7분 동안 세계 최고 갑부 되기, 왕실 가족의 일원 되기, 런던 패션위크 패션쇼장에 몰래 들어가기, 항공사 매입하기, 라운드어바웃(회전 교차로) 매입하기, 런던 시장 선거 출마하기 같은 장난이 주요 콘텐츠다. 스탠드업 코미디쇼『조셜 버터플라이(Zocial Butterfly)』로 2021년 영국 전국 투어를 했으며, 2022년 에든버러 페스티벌 프린지에서도 이를 공연했다.

"인간은 무척 사회적인 존재라,
다른 사람들과의
연결이 가장 중요하죠."

저를 떠올려주시다니 영광입니다. 제 답은 아주 간단해요.
제게 인생의 의미는 다른 사람들과의 연결이죠. 우리는
아무것도 없이 이 세상에 와 아무것도 없이 떠나요.
이곳에 머무는 약 80년 동안 우리는 가능한 한 가장 깊은
관계를 경험해야 하죠. 인간은 무척 사회적인 존재라,
취미나 관심사 같은 것들이 이곳에서 함께 살아가고 있는
다른 사람들과 우리를 이어주고 있다는 걸 알 수 있어요.
종교나 스포츠, 음악도 그렇고요.

저는 아주 좋은 환경에서 자랐어요. 식탁엔 언제나
음식이 풍성했고, 가끔 남프랑스로 여행도 떠났죠. 그렇게
처음부터 모든 걸 가지고 있었지만, 어린 시절 아주
화가 많은 소년이었답니다. 저와 잘 맞는 또래 친구들을
아직 찾지 못했다는 느낌에서 비롯된 감정이 아니었나
생각해요. 대학에 진학하면서 상황이 달라졌죠. 어둡고
비가 새는 기숙사에서 지냈지만, 진정으로 연결될 수
있는 사람들에 둘러싸여 있어서 정말 행복했어요. 그런
인간관계가 점점 더 많아지면서, 제가 지구에 태어난
목적이 사람들과 관계를 이루는 것이라고 확신하게 됐죠.

외로움이 생존에 상당히 위험하다는 걸 보여주는 의학
실험 결과도 있어요. 2019년에 〈텔레그래프〉에 실렸던
기사를 보면 '스스로가 외로운 사람이라고 응답한 여성은

심장마비를 겪은 후 1년 이내에 사망할 확률이 활발한 사교 활동을 하고 있다고 응답한 여성에 비해 세 배 높다'고 합니다. 그러니 나가서 인연을 찾아보세요.

_그럼 안녕히, 맥스

조너선 굿윈

전 스턴트 연기자, 탈출 묘기 전문가. 위험천만한 스턴트를 선보이며 『브리튼즈 갓 탤런트(Britain's Got Talent)』결승, 『아메리카 갓 탤런트』준결승에 진출했다. 2021년 10월 『아메리카 갓 탤런트: 익스트림(Extreme)』촬영 도중 중상을 입고 병원으로 이송됐다. 21미터 상공 두 대의 차량 사이에 거꾸로 매달려 구속복에서 탈출하려던 중, 차량이 충돌해 화염에 휩싸인 것이다. 2022년 2월 퇴원했으며, 하반신 마비로 휠체어를 사용하고 있다.

"의미 찾기를 멈추고
그저 이 놀라운 세상에
존재한다는 데 만족합니다."

제임스, 우선 많은 사람이 중대하게 여기는 주제에 관해
제 의견을 물어봐주셔서 대단히 영광으로 생각합니다.
단순히 우리 존재뿐 아니라 삶에서 벌어지는 온갖 일에
대해서도 의미를 부여하는 것은 인간의 독특한 특성인
듯합니다. 그런데 그러한 특성은 근본적인 이해 부족에서
비롯되는 게 아닌가 싶군요.

역사를 거슬러 올라가면 천둥이 치거나 흉작이 들 때
사람들은 신이 화가 났다는 뜻이라고 생각했다는 걸
알 수 있습니다. 오늘날 우리는 그렇지 않다는 걸 알죠.
천둥처럼 무작위로 벌어지는 현상에 의미를 부여한다는
발상이 터무니없다고 느끼기도 합니다. 저는 인생의
의미를 찾으려는 노력도 그처럼 터무니없는 일이 아닌가
싶습니다. 조금 더 솔직히 말씀드리자면, 소중한 시간을
낭비하는 일이라고 생각합니다. 아름다운 숲 한가운데 서
있으면서도 나무라고 불리는 게 뭔지 찾느라 정작 주위가
얼마나 찬란하고 눈부신지 알아차리지 못하는 것과
마찬가지입니다. 제가 의미 찾기를 멈추고 그저 이 놀라운
세상에 존재한다는 데 만족하게 된 순간은 제 자신이
누구인지 진정으로 깨닫게 된 순간이기도 합니다.

2021년에 저는 스턴트 사고로 다친 뒤 하반신이
마비되었습니다. 9미터 상공에 매달려 있다가 두 대의

차량 사이에서 짓눌렸으며, 그 차들이 폭발해 머리부터 땅으로 떨어졌습니다. 두 다리가 부러지고, 심각한 3도 화상을 입었으며, 신장이 망가지고, 갈비뼈가 부러졌죠. 폐에도 구멍이 나고, 양쪽 어깨도 골절됐으며, 척수가 완전히 손상됐습니다. 저는 두 번 죽다 살아났습니다(한 번은 사고로, 또 한 번은 수술대 위에서요). 제 인생은 순식간에 완전히 바뀌었어요. 상상할 수 없는 상실이었습니다. 상상할 수 없다는 표현을 쓴 건 정말로 그랬기 때문입니다. 척수 손상을 입고서 겪게 되는 여정은 극도로 고통스러웠고, 잘 알려져 있지 않았습니다. 그런데도 병상에 누워 앞으로 다시는 걸을 수 없다는 말을 들었을 때, 상실감이 드는 게 아니라 커다란 행운처럼 느껴졌다는 것이 참 이상합니다. 이렇게 살아서 이곳에 있을 수 있어서, 그때로부터 2년이 지난 지금 주방에 앉아 제 강아지 버스터를 무릎에 앉혀 놓고 이 편지를 쓸 수 있는 저는 얼마나 운이 좋은 사람인지 모릅니다. 매일같이 저 자신을 꼬집어봅니다. 그리고 아주 작은 순간들에도 커다란 기쁨을 느끼죠. 그런 순간들에야말로 삶의 진정한 아름다움이 자리하고 있기 때문입니다. 지금 제가 느끼는 엄청난 행운은 끔찍한 사고로 인해 얻게 된 것이 아니라, 항상 제게 있었으나 알아차리지 못했던 것입니다.

그리고 그 행운은 이 편지를 읽는 모든 사람에게도 있는 것입니다. 인생에는 의미가 필요하지 않습니다. 존재 그 자체가 이미 충분히 마법과 같으니까요. 거의 죽을 뻔한 건 정말 탁월한 치료법이지만, 그렇다고 추천하고 싶은 방법은 아닙니다.

_조너선 굿윈

찰스 살바도르

영국에서 가장 오래 복역한 수감자 중 한 명. 본명은 마이클 고든 피터슨(Michael Gordon Peterson)이다. 톰 하디(Tom Hardy) 주연의 영화 『브론슨의 고백』은 그의 이야기를 바탕으로 만들어졌다. 경범죄로 처음 체포됐던 1974년 무장 강도죄로 징역 7년을 선고받았고, 이후 다른 수감자와 교도관들을 폭행해 형량이 추가됐다. 1987년 석방된 뒤 베어너클 복싱(맨주먹 복싱)을 시작했고, 이름을 '찰스 브론슨(Charles Bronson)'으로 바꿨다. 1988년 강도 혐의로 재수감됐으며, 2014년에는 살바도르 달리(Salvador Dali)에 대한 존경의 표시로, 이름을 '찰스 살바도르'로 또 바꿨다. 그가 설립한 '찰스살바도르예술재단'은 그의 작품들을 홍보하고, 그보다 운이 좋지 않은 사람들의 예술 활동을 돕는다.

"인생의 45년을
감방에서 보냈지만,
그래도 즐거웠습니다.
삶을 포기하면 안 됩니다."

나에게 인생이란 선물입니다.
우리는 삶을 존중해야 합니다.
감사해야 합니다.
삶을 끝까지 포기하면 안 됩니다.
포기하는 사람은 삶을 누릴 자격이 없습니다.
인생의 45년을 감방에서 보냈지만,
그래도 즐거웠습니다.
그럴 수밖에 없는 방법을 터득했거든요.
결국 진짜 '나 자신'을 찾았으니까요.

_찰스 살바도르

James

Life is to Me A Gift.
You Have to Respect it.
 Appreciate it.
Hold on to it For As Long As Possible.

People Who let go Dont Deserve it.

4½ Decades of My Life Have Been in a Hole.
 But Ive Still enjoyed it.

I Made it Work For Me.

 Coz I Found MYSELF

2v17
Best Wishes.

SALVADOR 1314. HMP. WAKEFIELD. Cage

S 성공
uccess

A 성취
chievement

R 다른 이들의 인정
ecognition from others

지미 카터

Jimmy Carter

미국 제39대(1977~1981년) 대통령. 민주당 소속으로 1963년부터 1967년까지 조지아주 상원의원을, 1971년부터 1975년까지 제76대 조지아주 주지사를 지냈다. 대통령직 퇴임 후에는 카터센터를 설립하고 인권 증진에 힘을 쏟았으며, 2002년 노벨 평화상을 받았다. 2024년 100세 일기로 별세했다.

"신의 모범을 따라야 합니다."

제임스, 우리의 창조주는 우리에게 생명과 스스로 결정할
자유를 주었습니다. 우리는 예수 그리스도의 완벽한
모범을 따르고자 노력해야 합니다.

_행운을 빕니다, 지미 C

james.bailey@7mail.com

17 Dickensons Grove
Congresbury
Bristol
BS49 5HQ
UK

Dear President Carter,

I am writing to you as a huge admirer of your work, and was just hoping you may be able to answer a few questions for me.

In 1931 Will Durant wrote to 100 contemporaries asking for their thoughts on the meaning of life. Nearly 85 years on, I'm conducting the same experiment and am writing to influential inspiring and intelligent individuals from across the world and across a range of disciplines. I'd love to hear your thoughts.

Thus, I'd be most grateful if you could tell me what meaning life has for you, what keeps you going, what help, if any, religion gives you, what inspires you, where you find your happiness and what you believe your purpose to be.

As Durant instructed 'write briefly if you must; write at length and at leisure if you possibly can', for I will treasure every word from you.

Thank you so much.

Yours sincerely,

James Bailey

James: Our creator gave us both life and freedom to make our own decisions. We should strive to follow the perfect example set by Jesus Christ.

Best Wishes.

Jimmy C.

343

존 메이저

1990년부터 1997년까지 영국 총리와 보수당 당수를 지냈다. 마거릿 대처(Margaret Thatcher) 내각 시절, 외무장관과 재무장관 등 여러 요직을 거쳤다. 1999년 북아일랜드 평화 과정에 기여한 공로로 컴패니언 명예훈장을, 정치와 자선 활동에 대한 공로로 2005년 엘리자베스 2세 여왕으로부터 영국 최고 훈장인 가터 훈장을 받았다.

"크든 작든 목적이 필요합니다. 목적으로부터 삶의 의미를 찾습니다."

답하기 어려운 질문이군요. 무엇이 삶의 의미가 아닌가를 생각하는 게 더 쉬울 듯합니다. 가족과 친구들이 없다면 삶은 의미가 없을 것입니다. 매일 아침 침대에서 일어날 동기가 없어도 무의미하겠지요. 헛되이 빈둥거리기만 한다면 행복할 수 없을 것입니다. 동기부여가 되는 것이 개인적 관심사나 유대가 아니라 오로지 금전적 이유뿐일 때도 행복할 수 없을 것 같고요. 크든 작든 누구에게나 목적이 필요합니다. 그리고 저는 그 목적으로부터 인생의 의미를 얻습니다.

_존 메이저

THE RT HON SIR JOHN MAJOR KG CH

FROM THE CHIEF OF STAFF

4 February, 2016

[handwritten salutation]

On behalf of Sir John I am replying to your recent letter, and do apologise for the delay in doing so.

You asked Sir John what he believed to be "the meaning of life", and the following is his response:

It is not easy to respond to this, except perhaps in the negative: life would have no meaning without family and friends, nor without an incentive for getting out of bed each morning. I could not be happy if I were idle, nor if the only things that motivated me were purely mercenary, with no personal interest or connection. We all need a purpose – large or small – and that, to me, is what gives life its meaning.

I do hope this is helpful.

With all good wishes,

[signature]

ARABELLA WARBURTON

Mr James Bailey

P.O. BOX 38506, LONDON SW1P 1ZW

346

사이다 와르시

변호사, 정치인, 상원의원. 2010년부터 2012년까지 보수당 공동 의장을 지냈다. 2007년 남작 작위를 받고, 2010년 데이비드 캐머런(David Cameron) 총리 시절 정무장관으로 기용되며 영국 최초의 무슬림 내각 장관이 됐다. 이후 외교 담당 선임 부장관, 신앙 및 공동체 담당 부장관을 역임했다. 수년간 인종 정의 활동가로 활동했으며, 영국 흑인 인권단체 '오퍼레이션 블랙 보트(Operation Black Vote)' 출범에 중요한 역할을 했다.

"우리는 가족, 공동체,
문화, 언어, 제도, 환경 등의
관리자로서 역할에
충실해야 합니다."

인생의 의미는 삶의 목적을 찾고, 목적이 있는 삶을 살 때 나타납니다. 목적은 삶에 이유를 주고, 삶에 질서를 부여하며, 매일 아침 일어나 하루를 맞이할 의미를 줍니다. 또 정신적·신체적 안정감과 행복, 방향성을 안깁니다. 에너지가 느껴지는 이 감각을 활용하면 활력이 생기죠.

지구상 수많은 종교와 문화가 그들의 가르침 속에 삶의 목적에 관한 내용을 포함하고 있습니다. 예를 들자면, 보람 있는 방식으로 삶을 사는 것과 의욕을 불러일으키는 감정에 중점을 두는 일본 문화 '이키가이(生き甲斐, '삶'과 '보람'의 합성어—역주)'도 그렇고, 인간의 상호의존성과 주변 세계에 대한 책임을 강조하는 아프리카의 철학이자 가치 체계인 '우분투Ubuntu'도 그렇습니다. 제가 믿는 이슬람교는 삶의 목적을 신에 대한 봉사와 인류에 대한 봉사로 규정합니다. 양자는 서로 연결돼 있어, 후자를 충족하면 전자에 대한 우리의 의무도 다할 수 있지요.

제 삶의 목적은 우리가 각자 어느 한곳에서 일정 시간 동안 관리자 역할을 한다는 믿음에서 비롯됩니다. 우리는 가족, 공동체, 문화 그리고 언어, 제도, 환경의 관리자예요. 저에게 삶의 의미는 우리가 관리자로서의 역할을 이해하고, 인정하며, 이행하려 노력하는가에 달려

있습니다. 그리고 삶의 목적은 자신의 강점을 파악한 뒤
자신이 관리자 역할을 하는 곳에서 활용하는 것이지요.
제게 그 목적은 매주 쓰레기 줍기를 실천하는 것이
되기도 하고, 정직한 정치 언어를 구사하는 것이 되기도
하며, 민주주의와 법치의 기본 원칙을 훼손하려 하는
권력에 맞서 진실을 말하는 것이 되기도 합니다. 어렵고
용기가 요구되는 공적 입장을 취하는 일도, 목적이 되면
훨씬 쉽게 다가옵니다. 그런 제 모습이 어느 한순간을
모면하기 위한 것이 아니라 삶 전반에 걸친 접근법이 되기
때문입니다.

다른 사람들이 보기에는 너무 진지한 삶, 어쩌면 재미나
즐거움 같은 것은 찾아볼 수 없는 삶일지 모르지만,
제게는 이 방식이 진심을 담아 삶을 가볍게 걸어 나아가게
해준답니다. 제게 목적이 없다면 제 삶은 방향을 잃고
헤맬 것입니다. 목적이 있을 때 우리가 하는 작은
행동들은 의미를 띠고, 이 지구에서 살아가는 우리의
시간은 질서를 얻습니다. 목적은 저를 충만하게 채우고,
만족을 안기며, 마음의 평화를 느끼게 합니다.

_사이다 와르시

349

Guli Francis-Dehqani

굴리 프랜시스 데카니

영국 성공회 주교. 2021년부터 첼름스퍼드 교구장 주교를 맡고 있다. 이란에서 태어났으나, 이란 혁명으로 열네 살 때 가족과 영국으로 이주했다. 음악을 전공하고 BBC 방송국에서 일했으며, 1998년 부제 서품을 받았다. 2017년 초대 러프버러 주교가 돼 레스터 교구 부주교로 2021년까지 재임했다. 영국 성공회 첫 주택 안정 담당 주교이며, 상원에 성직 의원으로 참여하고 있다. 철학 박사이자 명예 법학 박사이다.

"사랑하고 사랑받고자 하는 욕구가 제 삶에 의미를 줍니다."

이 질문에 대해 생각해볼 기회를 주셔서 감사해요.
삶이 빠르게 흘러가고 처리해야 하는 것도 많다 보니
의식적으로 노력하지 않으면 멈춰서 숙고할 여유가
거의 없는 것이 우리네 일상이죠. 저는 제가 뭘 하고,
보통 어떻게 하는지를 너무도 잘 알고 있습니다. 또한
왜 하는지에 대한 신비를, 즉 그 모든 것 뒤에 숨겨진
의미를 깊이 궁리해보는 것도 아주 좋아한답니다. 저는
지금 2024년 부활절을 보내고 며칠 쉬는 중에 이 편지를
씁니다. 다른 날, 다른 시간이었다면 제 사색의 내용도
달랐을지 모르겠네요. 게다가 질문의 깊이에 비춰볼
때, 제 편지가 단편적 생각의 나열처럼 충분하지 않게
느껴지기도 합니다. 그저 겸손한 마음으로 작은 목소리를
보탤 뿐입니다.

제 자녀 중 지금 학부에서 철학을 공부하고 있는 아이가
있어요. 인생의 의미에 대한 글을 써달라는 부탁을
받았다고 이야기하며, 그 애의 생각을 물었죠. 그랬더니
이런 답변이 돌아왔습니다. "저라면 일단 삶이 무슨
의미인지부터 파고들 것 같아요. 일반적인 삶 전체를
말하는 걸 수도 있고, 개인의 삶을 말하는 걸 수도
있으니까요." 듣고 보니 그렇게 시작하는 것도 아주
괜찮을 것 같더군요. 그렇다면, 일반적인 삶 전체를
말하는 것이라면 어떨까요? 기독교인으로서, 즉 우리가

보고 알고 이해할 수 있는 것 너머의 더 큰 힘을 믿는
사람으로서, 신앙으로 다듬어진 제 본능에 따르면 생명은
하나님이 자신의 본질인 사랑을 나누고자 창조하신
것입니다. 그러므로 창조(또는 생명)는 사랑의 표현이며,
삼위일체 세 위격(성부, 성자, 성령) 사이의 이타적 사랑이
신적 자아 밖으로 확장되기를 바라는 갈망입니다.

그리고 우주는 생명체로 가득한, 다시 말해 생명으로
충만한, 살아 있는 존재이므로 변덕스러우며 예측하기
어렵습니다. 삶은 사랑, 기쁨, 자유, 결실, 모든 좋은 것의
가능성을 가져다주지만, 그 본질상 고통, 실패, 선택,
심지어 죽음 역시 가져다줍니다. 삶은 종말과 새로운
시작의 끊임없이 계속되는 순환이며, 우리는 고통 없는
사랑은 없고, 죽음 없는 삶도 없으며, 공동체 없는 개인과
같은 것도 없다는 걸 깨달을 수 있도록, 때때로 괴로운
이 현실의 신비한 리듬 속으로 초대받습니다. 고통의
가능성에 마음을 열 때라야 사랑의 달콤함을 맛볼 수
있습니다. 그래요, 새로운 생명을 데려오기 위해 죽는
씨앗, 부활로 이어지는 죽음, 고통과 희생을 동반한 사랑,
이게 바로 기독교 신앙의 메시지예요. 삶과 죽음은 서로
얽혀 있고, 삶은 단지 한 계절처럼 잠깐이기 때문에 더욱
달콤합니다.

예수님께서 말씀하시길, "내가 온 것은 너희가 생명을
얻고, 더욱 풍성히 얻게 하려 함이라"(요한복음 10장
10절)라고 하셨어요. 이는 곧 생명이 있고, 또 '삶'이
있다는 뜻입니다. 우리는 삶의 본질을 경험하지 못한 채
그저 '존재'만 할 수도 있어요. 인간의 생존 의지는 굉장히
강해서 많은 이가 살아남으려는 열망을 붙들고 엄청난
고난과 시련을 극복해냅니다. 더 나은 상황이 올 것이라는
희망은 굳센 동력이자 삶을 향한 의지, 막강한 힘입니다.
삶의 마지막 단계에서 저의 어머니는 몸이 약하고 힘이
없는 상태였지만 의료진이 예상한 것보다 여러 날을 더
버티셨어요. 어머니는 완강하고 결연한 분이었고, 죽음이
가까워져 올 때도, 되돌아갈 방법이 없음에도, 어머니
안의 생명력을 쉽게 놓지 않으셨습니다.

이렇게 생존 본능은 대단히 강력하다고 할 수 있습니다만,
그렇다면 예수님께서 요한복음 10장에서 말씀하신 그
풍성하고 충만한 삶이란 어떤 것일까요? 의미와 목적,
축복, 인생의 기복을 잘 헤쳐 나가는 능력을 포함한
풍요로운 삶을 뜻합니다. 그리고 이는 제 사색의 다음
부분, 즉 제 삶과 제가 의미를 찾는 방식에 대한 개인적
숙고로 이어집니다. 제 삶의 절대적 의미를 알아내는 것은
불가능합니다. 제가 할 수 있는 최선은 삶의 의미를 묻는
질문에 기대어 제가 헤아린 여러 의미를 탐구하고, 주어진

시간을 최대한 활용해 아무리 작은 것이라도 좋은 변화를
일으키려 노력하는 것입니다. 무의미한 우연이 끊이지
않고 계속된 끝에 창조가 이뤄졌다는 견해를 지녔다
해도, 무엇이 자신의 삶을 의미 있고 살아갈 가치가 있게
만드는지에 대한 고민은 중요할 것입니다. 제 삶의 의미는
다음의 요소들이 어우러져 복잡하게 구성돼 있습니다.

먼저 관계입니다. 저는 관계를 필요로 하며, 관계를 잘
가꾸고자 하는 바람이 있습니다. 이는 사랑하는 사람,
친구, 가족, 동료, 잠깐 알고 지내는 사람들, 우연히
스치는 사람들과의 관계입니다. 그리고 하나님과의
관계입니다. 저는 제 자신과 다른 사람들을 잘 알고
이해하며 더 나은 관계를 만들어나가기 위해, 관계를
해치고 무너뜨리는 것들에 얽매이지 않고, 죄책감,
두려움, 후회를 넘어서고, 가능한 한 화해와 용서를
하려고 노력합니다(항상 성공하는 건 아니고요). 인간
존재로서 우리는 신과 서로에게 의지하고 있어요. 여러
관계를 통해 유대감을 얻고자 하는 저의 욕구를 인정하는
것은 곧 통제와 자립에 대한 환상을 내려놓는 거예요.
사랑하고 사랑받고자 하는 욕구가 제 삶에 의미를 줍니다.

목적의식도 하나의 요소입니다. 목적의식은 좋은
변화를 일으키고 기여할 수 있는 기회와 관련되죠.

저는 1980년에 열네 살의 나이로 이 나라에 난민으로
왔습니다. 저는 망명 신청자와 난민들이 새로운 삶을
성공적으로 만들어가는 데는 따뜻하고 품위 있는
환대가 필요하다는 생각을 자주 해왔어요. 이 환대와
더불어, 그들에게는 일하고, 봉사하고, 기술과 경험을
발휘함으로써 새로운 사회에 기여할 기회도 몹시
필요하다고 느낍니다. 제 목적의식에는 소명과 사명에
충실히 따르고자 하는 욕구, 어머니, 사제와 주교, 아내,
친구, 그 밖의 많은 것이 되고자 하는 욕구가 포함돼
있어요. 삶이 건넨 갖가지 기회 속에서 목적의식을 발견할
수 있다면, 충만감과 의미도 얻을 수 있을 것입니다.

그리고 정체성과 소속감입니다. 이는 자신이 누구인지를
진정으로 받아들이고, 자신이 사랑받고 있으며 속할
곳이 있음을 아는 것입니다. 부모님은 제게 무조건적인
사랑이라는 선물을 주셨어요. 덕분에 저는 매일 축복과
감사를 느낍니다. 저는 아기 때 세례를 받아 그리스도
안에서 정체성을 확립했습니다. 이 정체성이 저의 다른
모든 정체성보다 우선하지요. 그런데도 저는 오랫동안
소속감을 찾지 못해 힘들어했습니다. 제가 나고 자란
이란에서는 기독교 신앙으로 인해 '외국인'으로 간주됐고,
영국에서도 한동안 어딘가 잘 맞지 않는 이방인이라는
불편한 감각을 안고 지냈습니다. 하지만 많은 사람이

서로 다른 온갖 이유로 그런 감정을 느낀다는 사실을
이해하게 됐어요. 우리 중 누구도 정해진 틀에 딱 맞는
사람은 없습니다. 각기 고유한 경험을 쌓고 다양한 영향을
받아 자기 모습이 되었지요. 저는 좋은 것이든 나쁜
것이든 추한 것이든, 그런 것들에 사로잡히거나 억압되지
않고 저를 이룬 모든 것과 화해하기 위해 노력해왔어요.
과거는 바꿀 수 없지만, 미래는 변화와 새로운 가능성의
시간이라는 걸 지금은 깨닫습니다. 이 생각은 위안이
될 뿐만 아니라, 계속해서 의미를 찾아가는 원동력이
되어줍니다.

마지막으로 말씀드리고 싶은 내용은 진리에 관한
것입니다. 많은 사람이 의미를 찾는 것과 진리를 찾는
것을 연결 짓습니다. 그런데 나이가 들수록 진리를 찾는
여정이 진리 그 자체만큼이나 중요하다는 생각이 듭니다.
실제로 우리가 서로를 어떻게 대하는지가, 곧 살아 있음이
어떤 의미인지에 관한 가장 심오한 진리의 표현입니다.
결국 다른 어딘가에서 의미를 찾으려 애쓰기보다 스스로
의미를 만들어내고 실천할 용기를 갖는 게 더 중요할지도
모릅니다.

끝으로 제가 이해하고 있는 삶의 의미를 간략히 정리하면
다음과 같답니다. 창조 안의 삶은 하나님의 사랑의

표현입니다. 우리와 모든 창조물은 서로 연결돼 있습니다.
우리는 서로와 하나님을 필요로 합니다. 우리는 우리에게
맡겨진 세상을 훌륭히 관리하고, 서로를 향한 사랑과
존중을 보여야 합니다. 사랑하고, 관계를 맺고, 삶의
충만함을 경험하는 것은 고통과 상실도 느끼는 것입니다.
우리는 어느 하나 없이 다른 하나를 이해하거나 경험할
수 없습니다. 이 땅에서의 시간은 짧습니다. 친절은 삶의
의미를 뒷받침하는데도 그 가치가 과소평가돼 있습니다.
우리는 시간을 잘 활용해 좋은 변화를 일으킬 방도를
모색해야 합니다. 그렇게 할 때 나쁜 상황에서도 무척
좋은 결과들이 빚어질 수 있습니다. 어쩌면 인생의 의미는
다음 생에 우리가 바라는 모든 것을 이 삶에서 이루기
위해 노력하는 데서 찾을 수 있을지도 모릅니다.

_부활절 주간에, 첼름스퍼드 교구장 주교
굴리 프랜시스 데카니

Rowan Williams

로완 윌리엄스

성공회 주교, 신학자, 시인. 오이스터마우스 남작이다. 2002년 12월부터 2012년 12월까지 104대 캔터베리 대주교(영국 성공회 수장이자 세계 성공회 지도자)를 지냈다. 몬머스 교구장 주교와 웨일스 대주교를 역임한 웨일스 성공회 출신으로, 현대에 들어 비(非)영국성공회 출신으로는 처음으로 캔터베리 대주교가 됐다. 대주교직에서 물러난 뒤 2014년 사우스웨일스 대학교 총장으로 취임했으며, 2013~2020년 케임브리지 대학교 모들린 칼리지 학장으로 재직했다.

"사랑이 주어졌을 때
그 사랑을 받아들일 수 있을 만큼
중심을 잡고 고요함을
지킬 방법을 찾아야 합니다."

보내주신 서신 잘 받았습니다. 자신에게 가장 의미 있는 것이 무엇이냐는 질문에 답하기란 결코 쉽지 않지만, 다음과 같이 답변드리고 싶습니다. 기독교인으로서 저는 인생의 의미가 하나님의 선물로부터 기인한다고 믿습니다. 즉 생명체(모든 종류의 생명체)는 하나님의 아름다움을 나타내기 위해 존재하며, 특히 지적 생명체의 경우 하나님의 넘치는 이타적 사랑을 나타내기 위해 존재합니다. 우리는 매개가 되어 그 사랑을 나누고 기쁨을 찾기 위해 창조됐습니다.

그러므로 우리의 가치는 성취에서 비롯되는 것이 아닙니다. 모든 이에게 주어진 천부적 선물인 하나님의 지성과 사랑을 드러내는 존엄성에서 비롯됩니다. 모든 사람의 존엄성을 인정하는 것이 도덕의 핵심입니다. 그리고 누구나 사랑을 필요로 한다는 사실을 인정하는 것이 실천적 지혜와 겸손의 시작입니다. 그다음 단계는 우리 사회가 부추기듯 과도한 활동성, 불안, 공격성에 빠지기보다, 사랑이 주어졌을 때 그 사랑을 받아들일 수 있을 만큼 중심을 잡고 고요함을 지킬 방법을 찾는 것입니다. 예수님의 이야기와 그분의 살아 계신 실재는 우리가 이미 하나님 품 안에 있으며, 우리가 용서받고 받아들여졌으므로 더 이상 하나님께 사랑받기 위해 몸부림칠 필요가 없음을 확신시켜줍니다. 이러한 인식은 시간이 흐름에 따라 우리의 모든 행동을 변화시키고, 탐욕과 이기심을 점차 사라지게 합니다. 여기까지 제 신앙의 요점을 간략히 써보았습니다. 부디 제임스 씨께 유익한 생각의 단초가 되기를 바랍니다.

_당신의 벗, 로완 윌리엄스

MAGDALENE COLLEGE CAMBRIDGE

The Master's Lodge

19 October 2015

Dear James,

Thank you for your letter and enquiry. It's never easy to answer the question of what is most meaningful to oneself, but I'd approach it along these lines:

As a Christian, I believe that life has its meaning from the gift of God. That is, life exists (all kinds of life) to show something of the beauty of God, and – in the case of intelligent life – to show something of God's overflowing selfless love. We are made in order to be vehicles of that love and to find joy in our sharing of it. Our worth and value therefore don't come from achievement but from this universal natural gift of dignity, a dignity reflecting God's intelligence and love. Honouring that in every person is the keystone of morality. And recognising that each of us is in need of love is the beginning of practical wisdom and humility. The next step is discovering how to be still and centred enough to receive love when it's given, instead of being chaotically anxious and aggressive and hyperactive, as our society encourages us to be. The story – and the living reality – of Jesus assures us that we are already embraced by God and that our salvation lies in believing that we are absolved and accepted and do not have to struggle to make ourselves loved by God. And this recognition transforms all our behaviour over time, so that greed and selfishness begin to fall away.

This is a very brief statement of what is central to my faith, but perhaps it will spark some thoughts for you!

Yours ever,

Rowan Williams

Magdalene College Cambridge CB3 0AG
tel: +44 (0)1223 332144   email: jeh34@cam.ac.uk   www.magd.cam.ac.uk
Registered Charity No: 1137542

자라 모하메드

영국무슬림위원회(Muslim Council of Britain) 첫 여성 사무총장. 영
국무슬림위원회는 500개 이상의 모스크와 교육 및 자선 단체를 대표하
는 조직이다. 다양한 민족과 종파적 배경을 지닌 전국, 지역, 마을 단위의
무슬림 단체와 기관을 포함하고 있으며, 영국 이슬람 사회 전체는 아니
나 대부분을 아우른다. 모하메드는 최연소이자 최초의 스코틀랜드 출신
사무총장이기도 하다.

"무엇을 성취하느냐보다
그 성취를 이루는 과정에서
어떤 사람이 되느냐가
더 중요하다고 믿어요."

저는 무슬림입니다. 하나님과 내세를 믿죠. 그런데 저에게 하나님을 섬기는 가장 큰 예배 행위는 인간을 섬기는 것입니다. 그저 저의 공동체와 무슬림들을 섬기는 게 아니에요. 그곳은 그저 제가 속한 공간일 뿐입니다. 저는 사람들을 돕는 것이 저의 궁극적인 소명이라고 생각합니다. 그렇게 배우면서 자랐고요. 아버지는 요리사이신데, 배는 고프지만 돈 한 푼 없는 사람이 식당에 들어온 이야기를 들려주신 적이 있어요. 아버지는 어서 앉으라고 권하고는, 음식을 내주셨다고 해요. 우리는 저마다 자신만의 신앙과 믿음을 가지고 살아가지만, 모두 지구 가족의 일원입니다. 그러니 모든 이를 돌보기 위해 노력해야 해요.

저는 스코틀랜드 글래스고에서 태어나고 자랐습니다. 파키스탄계 스코틀랜드인 3세예요. 저 자신을 찾는 게 가장 큰 과제 중 하나였죠. 지금도 기억나는 일화가 있어요. 초등학생 때였는데, 선생님께서 자기 자신을 그려보라고 하셨어요. 다들 크게 다르지 않은 모습을 간단히 그렸어요. 저만 머리색이 다르고 망토를 두른 슈퍼히어로를 그렸지요. 이 기억이 쉽게 잊히지 않는 건, 언제나 제가 다른 사람들 속에 잘 섞이지 못한다고 느꼈기 때문인 것 같아요. 적어도 저 자신을 조금 더 찾게 된 대학 시절이 되기 전까지는 그랬습니다.

대학에서 다양한 학회와 클럽 활동을 했어요. 학생회에서 살다시피 하다 보니 나중에는 총학생회장에 출마까지 했죠! 히잡을 쓰기로 결심한 건 대학 2학년 때였어요. 그전까진 무슬림으로서의 신앙생활은 하고 있었지만, 무슬림이라는 걸 드러내지는 않았어요. 이미 기도를 하고 경전을 읽고 있었음에도 히잡을 착용하니 신앙이 더욱 깊어지는 느낌이 들었는데, 어느 정도는 다른 사람들의 반응 때문이기도 했어요. 아무래도 히잡이 무슨 의미인지 누구나 아는 상징물이다 보니, 사람들이 저를 불편하게 여기는 게 느껴질 수밖에 없었죠. 학교에서든 대중교통에서든 길거리에서든요. 어떻게 보면 그런 점이 제가 누가 되고 싶은지 결정하는 데 커다란 역할을 했습니다. 히잡을 쓰는 데서 오는 정체성을 가지려면, 즉 히잡을 지금처럼 제 일부로 삼으려면, 그걸 쓸 각오와 힘이 필요했으니까요.

코란에 따르면 우리 삶의 목적은 하나님을 경배하는 것입니다(저희는 하루에 다섯 번 기도를 해요). 하지만 하나님은 우리가 무슨 일을 하는지 평가하지 않으세요. 그 대신 그 일을 하는 우리의 의도와 노력을 중시하시죠. 바로 하나님을 섬기고, 인간을 섬기고, 지구를 돌보고, 무슬림 공동체의 영적 안녕을 돌보는 것, 그리고 나아가 정의, 올바름, 사랑, 연민과 같은 가치들에 힘을 싣는 것

말이에요. 자신의 목적을 따라 사는 것이 정말 중요하다고
생각해요. 저는 공동체 공간에서 사람들을 돕고 싶다는
바람을 늘 갖고 있었던 것 같아요. 대학을 졸업하고 나서
영국무슬림위원회에서 활동하게 됐지만, 일부 무슬림
공동체들이 언론에 인식되고 다뤄지는 방식에 불만이
있었고, 대표들이 저를 충분히 대변하지 못한다고
느꼈어요. 그러던 차에 누가 제게 사무총장직 출마를
권유했죠. 저는 당연히 이렇게 생각했어요. 누가 나한테
투표하겠어? 스물여덟 살밖에 안 된 데다, 글래스고
출신에, 최초의 여성 사무총장이라니……. 대체 다들 무슨
생각인 건가 싶었다니까요.

2021년에 영국무슬림위원회 사무총장으로 선출된
순간, 제 인생은 완전히 바뀌었어요. 유명 인사가 돼
전국 일간지와 해외 언론에 제 이름이 오르내렸지요.
〈보그〉에도 실렸다니까요. 정말 말도 안 되죠! 하지만
제가 이 일을 시작한 건 유명인이 되고 싶어서가
아니라 영국의 무슬림 공동체들에 봉사하고 싶었기
때문이에요. 저는 영국과 젊은이들에게 도움이 되고
싶었어요. 공동체에 봉사하는 동시에 기존 방식들을
타파하는 일은 쉽지 않아요. 저는 조직에서 가장
어리지만, 리더이기도 하죠. 영국 무슬림의 50퍼센트가
25세 미만이에요. 제가 대변해야 하는 상당수가

청년인 거죠. 영국무슬림위원회는 저에게 다른 종류의
목소리를 낼 수 있는 통로를 열어줬어요. 〈보그〉에 실린
기사조차도 무슬림 공동체 여성들에게 큰 의미였지요.
그 기사가 났다는 건 제가 이 사회에 자연스러운 존재로
받아들여졌다는 뜻이니까요. 열네 살 딸아이가 그
잡지에서 절 본 게 얼마나 큰 의미인지 모를 거라는
메시지를 여러 어머니들로부터 받았어요. 한 여자아이는
히잡 때문에 고민이 많았는데 저를 보고 자신감을 얻게
됐다고 이야기해줬죠.

이렇게 놀라운 기회를 얻은 만큼 후회하고 싶지 않기
때문에 제가 이룰 수 있는 최대의 선이 무엇인지 끊임없이
궁리하고 있어요. 하지만 저는 무엇을 성취하느냐보다 그
성취를 이루는 과정에서 제가 어떤 사람이 되느냐가 더
중요하다고 믿어요. 사무총장으로서 모든 걸 이룬다고
해도 제가 좋은 사람이 되지 못하고 그 과정에서 저
자신을 잃는다면, 그걸 참된 승리라고 할 수 없겠죠.
더 많은 선을 행하고, 더 많은 사람을 섬기며, 더 많이
도울수록 뭔가를 성취했다는 느낌을 받습니다. 아직
아무도 한 적 없는 일을 하는 위험을 감수하고 자신을
상상할 수 있는 가장 두려운 곳에 기꺼이 몰아넣는다는
것은, 다른 사람들을 위한 길을 개척하는 일이기도 해요.

우리 모두는 삶의 목적을 찾고 있고, 저에게는
이슬람교가 그 목적을 줍니다. 가족과 사랑하는 사람들을
위해 헌신하는 데서 그 목적을 찾는 사람들도 있을
거예요. 그런데 종교적으로 이슬람교에 마음이 기우는
사람들에게는 하나님께 더 가까이 가기 위해 따를 수
있는 길이 있어요. 예배 행위를 통해 우리는 하나님과 더
가까워지죠. 그리고 하나님과 가까워질수록 마음에는
평화가 찾아옵니다. 우리 영혼은 본래부터 항상 하나님과
함께 있어왔기 때문이에요. 그러므로 가난, 전쟁, 그 어떤
일이 닥쳐도 우리 곁에 창조주가 있다는 걸 알게 되면
위안을 얻을 수 있습니다.

_자라 모하메드

David Rosen

데이비드 로젠

영국계 이스라엘인 랍비. 아일랜드 수석 랍비, 미국 유대인위원회 국제
종교간문제 담당국장을 역임했으며, 압둘라국왕 국제종교및문화간대화
센터 이사회에서 10년간 일했다. 현재 아부다비 아브라함가족의집 특별
고문, 평화를위한종교(Religions for Peace) 국제회장이다. 2005년 가
톨릭교와 유대교의 화해에 기여한 공로로 교황으로부터 성 그레고리오
대교황 기사훈장을 받았으며, 2010년 종교 간 이해와 협력을 도모한 공
로로 엘리자베스 2세 여왕으로부터 대영제국 3급 훈장을 받았다.

"삶의 의미는,
삶의 의미를 부여하는 데
있다고 답하겠습니다."

'삶의 의미'를 삶의 목적이라고 한다면, 저는 삶의 의미가
삶에 의미를 부여하는 데 있다고 답하겠습니다. 인생에
의미를 부여하는 방법은 다양합니다만, 무엇보다도
자각과 감사가 중요합니다(오늘날 서구 사회에서 새롭게
주목받는 다르마Dharma의 영향으로 '마음챙김'이라고도
불립니다). 저는 종교적 삶의 방식으로서 유대교 전체가
우리가 하는 모든 일에 그러한 자각과 마음챙김이
깃들도록 고안되었다고 말하고 싶습니다. 그리고 아마
이를 가장 잘 보여주는 것은 브라카brachah, 즉 축복의
관념일 것입니다.

유대교의 가르침에 따라 우리는 어떤 물질적 혜택을
누릴 때라도 그것을 누리기 전에, 특히 먹거나 마시기
전에 축복의 기도를 드립니다. 이를 위한 전통적인
기도문이 있어요. 예를 들면, 신실한 유대인은 사과를
먹기 전에 잠시 멈추고, "오, 주는 복되시도다. 우리의
하나님, 나무의 열매를 창조하신 우주의 주권자시여"라고
기도문을 낭송합니다. 그렇게 함으로써 우리가 곧 얻게
될 혜택과 즐거움에 대해 자각하고 창조주께 감사하게
됩니다. 인간의 가장 기본적인 필요가 그저 자동적이고
본능적인 신체 반응이 되지 않도록 하는 것입니다. 이를
통해 식사와 같이 가장 기본적인 행위도 영적 의미를 얻게
됩니다. 이러한 관념은 우리와 전체 자연 세계의 관계에

생기를 불어넣습니다.

그리고 이러한 관념의 중요성은 무엇보다도 우리와 다른
모든 '신의 형상으로 지어진' 사람들과의 관계에서 더욱
강조되어야 합니다. 우리는 가능한 한 모든 사람과의
만남이 일정 부분 신과의 만남임을 의식적으로 자각해야
합니다. 이 전제를 부정하듯 행동하는 사람들과의 만남도
마찬가지입니다.

나아가 감각을 지닌 모든 존재 그리고 자연환경 전체와의
관계를 얼마나 풍요롭게 가꾸는가, 세상에 책임감, 존중,
사랑을 얼마나 확산시키는가, 특히 취약하고 궁핍한
이들을 돌보고 그들의 괴로움과 고통을 덜어주기 위해
얼마나 노력하는가에 따라, 우리 삶에 의미를 더하게 될
것이며, 그럴 때 실제로 삶의 의미는 깊어질 것입니다.

이와 관련한 이야기를 계속해서 더 이어갈 수도 있지만,
앞의 내용이 충분히 도움이 되기를 바랍니다. 혹 제임스
군의 질문이 창조주의 '의도'를 알고자 하는 바람이 담긴
것이었다면, 그 질문은 왜 예술가는 그림을 그리는지를
묻는 것만큼이나 타당하지 않다고 말씀드리고 싶습니다.
그림은 곧 예술가 그 자체이지요! 생명, 즉 창조는 그저
하나님의 존재와 권능(그리고 잠재성)의 현현일 뿐입니다.

종교는 그 힘의 윤리적 본질을 밝혀 사람들이 그 지식에
따라 살아갈 수 있게 돕습니다.

_예루살렘에서 축복의 마음을 전하며, 데이비드

Jack Kornfield

잭 콘필드

불교 승려, 작가. 태국, 인도, 미얀마의 여러 사원에서 수행했으며, 1974년부터 세계 각지에서 명상을 가르쳐왔다. 불교의 마음챙김 수행을 서구에 소개한 주요 지도자 가운데 한 사람이다. 콘필드의 저서는 20개 언어로 번역됐으며, 100만 부 이상 팔렸다.

"놓아주는 것을 배웠는가?"

결국 중요한 것은 세 가지입니다.

진심으로 사랑했는가?
삶을 온전히 살았는가?
놓아주는 법을 배웠는가?

_잭 콘필드

Richard Reed

리처드 리드

이노센트드링크(Innocent Drinks) 공동 창립자. 1999년 친구와 음악 페스티벌에서 스무디를 팔기 시작했고, 그 아이디어를 사업으로 발전시켰다. 이노센트드링크는 수익의 10퍼센트를 자선단체에 기부하고, 이노센트파운데이션(Innocent Foundation)이라는 별도의 자선단체에 자금을 지원해 농촌 개발에 투자한다. 코카콜라에 지배 지분을 매각한 후, 잼자인베스트먼트(Jam Jar Investments)를 출범하고, 신생 기업을 지원하는 데 힘쓰고 있다. 영국 정부 에너지·기후변화부 비상임이사로 재직했고, 창업 관련 고문으로 활동했으며, 비정부기구 옥스팜(Oxfam)의 개발위원회에 참여했다.

"우리가 할 수 있는 일을 하며
가족, 친구들과의 관계에
깊이를 더해야 합니다."

인생의 의미를 찾는 노력은 삶을 작아 보이게 해요.
중요한 건 삶 그 자체입니다. 삶은 되풀이되지 않을
불가능에 가까운 선물이며, 영원 속의 헤아릴 수 없이
많은 불운한 이가 결코 누리지 못한 것입니다. 잔이 반쯤
차 있는지 아니면 반이나 비었는지를 판단하는 것보다
중요한 건 자신에게 잔이 있다는 사실을 깨닫는 겁니다.
하지만 우리는 종종 왜 우리에게 삶이 주어졌는지
궁금해하죠. 답은 간단합니다. 서로 도우며 살아가라고
주어진 것입니다.

어떻게요? 매일 우리가 할 수 있는 일을 하며, 가족,
친구들과의 관계에 깊이를 더하면서요. 때론 아직 만나지
않은 사람들과의 관계에서도요. 춤과 서핑도 도움이
된답니다.

_리처드 리드

Claire Williams

클레어 윌리엄스

전 F1레이싱팀 부팀장. F1팀을 이끈 단 두 명의 여성 중 하나로, 2014년
과 2015년 월드컨스트럭터스 챔피언십 3위를 차지했다. 임기 중에는 팀
과 레이싱 스포츠 전반에 걸쳐 다양성과 포용성을 증진하기 위해 앞장섰
으며, 영국 척수손상협회(Spinal Injuries Association) 부회장으로서
척수 손상을 입은 사람들이 팀에 합류할 수 있도록 장려하고, 휠체어 사
용자들을 위한 일자리를 창출했다. 2023년 4월 척수 손상자들을 위한
프랭크윌리엄스경아카데미(Sir Frank Williams Academy)를 설립했
다. 대영제국 4급 훈장 수훈자다.

"자신이 좋아하는 일을 찾는 것이
삶의 행복, 균형, 평화를 얻는
열쇠입니다."

F1 경기가 열리던 어느 주말이었어요. 예선을 마친 뒤였고, 아버지와 저는 아무 말 없이 차고에 나란히 있었어요. 그때 아버지가 저를 보더니 말씀하셨죠. "클레어, 우리가 세상에서 제일 운 좋은 사람들 아닐까? 매일 좋아하는 일을 하고 있잖아. 이걸로 돈도 벌고. 이보다 더한 복은 없을 것 같구나." 아버지의 이 말씀은 제가 일을 해오는 내내 제 곁을 지켜주었어요. 좋은 시기에도, 나쁜 시기에도요. 지금도 저와 함께하고 있습니다. 인생은 짧기 때문에, 그리고 대체로 쉽지 않기 때문에, 자신이 좋아하는 일을 찾는 것이 삶의 행복, 균형, 평화를 얻는 열쇠라고 생각합니다.

_클레어 윌리엄스

스테파니 셜리

벤처 자선가. 제2차 세계대전 때 보호자 없는 아동 난민으로 영국에 왔다. 1962년 전 직원이 여성인 소프트웨어 회사 프리랜스프로그래머스 (Freelance Programmers)를 설립해 원격 근무 방식을 개척하고, 당시 직장 여성에 대한 기대와 기회를 재정의했다. 프리랜스프로그래머스는 8,500명의 직원을 둔 회사로 성장했고, 최종 가치가 30억 달러에 달했으며, 직원 중 70명이 백만장자가 됐다. 셜리는 은퇴 후, 자선활동을 벌이고 있으며, 개인 재산 약 7천만 파운드(현재 환율로 약 1,280억) 이상을 여러 프로젝트에 기부했다.

"가장 큰 즐거움을 주는 부는 '베푸는 부'라는 단순한 진리를 발견했습니다."

평안한 나날 보내고 계시는지요. 이렇게 의미 있는 도전을
해주셔서 감사드립니다. 저는 위대한 루소Rousseau와
같이 인생의 의미는 의미 있는 삶을 사는 것이라고 믿고
있답니다. 제 삶이 그래왔기 때문이에요. 저는 배우는 걸
즐겨요. 자기 너머를 볼 수 있다면, 더 큰 그림을 깨달을
수 있다면, 인생은 훨씬 충만할 거예요.

무슨 뜻인가 하면 자신의 공동체, 직업, 국가를 위한
목표를 가지라는 말이에요. 1939년 영국 난민 보호소에
당도한 보호자 없는 아동 난민이었던 저에겐 국가가 무척
중대한 의미입니다. 저는 선도적인 연구 기관에서 일종의
계산 담당 사무원으로 일하며 수학 학위를 받았어요.
그곳에서 초기 컴퓨터와 관련된 작업을 하며 지적인
분위기에 흠뻑 빠져들었고, 당시에 만연해 있던 성차별을
원망할 수밖에 없었죠. 그래서 1962년 회사를 만들어
집안일을 하고 있던 여성들을 고용해 재택근무를 하도록
하고, 맞춤형 컴퓨터 소프트웨어를 개발했어요. 이후의
40년은 시련과 고난, 열정과 즐거움으로 가득했답니다.
시간은 걸렸지요. 25년 뒤 회사는 첫 배당금을 지급했고,
이후 상업적 성공을 거두었어요. 그리고 저는 회사를 공동
소유로 전환했습니다. 제 평생 가장 값비싼 선물이었지요.

그때쯤 이미 자선 활동에 열심이던 저는 '가장 큰

즐거움을 주는 부'는 '베푸는 부'라는 단순한 진리를
발견했습니다. 그러고는 세 곳의 자폐증 자선단체를
설립해 독립시켰어요. 컴퓨터와 젠더 관련 이슈에 관한
관심도 여전하지만, 이제 제 삶의 초점은 세상을 떠난
저의 아들이 생전에 앓았던 자폐증으로 옮겨왔습니다.
저는 개인적 성장과 인류의 안녕을 향한 열정에서
충만감을 얻어요. 구순인 지금, 제가 할 수 있는 모든 걸
다 했다는 생각이 듭니다.

_진심을 담아, 스테파니 셜리

줄리 벤틀리

Julie Bentley

영국의 비영리 부문 지도자, 사마리아인(Samaritans) CEO. 20년 넘게 액션포칠드런(Action for Children), 걸가이딩(Girlguiding), 가족계획협회(Family Planning Association), 수지램플러트러스트(Suzy Lamplugh Trust) 같은 영국 자선단체들을 이끌었다. 2014년 BBC 프로그램이 선정하는 '영국에서 가장 영향력 있는 여성 10인'에 이름을 올렸으며, 같은 해에 '가장 존경받는 자선단체 CEO'로도 선정됐다. BBC 라디오 4 토크쇼 『데저트 아일랜드 디스크스(Desert Island Discs)』에 출연한 바 있다.

"인생에 숨겨진 단 하나의
'궁극적' 의미 같은 건 없습니다.
스스로 자기 삶을
의미있게 만들어야 하죠."

저는 제가 왜 이 땅에 있는지 그리 궁금해하지 않아요. 꽤 직관적이라고 할 수도 있는데, 제가 지금 여기에 있는 건 출생으로 이어진 임신의 결과라고 본답니다! 태어나기를 선택해서 태어나는 사람은 없지만, 어쨌든 우리는 여기에 있고, 이 삶이라고 불리는 여정이 얼마나 길지 짧을지 알지 못하죠. 저는 인생의 의미를 목적에서 찾아요. 그리고 저에게 주어진 시간을 어떻게 보낼지 궁리하는 데 시간을 많이 들이는 편입니다.

저는 휴머니스트예요. 휴머니스트란 종교가 없는 사람이죠. 휴머니스트로서 삶이 단 한 번뿐이라고 믿기 때문에, 최대한 알차게 살지요. 휴머니스트에게 삶에 숨겨진 단 하나의 '궁극적' 의미 같은 건 없습니다. 그 대신 우리 스스로 자기 삶을 의미 있게 만들어야 하죠. 그러기 위해 저는 과학과 이성을 바탕으로 세상을 이해하려 하고, 지금 눈앞에 있는 사람들과의 인간적 교감에 집중합니다. 저는 우리가 살아가는 이 특별하고 멋진 세상의 많은 부분을 받아들이려고 노력하며 제 삶의 의미와 목적을 찾습니다. 여러 나라를 방문하고, 많은 문화를 경험하며, 열린 마음으로 차이와 다양성을 포용하려 하죠. 자연에서 시간을 보내고, 자연 세계가 얼마나 경이롭고 아름다운지, 그리고 슬프게도 얼마나 위험에 처해 있는지 인식하려 합니다.

제 삶의 의미는 대체로 자선 활동 경력에서 비롯되었어요.
여러 기회를 통해 빈곤, 노숙인, 중독, 성적 권리 및
재생산 권리, 청소년들의 복지와 정신건강 문제 등 개인과
사회에 영향을 미치는 다양한 문제를 다뤄오며, 사람들의
삶이 서로 얼마나 다른지 깊이 이해하게 됐죠. 사람들이
실제로 직면하고 있는 수많은 어려움도 깨달았습니다.
물론 자선 분야에 몸담고 있다 보니, 좋은 일도 수없이
목격할 수 있었지요. 우리의 공동체와 더 넓은 사회,
나아가 세상에 긍정적인 영향을 미치고자 하는 사람들과
함께 일하면서요.

저는 이 짧은 한 번의 생에 푹 빠져 삶을 만끽하며 다른
사람들과 풍요로운 관계를 맺고 그 관계를 소중히 가꾸는
것에 집중합니다. 동시에 진정한 세계 시민으로서 더 넓은
사회와 세상에 봉사하고 헌신함으로써 균형을 이루고 제
삶에 의미를 부여하려 애써왔습니다. 그래서 모든 사람이
행복, 희망, 공정성, 기회를 누릴 수 있도록 제게 주어진
작은 역할에 최선을 다합니다. 불평등, 차별, 불의를
줄이거나 그것에 맞서기 위해 노력하죠. 그렇게 하면 제
삶을 마지막 한 방울까지 쥐어 짜 최대한 잘 살아갈 수
있고, 그와 동시에 제가 다른 사람들의 여정을 도우며
동행하고 있음을 느끼게 됩니다. 그렇게 저는 제 삶의
의미를 얻습니다. 알아차리기 어려운 많은 방식으로,

사람들은 서로 연결돼 있습니다. 깊고 넓은 인간관계는
제 삶이 지닌 의미의 중심이자, 행복을 가져다주는
원천이랍니다.

_줄리 벤틀리

데이브 피시윅

기업가, 사업가, 자선가. 2011년 번리세이빙스앤론(Burnley Savings and Loans Ltd)을 설립했으며, 일반 노동자들도 특정 금융 상품과 서비스를 이용할 수 있어야 한다는 신념으로 영국 금융개혁을 옹호하고 있다. 그의 여정을 다룬 영국 공영방송 채널 4의 다큐멘터리 『뱅크 오브 데이브(Bank of Dave)』가 인기리에 방영됐다. 넷플릭스 영화 『뱅크 오브 데이브』도 그의 이야기를 바탕으로 했다. 그는 다른 다큐멘터리에도 출연해 영국영화방송예술아카데미상을 두 차례 받았다. 〈선데이타임스〉 베스트셀러 작가이기도 하다.

"좋은 사람들에게
둘러싸여 지내십시오.
그러면 좋은 일이
저절로 일어날 것입니다."

저는 정말 아무것도 없이 학교를 떠났습니다. 자격증도
기술도 없었습니다. 그렇게 건축 현장에 막노동을 하러
갔습니다. 일개 건설 노동자였던 제가 영국에서 150년
만에 새 은행을 세울 수 있었던 까닭은 뭘까요? 번리
출신에 자격증 하나 없던 제가 할 수 있으면, 누구든지
할 수 있습니다. 소셜 미디어를 보면 비싼 샴페인을
바다에 뿌리고, 일을 해야 성공하고 부자가 될 수 있는
건 아니라고 말하는 인플루언서들이 넘쳐납니다. 그러나
분명히 말씀드리고 싶습니다. 성공하고 부자가 될 수 있는
쉬운 방법은 없습니다. 성공의 비결은 열심히 일하는
것입니다. 열심히 일하다 보면 행운이 찾아올 수 있는
자리에 있게 될 것입니다!

자신에게 투자하고, 커뮤니케이션 방법을 배우는
것이 좋습니다. 커뮤니케이션 기술은 글쓰기에서도
대면 관계에서도 중요합니다. 이 기술을 기르면
순자산이 최소 50퍼센트 늘어날 것입니다. 자기만의
아이디어도 필요합니다. 자신에게 투자하면 반드시
보상받습니다. 그러니 기술을 배우는 데 투자하세요.
어떤 기술이든 잘 배워둔다면 언제든 그 기술을 팔 수
있고, 인플레이션의 영향도 받지 않을 것입니다. 능력은
결코 자신에게서 사라지지 않습니다. 예를 들어, 만일
자신이 최고의 교사, 변호사, 외과 의사, 배관공이라면

갖고 있는 기술의 가격도 인플레이션에 따라 오를 것이기 때문에, 인플레이션의 영향에서 자유로워집니다. 정말 그렇습니다.

삶에서나 일에서나 스트레스는 있을 것입니다. 하지만 열심히 일하기 때문에 스트레스가 생기는 건 아니라는 점을 알아야 합니다. 스트레스는 주로 자신이 통제할 수 있는데도 행동하지 않을 때 생깁니다. 그러니 스트레스가 찾아오면 가능한 한 즉시 움직이는 게 좋습니다. 그러면 스트레스가 빠르게 감소하기 시작할 겁니다.

좋은 아이디어라는 생각이 들면 그냥 바로 하십시오. 처음부터 허락을 받고 시작하는 것보다 나중에 양해를 구하는 편이 훨씬 쉽습니다. 모든 사람이 끊임없이 가능성이 없다고 말할 거예요. 하지만 반드시 '아니요'를 '예'로 바꾸는 법을 배워야 합니다! 기억하세요. '예'는 '예'입니다. '어쩌면'도 '예'입니다. '아니요'도 결국 조금 늦게 나올 '예'일 뿐입니다.

오늘 실수한 일을 떠올리며 잠자리에 드는 건 괜찮습니다. 하지만 내일 다시는 같은 실수를 반복하지 않겠다고 다짐하는 걸 잊지 마십시오. 실수하지 않는다는 건, 충분히 노력하지 않고 있다는 뜻입니다. 좋은 사람들에게

둘러싸여 지내십시오. 그러면 좋은 일이 저절로 일어날
것입니다. 그리고 자신보다 나은 사람들을 찾기 위해
노력하세요. 그러면 그 방향으로 나아갈 수 있을
것입니다. 제가 보장합니다.

행복한 삶의 비밀은 과도한 질투와 원망을 하지 않는
것입니다. 수입보다 많이 지출하지 마세요. 질투는
절대 우리에게 즐거움을 안겨줄 수 없는 7대 죄악 중
하나입니다. 어떤 어려움이 있더라도 기운차게 지내고,
선하고, 정직하며, 기댈 수 있고, 도덕적인 사람들 곁에
머무르십시오. 좋은 일이 일어날 것입니다.

자기 신뢰와 상식이 전부입니다. 스스로를 믿지 않으면
다른 사람들도 나를 믿을 수 없습니다. 자기 신뢰를
바탕으로 우리는 무엇이든 가능하게 만들 수 있습니다.

삶에서 가장 중요한 규칙 두 가지는, 첫째, 절대 포기하지
않을 것, 둘째, 절대 절대 절대 포기하지 않을 것입니다.
정정당당하게 승리하고 현명하게 살아간다면 올바른
길로 인도받을 수 있을 것입니다. 행운을 빕니다.

_데이브 피시윅

사라 휴스

정신건강 자선단체 마인드(Mind) CEO. 정신건강과 형사사법 분야에서 34년 동안 일했다. 사회복지사 교육을 받았고, 지역사회와 보호시설 모두에서 일했다. 잉글랜드 축구협회, Kooth PLC, IIMHL(국제정신건강리더십이니셔티브) 등 여러 조직에서 자문위원과 이사직을 맡고 있으며, 영국왕립예술학회, 시아나 헬스리더스네트워크(Sciana: The Health Leaders Network), 잘츠부르크글로벌세미나(Salzburg Global Seminar) 회원이다. 2022년에는 여성 및 리더십 연구로 전문 박사학위를 취득했다.

Sarah Hughes

"우리 삶은 너무나도 복잡하고 예측할 수 없기에, 단 하나의 의미를 주장하는 이론은 받아들일 수 없어요."

나는 나를 드러낸다. 고로 나는 존재한다……. 열여섯
살 때 데카르트Descartes를 비롯해 여러 철학자들에 대해
배웠어요. 다른 세상의 것만 같은 그 사상들은 십 대였던
제 마음을 뒤흔들었죠. 그 가르침들이 제게 마음껏
공상하고, 세상을 넓은 눈으로 바라보고, 모든 것에
의문을 품으라고 말을 거는 것 같았어요. 판도라의 상자가
열린 순간과 다를 바 없었죠. 그때 저는 인생의 의미란
무엇인가 하는 실존적 질문을 처음 의식적으로 제게
던졌던 것 같아요.

계속해서 쓰기 전에, 먼저 짚고 넘어가고 싶은 점이
있어요. 살면서 인생의 의미가 무엇인지 알아내려 여러
번 시도해봤습니다만, 반복해서 드는 생각은 그 답이
단지 하나일 수는 없다는 거예요. 우리 삶은 너무나도
복잡하고 예측할 수 없기 때문에, 단 하나의 의미를
주장하는 이론은 받아들일 수 없어요. 우주는 그렇게
단순하게 설계돼 있지 않아요. 저는 모두가 동의하는
기본적인 가치 위에 인류의 덕목을 바탕으로 저마다
자신의 삶의 의미를 쌓아가고 있다고 생각해요. 사랑은
핵심적으로 다 포함돼야겠지요. 진부한 이야기를 해서
미안하지만, 사랑하고 사랑받는 것은 삶의 마법이자
기쁨과 슬픔, 진정한 유대와 친밀감을 위한 토양이랍니다.
여기서 사랑은 가족 간의 사랑, 키우는 고양이와의 사랑,

가장 친한 친구와의 사랑 등 모든 사랑을 뜻하는 거고요. 사랑이 다른 모든 것의 중심이라고 생각해요.

저는 1980~90년대에 가톨릭 여학교를 다녔어요. 그곳 수녀님들은 서바이트 수녀회에 소속된 분들이었는데, 하나님과 공동체에 봉사하는 것이 인생의 의미라고 믿었어요. 이후 간호사, 교사, 선교사가 되셨죠. 저의 부모님도 강한 봉사 정신을 갖고 계셨기 때문에, 저는 종종 부모님과 함께 이웃들에게 음식을 가져다주거나, 지역사회 행사를 꾸리는 데 참여하거나, 자원 활동에 나서곤 했습니다. 그렇게 자연스럽게 부모님의 가르침을 따라 사회적 부문에 몸담게 됐고, 그 결과 35년 이상 자선단체에서 일해왔습니다. 그런데 오랜 세월에 걸쳐 배우고 발전하며 느낀 바에 따르면, 봉사라는 개념에는 석연치 않은 부분이 있어요. 봉사라는 말이 자기도취나 왜곡된 이타주의, 사회적 지위 추구 같은 진상을 가리는 '레드 헤링 red herring'으로 작용하기도 하거든요. 또 모든 사람에게 힘이 있다고 믿는 제 신념과 맞지 않는 구원주의적 의미도 내포하고 있고요.

그래서 제 진리의 두 번째 버전으로 나아가게 됐습니다. 제 봉사 정신이 사회적 불의를 보고 추동되는 것이라면, 제 삶의 의미는 명예와 무결성에 있을 수 있겠다는 가설을

세웠죠. 저는 베레모를 쓰고 닥터마틴을 신고 태어났던 건
아닐까 싶어요. 네 살 때 할아버지와 페미니스트적 논쟁을
벌였던 게 기억납니다. 여성 운전자들에 관한 거였어요!
아무튼 저는 이 두 번째 시기를 '선교사 시절'이라고
부르는데, 그럴 수밖에 없는 게 하는 일마다 어딘가
희생적이거나 순교적이었거든요. 언제나 도덕을 내세웠고
그러다 실수도 저질렀죠. 저를 '좋은 사람'으로 보는
이야기에 매혹돼 스스로를 도덕적 우위에 올려놨어요.
하지만 얼마 안 가 인위적이고 소모적으로 느껴졌습니다.
게다가 실수 같은 것도 용납되지 않으니 더더욱 지속될 수
없었죠.

쉰이라는 나이를 앞두고 생각에 다시 진전이 있었답니다.
삶의 의미는 스스로에게도 세상에도 자신을 드러내고,
보여주고, 들려주고, 이해받는 데 있는 게 아닌가 싶어요.
개인적으로나 직업적으로 지금껏 본 가장 큰 고통의
원인은 진정한 자아로 받아들여지지 않는 것이었습니다.
물론 때때로 우리의 진정성이 타인의 잣대로 평가됩니다.
부당하게도 말이지요. 하지만 저는 무결성보다 진정성에
초점을 맞춘 결과, 호기심을 갖고, 배우고, 궁극적으로
틀릴 수 있는 심리적 공간을 스스로에게 마련해줄 수
있었어요. 제 자신을 진실되게 표현함으로써 계속해서
새로운 것들을 받아들이고 사람들과 동등하게 관계를

맺을 수 있게 됐습니다. 제 강점을 인식하고 적극적으로
발휘하는 한편, 더 잘할 수 있다는 희망적 다짐과 함께
약점에 대해서도 경계를 늦추지 않습니다. 명예와
무결성을 향한 마음도 그 일부죠. 도덕적 우위는
솔깃하지만 거짓 신에 불과해, 그걸 좇다간 숨을 곳도,
발전할 여지도 얻지 못할 거예요. 사람들의 호감과 신뢰도
잃게 될 거고요.

자기 삶의 의미를 결정할 수 있는 사람은 오직
자신뿐이에요. 묘하고 공정한 세상에 우리 모두를 위한
자리가 있다는 것만은 분명한 것 같습니다.

_사라 휴스

Richard Farleigh

리처드 팔리

영국에서 가장 저명한 엔젤투자자, 연쇄 창업가. BBC의 창업 지원 리얼리티 프로그램 『드래곤즈 덴(Dragons' Den)』에 투자자 드래곤으로 출연했다. 호주 아웃백 지역의 텐트에서 생활하는 빈곤한 가정에서 태어났음에도, 모든 역경을 극복하고 금융 부문에서 막대한 성공을 거뒀다. 영국에서 80개 이상의 스타트업에 투자했으며, 그중 상당수가 성공 신화를 썼다. 런던사우스뱅크 대학교 총장을 역임했다. 세계적인 체스 선수이기도 하다.

"결과만이 아니라,
따뜻한 마음도 중요합니다."

안녕하세요, 제임스 씨. 나이가 들수록 기억은 희미해지지만, 그 의미는 분명해지는군요. 저는 아동 보호시설과 위탁 가정 등에서 자랐습니다. 가난했고, 아주 외로웠습니다. 하지만 운이 따랐습니다. 교육을 받았고, 직업을 찾았습니다. 새로운 사람들을 많이 만났습니다. 종교를 믿었고, 수학을 공부했습니다. 굉장히 많은 책을 읽었습니다. 아량이 있었고, 부족한 점에 맞서 싸웠습니다.

돌이켜보면, 변화를 가져온 건 사람들이었습니다. 크고 작은 그들의 친절이었습니다. 모든 것에 있어 결과만이 아니라, 따뜻한 마음이 중요하다는 걸 늘 명심합니다. 학교 선생님들과 다른 특별했던 사람들이 떠오르는군. 그들은 제 인생 사진의 명암 사이에 숨겨진 화살표들입니다. 좋은 사람들. 저는 좋은 사람들과 가까이 지냅니다. 인생의 의미가 무엇이든, 우리는 함께 그 의미를 찾아가고 있습니다.

_행운을 빕니다, 리처드

Marvin Rees

마빈 리스

영국 노동당 정치인, 유럽 첫 아프리카계 흑인 시장. 2016년 5월부터 2024년 5월까지 8년간 브리스틀 시장으로 재임하며, 브렉시트, 코로나19, 영국 생계비 위기, 에드워드 콜스턴 동상 훼손 사건(인종 차별 반대 시위 과정에서 17세기 대표 노예 무역상의 동상이 훼손된 사건—역주) 등 온갖 일이 벌어지는 동안 그 도시를 이끌었다. 예일월드펠로(Yale World Fellow)에 소속돼 있으며, 시티리더십프로그램(City Leadership Programme) 공동 설립자다. 지방 행정 발전에 기여한 공로로 찰스 3세 국왕으로부터 대영제국 4급 훈장을 받았다.

"제 삶이 더 큰 이야기와
연결돼 있음을 깨달음으로써
인생의 의미를 얻습니다."

어릴 때 저는 제가 단일 진리가 있음을 믿는다고 생각했습니다. 부분적으로는 제가 속한 복음주의 기독교를 이해하고 표현하는 과정에서 나온 산물이었다고 할 수 있지요. 그런 종류의 진리가 존재하지 않는다고 말하는 것은 아닙니다. 다만 나이가 들면서 신비롭고 다차원적인 진리들을 받아들일 때 편안함을 느낀답니다.

인생의 의미에 대한 이 질문에 대해서도 그런 방식으로 접근해봤습니다. 그래서 여러 가지 의미에 관해 이야기하고 싶습니다. 삶의 의미를 성찰하고, 갈망할 수 있다는 그 자체가 이미 삶의 의미의 존재를 암시하는 것이라고 봅니다. 그렇다 보니, 의미를 포기한다면 제 삶이 덜 의미 있게 느껴질 것도 같네요.

인생의 의미는 아마도 수학 법칙과 비슷할 겁니다. 우리는 그 법칙들을 발견하고, 이름 붙이고, 설명하고, 또 만들어냅니다. 그 모든 사이사이에는 신비로운 조화가 작용하고요. 따라서 저는 의미를 찾는 행위에서 의미를 발견하게 되겠지만, 그 의미는 오로지 제가 찾고 있으며, 찾고 있다는 사실을 인식할 때만 존재하며 접근 가능합니다. 철학자가 아닌 이상, 삶에서 가장 의미 있었던 순간을 되돌아보는 게 그 의미를 성찰하는 제일 확실한 방법이라는 생각이 드네요.

1990년에 저는 영국 탐험회를 따라 스피츠베르겐
제도에 갔습니다. 세 친구와 어느 산 정상에 앉아 있었죠.
그때까지 그 산에 오른 사람은 아무도 없었습니다. 저희는
수백 개의 눈 덮인 산봉우리와 그 사이로 흐르는 피오르,
빙하 호수, 빙하 계곡이 펼쳐진 광경에서 각기 다른
쪽을 바라보고 있었습니다. 오후 11시 50분쯤이었고,
자정의 태양이 주위를 도는 가운데 저희는 모두 입을
닫고 고요 속에 잠겼습니다. 아래를 내려다보니 제 밑은
커다란 크레바스(빙하 표면에 생긴 깊은 틈—역주)였어요.
그때 저는 '저기로 떨어지면 아무도 내 모습을 다시는
볼 수 없겠구나'라고 생각했습니다. 그리고 이 거대한
세상에서 제 존재가 얼마나 작고 연약한지 깨닫게
됐습니다. 그럼에도 저는 살아 있었고, 제가 살아 있다는
걸 인식하고 있었으며, 그 인식은 실로 엄청난 것이었죠.
제 존재의 무의미함에서 의미를 발견했습니다.

다음은 여동생이 대학에 입학하기로 하고 집을 구할 때의
일입니다. 저와 여동생은 풍족하게 자란 편이 아니었고
집에 차도 없었어요. 하지만 제가 대학 졸업 후 첫
직장을 구한 상태라, 임금도 받고 회사 차도 몰고 있었죠.
여동생을 사우스햄프턴까지 아무 문제 없이 데려다줄 수

있다는 뜻이었어요. 그날 부동산 중개인과 온종일 마음에
드는 집을 찾아다녔어요. 그러다 괜찮은 곳을 발견했는데,
중개인은 어딘가 미온적인 태도였죠. 저는 여동생에게
다가가 큰 소리로 속삭였습니다. "네 마음에만 들면
지금 당장 500파운드 수표를 쓰고도 남지!" 중개인은
곧바로 태도를 바꿨고, 제 여동생은 안전한 집을 얻을
수 있었습니다. 제 연봉은 1만 5,000파운드밖에 안
됐지만, 저는 그 돈을 여동생에게 줄 수 있었고, 저희가
자랄 땐 누리기 어려웠던 안전한 주거 환경을 마련해줄
수 있었습니다. 저는 사랑을 실천할 기회에서 의미를
찾았습니다.

2021년에는 제 자메이카 가족들과 함께 미국을
여행했습니다. 그때 사촌 한 명이 자신이 그린 가계도를
보여줬습니다. 제6대조 할아버님 새뮤얼 리처드슨Samuel
Richardson까지 있었어요. 성함 옆에는 '모란트 베이
폭동(1965년 자메이카 모란트 베이에서 영국 식민
통치와 인종 차별에 맞서 일어난 저항 운동—역주)으로
교수형'이라고 쓰여 있었습니다. 저는 2022년 10월
시정 연설에 이 이야기를 했습니다. 교수대에서 죽음을
기다리는 그의 심정이 어땠을지 상상해봤습니다.
두려웠을까요? 담담했을까요? 자신의 삶이 허무하게
끝나버렸다고 생각했을까요? 당신의 6대손이 영국

최대 노예 무역항이 있던 도시의 시장이 될 거라고,
유럽 전역 최초의 아프리카계 흑인 시장으로 선출될
거라고 상상이나 할 수 있었을까 하는 생각에 조금
목이 메더군요. 저는 그분의 투쟁과 그분의 삶과 희망에
의미를 부여하고, 제 삶이 더 큰 이야기와 연결돼 있음을
깨달으며 존재의 의미를 얻습니다.

마지막으로 하나님으로부터 삶의 의미를 찾는다는
이야기도 드리고 싶습니다. 저로서는 하나님의 의미를
완벽하게 설명하기 어렵지만, 하나님을 말하지 않고 사람,
지구, 우주의 존재 의미나 목적에 대해 논하는 건 어려울
듯합니다. 우리 주위를 온통 신의 의도가 감싸고 있는
게 맞다면, 저 또한 그 안에 있으니까요. 그 속에서 저는
인생의 의미를 찾을 기회를 얻습니다.

_마빈 리스

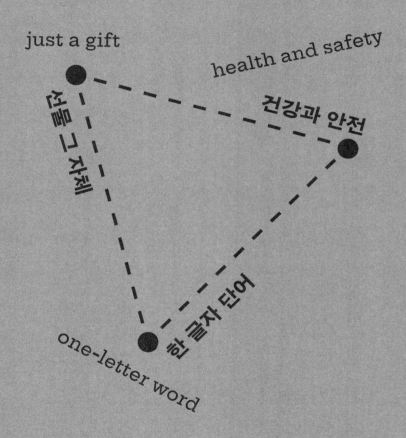

just a gift

health and safety

건강과 안전

선물 그 자체

글자 단어
한

one-letter word

올리버 버크먼

저술가, 저널리스트. 《합리적 행복: 불행 또한 인생이다》, 《행복중독자:
사람들은 왜 돈 성공 관계에 목숨을 거는가》, 《4000주: 영원히 살 수 없
는 우리 모두를 위한 시간 관리법》 등을 썼다. 〈가디언〉에 심리학 주간
칼럼 '당신의 인생을 바꾸는 칼럼(This Column Will Change Your
Life)'을 오랫동안 인기리에 연재했다. 〈뉴욕타임스〉, 〈월스트리트저널〉,
〈사이콜로지스〉, 〈뉴필로소퍼〉 등에도 글을 기고한다.

Oliver Burkeman

"살아 있음의 감각에 점점 더
많이 의지해 하루하루 나아가려
노력하고 있습니다."

짧은 글을 너그러이 이해해주시리라 믿습니다. 신화학자 조지프 캠벨은 우리가 찾는 것은 삶의 의미가 아니라 완전히 살아 있음을 느끼는 경험이라고 말했습니다. 이에 동의합니다. 제게는 아들과 함께 보내는 천천히 흐르는 시간, 아내와의 깊은 대화, 노스요크 무어스 국립공원 하이킹, 글쓰기, 제가 쓴 글에서 해방감을 발견한 사람들과 소통하기 등 '제가 이곳에 있는 이유'라고 뼛속 깊이 확신하는 경험들이 있습니다.

하지만 이 중 어느 하나라도 시대를 초월해, 이를테면 지금으로부터 500년 뒤에, '의미 있을 것'이라고 주장하기는 꽤나 어렵습니다. 저는 더 이상 제 경험들에 이런 식으로 정당화를 할 필요가 없다고 느낍니다. 그저 지구에서의 제 시간을 가능한 한 완전히 살아내고 싶을 따름입니다. 그게 전부입니다. 다시 생각해봐도, 그보다 중요한 것은 없습니다. 그래서 저는 통제하고 싶은 마음(매혹적이지만 결국엔 무기력해지죠)보다는, 살아 있음의 감각에 점점 더 많이 의지해 하루하루 나아가려 노력합니다.

_올리버 버크먼

Sara Kuburic

사라 큐브릭

실존주의 심리 치료사, 컨설턴트. 〈USA투데이〉에 칼럼을 기고하고 있으며, 인기 인스타그램 계정 @millennial.therapist를 운영한다. 전쟁을 겪고 복잡한 관계를 경험하고 인간으로 존재한다는 것의 의미를 끊임없이 배워온 개인적 경험을 바탕으로 심리학을 탐구하게 됐다. 사람들이 자기 자신에게 솔직하고 자유로우며 변화를 추구하고 의미 있는 삶을 살아가도록 돕는 데 열정을 쏟고 있다.

"삶을 잘 쓰고, 즐기고, 닳도록 살아가고 싶어요. 꼭 오래되고 편안한 신발처럼요."

의미란 명백히 실재하지만 그만큼 파악하기 어려운 것입니다. '인생의 의미는 무엇인가?'라는 질문은 이론적 성격을 띱니다. 그러나 그 답은 본능적으로 느껴지며, 구체적인 형태로 모습을 드러내곤 하죠. 우리는 의미를 느낄 때, 의미가 우리 가슴 깊이 공명할 때, 그것을 인식하게 됩니다. 인간은 단지 '왜' 자신이 살아 있는지 알고 싶어 하는 것이 아니라 삶의 본질을 경험하고 싶어 해요.

때로는 우리가 의미를 찾는 일을 지나치게 복잡하게 만들고 있다는 생각도 듭니다. 의미가 극적으로 찾아오는 놀랍고 위대한 어떤 것이 아니라, 일상의 작은 순간들 속에서 발견되는 것이라면요? 그저 소박한 대화, 차 한 잔, 부드러운 키스, 종이 위에 아무렇게나 쓴 낙서, 우리의 삶을 이루는 수없이 많은 결정과 경험, 행동의 결과인 거죠. 정말 그게 전부라면 어떨까요? 인생의 의미라는 게 다만 우리 존재의 가치를 느낄 수 있을 만큼 충분히 현존하는 능력에서 오는 것이라면요?

저는 (개인적으로) 삶을 잘 쓰고, 즐기고, 닳도록 살아가고 싶어요. 꼭 오래되고 편안한 신발처럼요. 저의 존재를 여실히 던져 삶에 참여하고, 감동받고, 자극받고, 발전하고 싶습니다. 매일같이 하루가 무의미하게 흘러가지 않도록 노력합니다. 저의 행동과 선택으로 삶의 경로가 좌우된다는 사실을 가슴 깊이 자각하며, 모든 행동과 선택에 책임을 지고자 합니다. 저는 무엇이 저에게 살아 있다는 감각을 주고, 제 자신을 마음껏 표현할 수 있게 하는지, 무엇이 저의 활력을 빼앗는지 주의를 기울입니다. 인생의 의미는 제가 세상과 마주하는 방식의 결과로서 나타납니다. 제 자아와 삶 사이에서 이루어지는 끊임없는 대화에서 만들어진답니다.

_사라 큐브릭

애덤 그랜트

조직 심리학자. 다섯 권의 책이 〈뉴욕타임스〉 1위에 오른 베스트셀러 작가이다. 세계에서 가장 영향력 있는 경영 사상가 10인 중 한 명으로 인정받는다. 〈뉴욕타임스〉에 일과 심리학에 관한 글을 기고하고 있다. 미국 국방부 국방 혁신 위원회에서 활동했고, 세계경제포럼에서 '젊은 글로벌 리더'로 선정되기도 했다. 그랜트가 진행하는 테드(TED) 팟캐스트 『리싱킹(ReThinking)』과 『워크라이프(WorkLife)』는 6,500만 회 이상 다운로드됐다.

Adam Grant

"삶의 의미는 다른 이들의 삶을
더 의미 있게 만드는 데
있습니다."

안식 기간 중이라, 짧게 답해 정말 미안합니다. 42 이외의
다른 답이 있다면(《은하수를 여행하는 히치하이커를 위한
안내서》에 나오는 모든 것에 대한 궁극적 질문의 답이라는
숫자—역주), 이걸 것 같군요. 인생의 의미는 다른 이들의
삶을 더 의미 있게 만드는 데 있습니다.

_부디 건강히, 애덤

셀레스트 헤들리

저널리스트, 작가.《말센스: 흥분하지 않고 우아하게 리드하는》,《바쁨 중독: 매 순간 바쁘게 살아야 한다는 착각》,《인종 차별에 관해 대화하는 법(Speaking of Race: Why Everyone Needs to Talk About Racism and How to Do It)》,《성차별에 맞서는 법(You're Cute When You're Mad: Simple Steps for Confronting Sexism)》등을 썼다. 테드엑스(TEDx) 강연 『좋은 대화를 하기 위한 열 가지 방법(10 Ways to Have a Better Conversation)』은 3,400만 회 이상의 조회 수를 기록했다.

Celeste Headlee

"함께 살아가는 다른
  존재들에게 도움이 됨으로써
  의미를 창조해요."

저는 삶에 대해 아는 것이 너무 적고, 삶에 어떤 의미가 있다고 주장하기에도 뒷받침할 만한 실증적 증거를 별로 가지고 있지 않은 것 같습니다. 존재 대부분이 혼돈과 무작위적 우연의 산물이라고 생각하다 보니, 돌고래, 양송이버섯, 무당벌레 그리고 인간의 존재가 계속되는 이유를 더 깊이 설명하기도 쉽지 않네요.

하지만 나이가 들면서 제가 가진 것이 삶의 목적이 아니라 목적 있게 행동할 기회라는 걸 알게 됐습니다. 50대에 접어든 지금 저와 제 곁에 있는 사람들 마음에 오랫동안 남을 순간들 그리고 저만이 아니라 다른 존재들(사람이든 그 외의 존재든)에게도 영향을 주는 결정들로부터 인생의 의미를 발견합니다.

제가 먹을 디저트를 고르는 일은 특별히 의미 있는 것 같지 않아요. 그 디저트로는 저 한 사람이 잠깐 즐거울 뿐이죠. 그러나 저와 이웃들이 배고픈 사람 누구나 아무런 조건 없이 음식을 얻을 수 있도록 설치한 작은 식료품 나눔터는 달라요. 벌써 수십 명이 이용했는데, 그 사람들은 가져간 음식을 가족과 친구와 먹었을 거예요. 다들 이 식료품 나눔터 덕분에 약간이나마 스트레스를 덜 수 있었겠지요, 나아가 삶에까지 파급 효과가 있었을 수도 있고요. 이 봉사의 경험, 즉 다른 사람들에게 도움이 된 경험은 제게는 행복과 내적 균형을 가져다줬어요. 제 기분은 달라졌고, 다른 사람들과 상호작용하는 방식도 바뀌었어요. 이 선택들은 의미가 있습니다. 선택의 영향이 어느 한 곳에 국한되지 않았고, 그 결과가 두루 긍정적이었으니까요.

삶은 무질서하고 때로 고통스럽습니다. 더 깊은 의미와 연결될 수 있는 단 하나의 신뢰할 만한 방법은 파괴적이지 않고 창조적이며, 자기중심적인 대신 포괄적이고, 이익만 좇기보다 다정한 선택들을 하는 것입니다. 저는 함께 살아가는 다른 존재들에게 도움이 됨으로써 의미를 창조해요. 그게 제가 할 수 있는 전부인 것 같습니다.

_셀레스트 헤들리

마크 맨슨

베스트셀러 작가. 《신경 끄기의 기술》을 비롯한 여러 작품이 〈뉴욕타임스〉 베스트셀러 1위에 세 차례 올랐다. 그의 책은 전 세계적으로 2천만 부가 팔렸고, 65개 이상의 언어로 번역됐으며, 10개국 이상에서 베스트셀러 1위를 차지했다. 2023년에는 유니버설픽처스에서 제작한 그의 삶과 철학을 다룬 다큐멘터리 영화가 개봉됐다.

Mark Manson

"만약 1년 안에 죽는다면,
내가 절박하게
하고 싶은 건 뭐지?"

삶에 내재한 의미 같은 건 없습니다. 의미 있는 느낌은 행동과 관계의 부산물일 뿐이에요. 인생에 의미가 부족하다고 느껴질 때, 저는 스스로에게 묻습니다.

'만약 1년 안에 죽는다면, 내가 절박하게 하고 싶은 건 뭐지?' 그리고 이 질문에 대한 답을 제 삶의 나침반으로 삼습니다.

_마크 맨슨

Beth Kempton

베스 켐프턴

일본 연구가. 베스트셀러 《매일매일, 와비사비: 채우지 않아도 괜찮습
니다》와 《코코로: 충만한 삶을 위한 일본의 지혜(Kokoro: Japanese
Wisdom for a Life Well Lived)》를 썼다. 도쿄에서 일본 전통에 따른
수련을 한 레이키(靈氣) 마스터이며, 정식 요가 지도자다. 또 수상 경력이
있는 기업가이자 수천 명이 개인적·직업적·재정적 자유를 찾을 수 있도
록 돕는 온라인 강의 제작자다.

"만물이 연결된 망 속에서
우리의 역할이 무엇인지
느끼고 알아차리는 것"

'삶'의 의미는 글자 그대로 산다는 것입니다. 약동하는
호흡과 죽음의 순간까지 끊임없이 계속되는 변화에
따른 성장을 경험하는 것이죠. 물론 삶의 의미를 물을
때 우리가 알고 싶은 것은 삶의 목적입니다. 그러니
'호흡' 같은 것은 당연히 만족스러운 답변이 될 수
없겠죠. 호흡이 우리 삶의 대다수 어려움에 도움이 되는
유용한 해결책이라고 해도요. 인간으로서의 삶의 목적을
기준으로 접근한다면, 삶의 의미란 만물이 연결된 망
속에서 우리의 역할이 무엇인지 느끼고 알아차리는 것,
그래서 어떤 식으로든 그 망에 기여하는 것이라는 생각이
듭니다.

최근 몇 년간, 저는 엄청난 상실을 겪는 가운데 중년의
불안까지 맞닥뜨리며 인간으로서 '성공'을 거둔다는 것이
어떤 뜻인지 깊이 사색할 수밖에 없었습니다. 그리고
스스로가 거의 평생을 '성공'에 대한 그릇된 신념을 안고
살아왔다는 사실을 깨달았죠. 그렇게 근래에 들어서야
이해하게 됐지만, 실제로 성공은 외적 삶이나 다른
사람들이 자신을 어떻게 보는지와는 아무런 상관이
없습니다. 성공은 그보다 내적 삶의 풍요로움, 타인을
사랑하고 배려하며 세상에 뿌리를 내리는 방식에 달린
것입니다. 세상에서 기쁨, 아름다움, 놀라움을 찾아내고,
자기 삶에서 그것들을 어떻게 다른 이들과 나누는지에

관한 것이지요.

저는 이것이 어떤 식으로든 삶과 연결돼 있다고 생각하지
않을 수 없습니다. 아마도 삶의 의미는 살아 있음을
느끼는 경험 그 자체에 있으며, 그 경험을 가지고 우리가
과거, 현재, 미래를 아우르는 더 큰 생명 공동체의
일부로서 뭔가를 하는 것이 삶의 목적이 아닐까 합니다.
요점은 이 모든 것이 사라지기 전에, 그것들이 언젠가
사라진다는 사실을 완전히 인식한 상태에서, 그 모든 것에
깨어 있는 삶을 살아가야 한다는 것입니다.

_베스 켐프턴

코리 앨런

Cory Allen

작가, 팟캐스트 진행자, 명상 지도자. 팟캐스트『앤드 덴 잇 힛 미(And Then It Hit Me)』를 운영하며, 마음챙김, 정신의 명료함, 개인의 성장에 관한 가르침을 전한다. 온라인 명상 강좌『릴리스 인투 나우(Release into Now)』를 통해 사람들이 명료하고 단순하게 명상하는 법을 배우도록 돕고 있다. 2019년에 첫 책《지금이 답이다(Now Is the Way)》를 출간했다.

"그냥 존재하는 게 아니라, 살아 있다고 느끼게 하는 걸 더 많이 하고 싶습니다."

자신이 죽지 말아야 할 타당한 이유를 말해주지 않으면 죽겠다고 윌 듀런트를 협박했던 남자를 만난다면, 저는 이런 대화를 나눌 것 같습니다.

남자가 요구합니다.
"제가 죽으면 안 되는 이유를 말씀해보세요. 대답 못 하시면 지금 당장 죽으러 갈 겁니다."
저는 대답합니다.
"지금까지는 어떻게 이유를 찾으셨는데요? 선생님께 귀중해질지도 모르는 시간을 낭비하고 싶진 않군요."
남자가 말합니다.
"할 수 있는 한 크게 생각해봤습니다. 왜 우리는 여기에 있나? 우주는 누가 만들었나? 이유가 뭔가? 하지만 그럴듯한 답은 찾을 수 없었습니다."
제가 말합니다.
"죽기를 선택할 수 있다면, 살기를 선택할 수도 있다는 건 생각해봤나요?"
남자가 대답합니다.
"그럼요."
제가 묻습니다.
"그래서 살아보려 한 적이 있다는 건가요?"
남자가 말하죠.
"인생에서 해야 한다는 건 전부 다 했습니다. 하지만

행복해지지 않았다고요."

저는 말합니다.

"아, 그렇다면 살아 있지만 삶을 선택한 적은 없는
거예요. 들어보세요. 사람들은 삶의 의미와 삶 속의
의미를 헷갈려 해요. 삶의 의미는 간단해요. 사는
거지, 뭐겠어요. 불행히도 사람들은 뭔가를 깊이 있게
들여다보려 하질 않죠. 그러다 보니 존재의 풍요 속에
있으면서도 행복을 느끼지 못해요. 살아가는 게 가치
있다고 느끼려면 삶을 의미 있는 이야기로 채워야 하는
거예요."

남자가 또 물어요.

"어떻게 해야 제 삶을 의미로 채울 수 있습니까?"

저는 대답해요.

"행동으로 의미를 창조하는 수밖에 없죠. 자신이 어떤
일을 할 때 살아 있음을 더 생생하게 느끼는지 주의 깊게
살펴야 해요. 그런 다음 그 일을 더 많이 하는 거예요.
커다란 일인지 작은 일인지, 근사한 일인지 진부한
일인지, 아니면 계속되는 일인지 잠깐뿐인 일인지 그런
건 상관없어요. 의미는 뭘 하느냐에 달린 게 아니니까요.
의미는 내가 하는 일이 나에게 어떤 느낌을 주는가에 달린
거예요."

남자가 궁금해합니다.

"그러니까 살아 있다는 걸 더 생생하게 느낄 수 있는 일을

하면, 제가 삶 속에 의미를 만들어내고 행복해질 거라는
뜻입니까?"

제가 대답합니다.

"아무렴요. 그러면 비로소 삶을 살게 될 테니까요. 살아
있음을 느끼게 하는 일에 더 많은 시간을 쏟을수록,
삶에서 하는 행동들이 방향성을 띠게 되니 목적이 있다고
느끼게 될 거예요. 그렇게 한동안 목적이 있다는 느낌
속에서 지내고 나면 삶이 충만감으로 차오르기 시작할
거고요. 시간의 흐름 속에서 스스로 만들어온 의미를
긍정적으로 되돌아볼 수 있게 될 테니까요. 그렇게 돌아볼
때면 어떤 특별한 빛이 빛나는 걸 느낄 수 있을 거예요.
그게 바로 흔히 우리가 행복이라고 부르는 거예요."

남자는 말해요.

"무슨 말씀이신지 알겠습니다. 깊이 들여다보고 주의를
기울이도록 할게요. 어떤 일을 할 때 특별한 에너지가
제 안에 퍼지는 느낌이 들면, 놓치지 않겠습니다.
그리고 꼭 그 일을 더 많이 할게요. 살아야 한다는 걸
기억하겠습니다. 그냥 존재하는 게 아니라, 살아 있다고
느끼게 하는 걸 더 많이 하면서요."

제가 말합니다.

"이해하셨다니 기쁘군요."

남자의 말이 계속됩니다.

"답변해주셔서 감사드립니다. 덕분에 제 삶을 심도

있게 바라볼 수 있게 된 것 같아요. 많은 게 가능하다는 기분이 듭니다. 저한테 그렇게 할 수 있는 힘이 있다고도 느껴지고요."

끝으로 저는 대답해요.

"전혀 힘든 일이 아니었는걸요. 저도 그저 제가 살아 있음을 더 생생히 느낄 수 있는 일을 했을 뿐이니까요."

_코리 앨런

Peter Adamson

피터 애덤슨

미국의 철학자, 사학자. 뮌헨 대학에서 고대 후기 철학과 이슬람 철학을, 킹스칼리지런던에서 고대 및 중세 철학을 가르친다. 주간 팟캐스트 『빈 틈없는 철학사(History of Philosophy without any gaps)』를 진행 하며 누구나 알기 쉽게 철학사를 소개하고 있다. 이를 바탕으로 동명의 도서 시리즈와 《스스로 생각하지 말라: 중세 철학의 권위와 믿음(Don't Think for Yourself: Authority and Belief in Medieval Philoso-phy)》 등을 펴냈다.

"역사 속 철학자들이
배우고 탐구하는 과정을 보며
어느 정도 삶의 의미를
찾았습니다."

제가 철학사가이니, 사상가들이 무엇을 '삶의 의미'로
꼽았는지를 말씀드려도 좋을 것 같습니다. 사실 많은
사람의 기대와 달리 삶의 의미는 철학사에 자주 등장하는
주제가 아니에요. '삶의 의미'에 관한 뚜렷한 주장이 실린
근대 이전의 철학서는 떠오르지 않는군요. 그도 그럴
게 삶이 과연 '의미'를 부여해도 되는 성질의 것인지도
명확하지 않잖습니까? 한 사람의 삶 또는 삶이라는 것
자체는 한마디로 정의하기 어렵습니다.

그 대신 그와 비슷한 아이디어인 인생에 '목적'이
있다는 이야기는 꽤 자주 찾아볼 수 있답니다.
삶의 의미를 말할 때 사람들 마음속에 있는 것도
실은 이 생각일지 몰라요. 그렇다면 삶의 '목적'은
무엇일까요? 아리스토텔레스Aristoteles는 《니코마코스
윤리학》 초반에서는 행복이라고 밝힙니다. 그에게
까다로운 질문은 오히려 행복의 구성 요건이었어요.
아리스토텔레스는 실천적 맥락(덕에 따라 행동하는
것)에서도 지적 맥락(과학자 또는 철학자가 되는 것으로,
아리스토텔레스에게 이 둘은 같은 것이었답니다)에서도
이성을 잘 발휘하는 삶이 행복한 삶이라고 말했습니다.

행복이 쾌락에 있다고 주장한 고대 사상가들도 있죠.
에피쿠로스학파가 대표적이에요. 학계에서도 종종 화두가

되곤 하는 내용인데, 놀랍게도 개인의 행복을 우선시한
고대의 윤리 전통은 이것들 말고도 더 있답니다. 유교와
불교가 좋은 예예요. 이 같은 접근 방식이 널리 퍼져 있는
데다 여러 독립된 역사 전통에서 나타났다는 사실은,
아리스토텔레스가 말한 것처럼 삶의 목적이 분명 행복에
있다는 것을 시사하는 게 아닐까 합니다. 하지만 모두가
이에 동의하지는 않을 것입니다.
일부 현대 윤리학자들은 삶의 목적이 모두의 이익을
극대화하는 데 있다고 주장하기도 합니다(여기서 모두는
동물을 포함한 모든 지각 있는 존재입니다). 우리는 이
접근 방식을 상당히 최근에 등장한 것으로 가정하며
제러미 벤담Jeremy Bentham, 제임스 밀James Mill 같은
공리주의자로부터 기원을 찾는 경향이 있는데, 고대
중국의 묵가 사상에서도 이러한 관점이 발견됩니다.

개인적으로 저는 역사 속 철학자들이 삶에 관한 질문들에
대해 어떤 말을 했는지 배우고 탐구하는 과정을 통해 어느
정도 삶의 의미 또는 목적을 찾았다고 생각합니다. 누구나
받아들일 만한 목적이라고는 할 수 없지만, 제게는 꼭
맞는 삶의 목적이랍니다.

_피터 애덤슨

멜리사 스테리

범학문적 디자인 과학자, 복잡계 이론가. 인류가 더 나은 세상을 만들어 가도록 돕는 과학, 기술, 디자인, 사상 부문의 세계적 권위자로 인정받고 있다. 전례가 없을 정도로 개념적이고 독창적이며 상업적인 가능성을 지닌 프로젝트들을 진행하며, 새로운 시장을 개척한 여러 신생 기업을 지원했다. 전 세계 개인 및 기관들과 협업하며 첨단 기술 아이디어에 대한 폭넓은 경험을 쌓았다.

"지구 위 거대한 생명의
흐름 속에서,
시간과 공간 속에서,
저의 자리를 깨달을 때
의미를 얻습니다."

1990년 어느 날이었어요. 십 대였던 저는 조금 먼
바다에서 수영을 하고 있었죠. 태국 피피섬의 마야
베이였어요. 더없이 멋진 경관이었죠. 저는 세상과
동떨어진 느낌 속에서 햇빛에 반짝이는 수정처럼 맑은
바다의 아름다움에 푹 빠져 있었습니다. 그때 갑자기
허벅지 전체에 타는 듯한 통증이 몰려왔어요. 처음에는
제가 표류하던 낚시 도구에 부딪힌 줄 알았지만, 아무리
돌아봐도 줄이나 그물은 보이지 않았죠. 그제야 제가
해파리에 쏘였다는 걸 깨달았어요. 입술을 깨물며 절대
패닉에 빠지면 안 된다고 스스로를 다잡았어요. 그리고
네덜란드인으로서의 용기를 그러모아 가까스로 헤엄쳐
해안으로 돌아왔죠. 물 밖으로 나와서 보니 두 다리가
온통 붉게 부풀어 있더군요. 도와달라고 소리쳤어요.
해변에 있던 열다섯 남짓한 사람들 중 하나가 마침
잠수부였는데, 달려와 도움을 줬어요. 그런데 부푼
부위를 살펴보더니 어떤 종에 쏘였는지 판별하기 어려운
상태라고 하더라고요. 저도 해가 없는 해파리에 쏘인
건지 맹독성 해파리에 쏘인 건지 전혀 분간이 안 됐고요.
후자였다면 저는 의료 지원을 받기도 전에, 아니 진통제를
쓸 기회도 없이 죽음을 맞이했을 거예요. 그리고 아마
다른 장소였다면 평정을 유지하기가 훨씬 어려웠을
거고요. 하지만 그때 제가 있는 곳은 마야 베이였고,
정신이 없는 와중에도, 죽어도 이만한 낙원에서 죽게

됐으니 얼마나 운이 좋으냐는 생각 같은 걸 하며 어떻게든
제게 주어진 시간을 감사히 누리려고 했던 것 같아요.
그래서 심호흡도 하고 쏘인 곳을 바닷물로 씻어내기도
하며, 통증을 줄이기 위해 할 수 있는 모든 걸 다 했지요.
제 주위로 펼쳐진 장엄한 광경을 가능한 한 멀리까지
바라보면서요.

이후 지난 세월 동안, 어렵고 때론 혼란스럽기도 한
상황을 예기치 않게 수차례 맞닥뜨렸어요. 그럴 때면
수일 내로 자연에 둘러싸일 수 있는 곳으로 가요. 1990년
마야 베이에서 그랬듯, 저는 세상사의 방해를 받지 않을
때 차분하고 명료하게 깊은 사색에 빠져들 수 있거든요.
또 제가 더 큰 전체와 연결돼 있음을, 지구 위 거대한
생명의 일부임을 느낄 수 있죠. 저는 서로 다른 것들
사이의 연결을 알아차리는 데서 의미를 얻어요. 그렇게
세상 돌아가는 이치와 그 안에서 제가 어디에 속하는지에
대한 감각을 쌓아왔어요. 한마디로 제게 인생의 의미는
그 차원이 얼마나 상상 이상으로 방대하고 거기에서 무슨
일이 벌어지든지 간에, 시간과 공간 속에서 저의 자리를
깨달을 때 찾아온답니다.

_멜리사 스테리

Mark Stevenson

마크 스티븐슨

미래학자, 탄소 제거 기업 CUR8 공동 설립자, 정부·투자자·비정부기구 전략 자문가. 각종 조직들이 투자 및 운영 방식을 개선하도록 해 기후변화, 불평등, 민주주의 후퇴, 위험을 가격에 제대로 반영하지 못하는 시장 실패 등 미래가 제기하는 질문들에 대응하게 돕고 있다. 《낙관론자의 미래 여행(An Optimist's Tour of the Future)》, 《우리는 다르게 행동한다(We Do Things Differently)》를 썼다. 팟캐스트 『존 리처드슨과 퓨처넛(Jon Richardson and the Futurenauts)』을 진행하고 있다.

"자기중심적 태도는 가혹해서
 햇빛에 아이스크림이
 녹는 것만큼이나
 인생의 의미를
 파괴할 수 있습니다."

대니얼 데닛Daniel Dennett은 "철학자가 가지는 직업적 위험 요소가 있다면 파티에서 어려운 질문을 받는 것"이라고 말했습니다. 물론 술자리에서 공짜 조언을 요청받는 것은 다른 직업에서도 흔한 일이죠. 의사라면 무릎이 안 좋은데 어떻게 하면 좋겠냐는 질문을 받을 것입니다. 금융 계통 종사자라면 투자 팁을 알려달라고 조르는 사람을 늘 만날 테고요. 이따금 책을 낸 작가로서 저는 '내가 생각해낸 이 대단한 책/연극/시트콤 아이디어'를 보고 의견을 달라거나 제 문학 에이전트에게 자신을 소개해달라는 부탁을 받곤 합니다. 하지만 철학자라면 상황이 훨씬 심각합니다. 맥주 한 잔 더 마시려다 진짜로 까다로운 질문을 받을 수도 있습니다. "의식이 뭡니까?", "자유 의지란 존재하는 걸까요?", "방송인 제레미 클라크슨Jeremy Clarkson이 왜 인기가 있는 거죠?" 철학자가 자주 맞닥뜨릴 것으로 보이는 또 다른 질문은 이것입니다. "행복의 정의는 무엇인가요?" 다행히 데닛이 생전에 이에 대한 답이 있다고 말했습니다. 상당히 멋진 답이죠. "자신보다 더 중요한 무언가를 찾아 거기에 삶을 바치는 것입니다."

바로 이것이 인생에서 얻을 수 있는 의미를 발견하는 방법이라고 믿습니다. 제가 하는 거의 모든 일은 여기에 기반을 두고 있어요. 저는 운이 좋아 적극적으로 뛰어들고 싶은 '저보다 큰 일'을 몇 가지 찾았습니다.
기후변화에 맞서 싸우고, 냉소주의를 이겨내고,
사람들을 웃게 만들고(또 코미디를 날카로운 도구로
삼아 진실을 탐구합니다), 파트너이자 부모가 되고,
최고의 프로그레시브록 앨범을 만들기 위해 노력하는
것 등입니다. 이 중 어느 것도 혼자만의 힘으로 이룰
수 있는 일은 없습니다. '저보다 큰사람들', 언제 봐도
친절하고 흥미로운 사람들과의 협력이 필요하죠(저는
저보다 훌륭한 사람들과 어울리는 걸 어느 정도 버릇처럼
해왔습니다. 그중에서도 가장 특별한 예가 바로 제가 사랑하는
사람입니다). 이들과 대조되는 사람들이 바로 자신이
적당히 감당할 수 있거나 쉬운 프로젝트만 진행하고,
언제 봐도 지루하고, 부엌 리모델링이나 휴가 때 갔던 곳,
은퇴 계획 같은 것밖에 할 얘기가 없는 듯한 사람이고요.
이들은 제가 '회사 좀비'라고 생각하는 유형입니다.

저는 '저보다 큰사람들'과의 관계에서 사회적 존재로서의
의미를 발견합니다. 웃음과 교감을 나누고, 지구라는
경이롭고 다정한 우주선에 함께 머물며 도전과 모험을
해나가면서요. 제가 가장 최근에 가까워진 멋진 친구인 팀
스미트도 제임스 씨의 편지에 답장을 드렸죠. 만나보니
이 친구는 의미를 찾는 데 필요한 또 다른 중요한 걸 알고
있더군요. 유쾌한 태도를 가치 있게 여기는 것 말이에요.

이 내용들이 너무 뻔하고 별것 아닌 것처럼 들릴까 걱정도 됩니다. 하지만 그렇지 않아요. 우리 모두가 그럴 수 있듯 (저 역시 그랬고요) '자신보다 큰 것'을 잃어버리면, 헤아릴 수 없는 대가를 치르게 됩니다. 파트너나 자녀들과의 관계가 소원해지고, 스스로와 단절되고(동시에 자아는 비대해지고), 동료들을 혼란과 슬픔에 빠뜨리게 될 것이며, 유일무이한 재화인 시간을 낭비하게 됩니다. 자기중심적 태도는 가혹해서 햇빛에 아이스크림이 녹는 것만큼이나 확실히 인생의 의미를 파괴할 수 있습니다. 덕분에 잠시나마 이 주제에 대해 생각해볼 기회를 가져 얼마나 큰 선물이 되었는지 모르겠습니다. 이 글을 쓰는 일도 제게 의미를 가져다주었군요. 고마워요, 제임스.

_마크 스티븐슨

431

Joshua Fletcher

조슈아 플레처

'앤자이어티 조시(Anxiety Josh)'로 알려진 불안장애 전문가, 심리 치료사. 전문 지식에 더해 여러 불안장애 진단을 받은 개인적 경험을 바탕으로 사람들을 교육하고 돕는 데 앞장서고 있다. 불안을 스스로 극복하고 관리하는 데 도움이 되는 안내서 세 권을 펴냈으며, 최신작은 《그러면 어떤 기분이 드세요?(And How Does That Make You Feel?)》이다.

"삶의 본질은 끝없는 배움"

좋은 질문을 해주셔서 감사합니다. 바쁜 한 주를 보내다 덕분에 기쁜 마음으로 한숨 돌릴 수 있었습니다. 질문 내용이 철학의 영역에 닿아 있다 보니 사르트르Sartre, 니체Nietzsche, 하이데거Heidegger 같은 실존주의 철학자들이 떠올랐습니다. 제 사고방식에 큰 영향을 준 철학자들인데요, 이들은 존재가 본질에 앞선다는 믿음에 따라 우리 스스로 삶의 의미를 만들어가는 것이라고 말했습니다. 이 생각은 저에게 깊이 와닿았습니다. 특히 니체는 자기 창조를 통해 진정한 자기 자신이 되어가는 여정을 강조했죠.

의미를 찾기 위한 제 개인적 여정은 순탄치 않았습니다. 일찍부터 동생과 아버지를 잃는 등 여러 커다란 상실을 겪고 심각한 불안장애를 앓으며, 허무주의적 감정에 사로잡히고 존재의 목적을 찾기 위해 씨름했습니다. 이 경험들은 제가 가장 길을 잃었다고 느낀 순간에 삶의 의미를 탐구하도록 재촉했습니다.

제가 지금처럼 심리 치료사이자 작가로 성장하고 성공할 수 있었던 것은, 말로 다 할 수 없는 그 슬픔을 극복하는 과정에서 얻은 교훈들 덕분이라고 생각합니다. 제게 삶의 본질은 끝없는 배움에 있습니다. 삶의 길고 짧음과 상관없이 우리는 언제나 새로운 걸 발견할 수 있습니다.

이 배움은 학문적인 것일 수도 있고, 삶이 우리에게 주는 무수한 가르침에서 비롯되는 것일 수도 있겠죠. 기존의 틀이나 개념을 활용하든, 자신만의 독창적인 틀을 찾든 삶의 목적을 정의하는 것은 우리 몫입니다. 물론 후자가 더 까다롭긴 할 테고요.

저는 다른 사람들을 돕는 일에서 삶의 목적을 발견했고, 그 속에서 제가 회복하고 성장하고 있음을 느낍니다. 끊임없이 발전하는 스스로의 가치관에 맞춰 지속적인 자기 성찰과 적응의 중요성을 깨닫습니다. 이렇게 쓰고 보니 더욱 소중한 질문이었다는 생각이 드네요. 저로 하여금 더 깊은 성찰과 배움을 촉구하는군요. 제 생각을 나눌 기회를 주셔서 감사드립니다.

_조슈아

그레첸 루빈

작가. 행복과 인간 본성에 관한 통찰을 제공하는 오늘날 가장 영향력 있는 인물 중 하나다. 《무조건 행복할 것》, 《나는 오늘부터 달라지기로 결심했다》, 《네 가지 성향(The Four Tendencies)》 등을 썼으며, 이 책들은 30개 이상의 언어로 번역돼 세계적으로 수백만 부가 팔렸다. 또 인기 팟캐스트 『그레첸 루빈과 함께 행복하게(Happier with Gretchen Rubin)』를 운영하고 있다. 행복을 키우는 습관을 관리할 수 있게 하는 앱 '해피어(Happier)'를 출시했으며, 이 앱으로 상을 받기도 했다.

"책을 읽으면
저 자신에 대한 이해와
사람들에 대한 이해가
모두 깊어집니다."

행복과 인간 본성에 관한 제 연구와 개인적 경험으로,
저는 인생의 의미는 사랑으로부터 온다는 것을
깨달았어요. 결국 의미를 만드는 것은 사랑, 모든 종류의
사랑입니다.

저는 다른 사람들과의 연결, 즉 가족, 친구, 공동체,
나아가 세상과의 연결을 통해 삶의 의미와 목적, 충만감을
얻어요. 어떨 때는 얼굴을 마주하는 만남을 통해
연결되고, 또 어떨 때는 책을 읽으며 연결됩니다.
독서는 저만의 작은 방이자 나무 위 오두막이랍니다.
책을 읽으면 저 자신에 대한 이해와 사람들에 대한 이해가
모두 깊어집니다.

_그레첸 루빈

찰스 두히그

Charles Duhigg

퓰리처상을 수상한 저널리스트. 저서 《습관의 힘》은 3년 동안 〈뉴욕타임스〉 베스트셀러 목록에 올랐다. 《1등의 습관》과 최신작 《대화의 힘》역시 큰 인기를 끌었다. 조지포크상, 제럴드롭상, 미국탐사보도협회(Investigative Reporters and Editors) IRE 메달, 스크립스하워드 저널리즘상, 로버트케네디 저널리즘상 등을 받았다. 현재 〈뉴요커〉에 글을 기고하고 있다.

"안전하고 건강한 가운데 (대체로) 행복하게 지내며 숨을 쉬고 있는 지금, 이걸로 충분합니다."

인생의 의미요? 솔직히 말씀드리겠습니다. 저도 잘
모르겠어요. 저는 지금 런던에서 이 글을 쓰고 있고, 아내,
두 아들과 여행 중입니다. 가족들은 모두 안전하고 건강한
가운데 (대체로) 행복하게 지내고 있습니다. 궁금해하던
재킷을 파는 노점상에 들르고, 이층버스에 올라 분주한
거리를 잠시 벗어나고, 염소들과 꽃밭 사이에 있는
과학기념비를 구경하면서 가족들이 즐거워하는 모습을
보면 기쁩니다.

저는 지금 이 모든 상황이 달라질 수 있었음을 보여주는
흔적(2차 대전당시 독일의 런던 대공습, 노르망디 상륙
작전, 식민지 착취, 존 F. 케네디와 마틴 루서 킹, 9·11 테러
등)에 둘러싸여 있습니다. 또 무고한 이들에게 폭탄이
투하되고, 선거는 불투명하며, 기후는 불안정하고, 우리
중 상당수에게는 변화할 의지 또는 자비심이 없다는
이야기도 들려옵니다. 그럼에도 불구하고 저희 가족이
미국에서 여기까지 열두 시간도 안 걸려 왔다는 사실에
경이로움을 느낍니다(제 선조들은 반대로 가는 데 몇 달의
시간과 수많은 비극을 겪어야 했죠). 버튼 하나만 누르면 이
메시지가 전달될 겁니다. 우리는 우리가 사랑하고 싶은
사람을 사랑할 수 있고, 어느 때나 얼굴을 보고 대화할
수 있습니다. 또 팬데믹으로 인해 제 삶이 끝나지도, 제
아이들의 꿈이 좌절되지도 않았고, 사회가 이기적이거나

잔인해지지도 않았습니다.

지금은 이걸로 충분합니다. 저는 인생의 의미를 알 필요가
없어요. 그 목적을 전부 알 필요도 없습니다. 안전하고
건강한 가운데 (대체로) 행복하게 지내며 숨을 쉬고 있는
것 그 자체가 놀랍고 경이로우며 우리를 겸허하게 만드는
선물입니다. 제게는 삶에 의문을 품을 권리가 없습니다.
저는 운명을 시험하지 않을 것입니다. 제게 주어진 것에
불평하지도 않을 거고요. 그저 제 행운이 계속되기를
바라고, 그 선물을 다른 사람들과 나누기 위해 최선을
다할 것입니다. 그리고 행운이 사라진다 해도 이날, 이
순간을 기억할 수 있기를 기도할 뿐입니다.

_찰스 두히그

록시 나푸시

Roxie Nafousi

자기계발코치, 매니페스팅(생각과 행동에 초점을 맞춰 자신의 열망과 목표를 현실화하는 활동) 전문가, 영감을 주는 연설가. 세 차례 〈선데이타임스〉 베스트셀러 작가에 올랐다. 데뷔작 《매니페스트: 최고의 삶을 위한 7 스텝(MANIFEST: 7 Steps to Living Your Best Life)》으로 세계적 성공을 거뒀다. 20대 초반 자기를 돌보기는커녕 파티와 중독에 빠져 쾌락주의적으로 지내며 삶의 바닥을 쳤다가, 2018년 '매니페스팅'이라는 용어를 접한 뒤 회복과 행복을 향한 내면으로의 여정을 시작했다.

"인생의 의미란 성장하는 것입니다.
개인적으로도 집단적으로도
발전하는 것이 핵심이죠."

사는 게 뭘까? 제 인생에서 가장 암울했던 시기에
스스로에게 던졌던 질문이에요. 그 시기는 처음으로
끝없는 우주와 셀 수 없이 많은 은하에 대해 놀라움과
경외심을 느끼고 생각에 잠기기 시작한 때이기도 했어요.
저에게 인생의 의미란 성장하는 것입니다. 개인적으로도
집단적으로도 발전하는 것이 핵심이죠. 삶의 의미는
진정한 기쁨, 사랑, 행복을 느끼는 데서 옵니다. 또 인간의
다양하고 복잡한 경험에 뿌리를 두고 현재를 살아가는 데
있죠. 도전을 받아들이고 그로부터 배우는 거예요. 그리고
즐겁게 지내는 것이고요. 다른 사람들을 돕는 것이고,
자신보다 큰 무언가의 일부가 되는 것입니다. 목적을 찾아
그로써 인류에게 봉사하는 것입니다.

_록시 나푸시

당신의 '인생의 의미'는 무엇인가요?

나를 살아가게 하는 원동력, 삶에서 가장 중요하게 여기는 것, 살아있음에 보람을 느끼는 순간, 추구하는 삶의 모습 등을 떠올려 보세요.

_____

_____

_____

_____

_____

_____

_____

_____

_____

_____

인덱스

444

작가
Writers

가야트리 차크라보르티 스피박 Gayatri Chakravorty Spivak 140	루피 카우르 Rupi Kaur 166	앤서니 호로비츠 Anthony Horowitz 127	조디 피콜트 Jodi Picoult 124
	마이클 프레인 Michael Frayn 122		줄리언 펠로우즈 Julian Fellowes 116
대니 월러스 Danny Wallace 163	모니카 헤이시 Monica Heisey 152	앨런 에이크본 Alan Ayckbourn 146	토니 휠러 Tony Wheeler 130
	사이먼 칼더 Simon Calder 149		피코 아이어 Pico Iyer 136
도나 애시워스 Donna Ashworth 157	아몰 라얀 Amol Rajan 143	자일스 브랜드리스 Gyles Brandreth 160	힐러리 맨틀 Hilary Mantel 113

생존자와 활동가
Survivors and Campaigners

내털리 케이로스 Natalie Queiroz 193	마이크 헤인스 Mike Haines 190	사이먼 웨스턴 Simon Weston 181	테리 웨이트 Terry Waite 198
	맷 루이스 Matt Lewis 208	수전 폴랙 Susan Pollack 170	
	브라이언 클라크 Brian Clark 212	존 호스키슨 John Hoskison 216	
마르틴 라이트 Martine Wright 178		크리스 문 Chris Moon 201	

운동선수와 모험가
Athletes and Adventurers

게일 뮬러
Gail Muller
260

벤 스미스
Ben Smith
244

앤 대니얼스
Ann Daniels
230

제시카 왓슨
Jessica Watson
253

데이비드 스미스
David Smith
277

보니타 노리스
Bonita Norris
266

엘런 맥아더
Ellen Macarthur
239

알렉산더 캠벨
Alexander Campbell
271

크리스 유뱅크
Chris Eubank
255

마크 보몬트
Mark Beaumont
241

이브 로시
Yves Rossy
251

톰 터시치
Tom Turcich
226

베네딕트 앨런
Benedict Allen
223

파티마 휘트브레드
Fatima Whitbread
257

예술가와 엔터테이너
Artists and Entertainers

데이비드 헌
David Hurn
326

마이클 이비스
Michael Eavis
302

스테판 사그마이스터
Stefan Sagmeister
317

캣 스티븐스
Cat Stevens
286

레이철 포트먼
Rachel Portman
296

맥스 포시
Max Fosh
329

코너 브라더스
Connor Brothers
323

루스 로저스
Ruth Rogers
310

사난다 마트레이야
Sananda Maitreya
305

제시 타일러 퍼거슨
Jesse Tyler Ferguson
292

루크 제람
Luke Jerram
313

조너선 굿윈
Jonathan Goodwin
332

토미 캐넌
Tommy Cannon
321

찰스 살바도르
Charles Salvador
336

정치, 종교, 경제 지도자
Political, Religious and Business Leaders

굴리 프랜시스 데카니
Guli Francis-Dehqani
350

데이브 피시윅
Dave Fishwick
385

데이비드 로젠
David Rosen
368

로완 윌리엄스
Rowan Williams
358

리처드 리드
Richard Reed
374

리처드 팔리
Richard Farleigh
394

마빈 리스
Marvin Rees
396

사라 휴스
Sarah Hughes
389

사이다 와르시
Sayeeda Warsi
347

스테파니 셜리
Stephanie Shirley
378

자라 모하메드
Zara Mohammed
362

잭 콘필드
Jack Kornfield
372

존 메이저
John Major
344

줄리 벤틀리
Julie Bentley
381

지미 카터
Jimmy Carter
341

클레어 윌리엄스
Claire Williams
376

사상가, 철학자, 미래학자
Thinkers, Philosophers and Futurists

그레첸 루빈
Gretchen Rubin
435

록시 나푸시
Roxie Nafousi
440

마크 맨슨
Mark Manson
412

마크 스티븐슨
Mark Stevenson
428

멜리사 스테리
Melissa Sterry
425

베스 켐프턴
Beth Kempton
414

사라 큐브릭
Sara Kuburic
404

셀레스트 헤들리
Celeste Headlee
409

애덤 그랜트
Adam Grant
407

올리버 버크먼
Oliver Burkeman
402

조슈아 플레처
Joshua Fletcher
432

찰스 두히그
Charles Duhigg
437

코리 앨런
Cory Allen
417

피터 애덤슨
Peter Adamson
422

[본문 이미지 출처]
© Astro Teller 56p.
© iStock 446,447p.
© Shutterstock 112, 222, 442, 444, 445, 446, 447p.

인생의 의미에 답한 100인의 편지

**"왜 살아야 할까요?" 삶의 이유를 찾기 위한
9년간의 편지 프로젝트**

2025년 3월 25일 초판 1쇄 발행

지은이 제임스 베일리
옮긴이 정아영

펴낸이 김은경
편집 권정희, 한혜인, 장보연
교정교열 정재은
마케팅 박선영, 김하나
디자인 황주미
경영지원 이연정
펴낸곳 ㈜북스톤
주소 서울특별시 성동구 성수이로7길 30, 2층
대표전화 02-6463-7000
팩스 02-6499-1706
이메일 info@book-stone.co.kr
출판등록 2015년 1월 2일 제 2018-000078호

© 제임스 베일리
(저작권자와 맺은 특약에 따라 검인을 생략합니다)

ISBN 979-11-93063-84-2 (03190)

북스톤은 세상에 오래 남는 책을 만들고자 합니다. 이에 동참을 원하는 독자 여러분의
아이디어와 원고를 기다리고 있습니다. 책으로 엮기를 원하는 기획이나 원고가 있으신 분은
연락처와 함께 이메일 info@book-stone.co.kr로 보내주세요.
돌에 새기듯, 오래 남는 지혜를 전하는 데 힘쓰겠습니다.